New-Yorkaises

Laura Jacobs

New-Yorkaises

Roman traduit de l'anglais (États-Unis)
par Virginie Buhl

Rivages

Retrouvez l'ensemble des parutions
des Éditions Payot & Rivages

sur www.payot-rivages.fr

Titre original : *Women About Town*
Viking Penguin, New York, 2002

ISBN : 2-7436-1413-7
ISSN : 1160-0977

À mon père,
Edward Jesse Jacobs
Et à ma mère,
Ann

Remerciements

L'auteur souhaite exprimer sa gratitude à Alice Martel, son agent, qui a défendu ce livre et ces personnages avec tant de passion ; à son éditrice, Pamela Dorman, guide inspiré et source d'inspiration ; à ses rédacteurs en chef de *Vanity Fair*, Graydon Carter et Aimée Bell, qui ont su faire de ce magazine un berceau si enrichissant ; et surtout à son mari, James Wolcott, qui a lu les premières pages de ce qui allait devenir ce roman et a dit : « Continue ! »

1

Poussière

Iris Biddle était aux prises avec six petits abat-jour, un lot d'appliques commandées par un courtier despotique de Bleecker Street. Elle cherchait à recréer la lueur d'une lampe trouvée dans une brocante. La soie en était beige – un beige sombre de club de gentlemen –, mais autour d'une ampoule elle avait pris une couleur mordorée avec un adorable reflet rose, alors qu'il n'y avait pas un seul fil rose dans la trame. Iris savait qu'une couleur aussi complexe était produite par le temps, une bonne quarantaine d'années passées dans une pièce chargée de fumée de cigarette, de vapeur d'alcool, d'humidité, de poussière, de désir, et sans doute d'amour (baisers échangés près des rideaux ; un peu plus, peut-être, sur le canapé en cuir après minuit). Il était impossible de recréer le vieillissement – aussi impossible que de retrouver la jeunesse, quelles que fussent les promesses des crèmes, baumes et lotions aux femmes du monde entier. De toute façon, la vieillesse était plus intéressante.

Iris ne manquait pas de poussière dans son appartement au deuxième étage, à Gramercy Park. Toute femme devait accepter la poussière. Les hommes semblaient ne jamais la voir – poussière sur le rebord de la fenêtre, poussière qui vous pénètre les narines, poussière sécrétée dans les poches et les revers de pantalons (mais comment était-elle arrivée là ?). Iris devait faire attention à la poussière dans une pièce remplie de soieries coûteuses. Elle devait penser à couvrir son ouvrage le soir. Si elle soufflait légèrement sur un abat-jour – pour chasser la poussière nouvellement déposée –, elle devait maîtriser son souffle pour qu'il ne dégage aucune humidité. Même une tache d'eau pure pouvait gâter l'étoffe.

Iris se demandait parfois si travailler avec des matériaux si délicats était vraiment la carrière qui lui convenait. Cela n'encourageait-il pas une certaine tendance à la méticulosité ? Oh, bien sûr elle raffolait de l'« ébréché et vermoulu », terme utilisé par ses amis décorateurs pour décrire des objets écaillés, tachetés, pratiquement décomposés par le temps, comme les vieux glands de passementerie qui se dégarnissent sous vos yeux, les vieux cadres de tableaux aux dorures écaillées. À la brocante, Iris récupérait des bouts d'étoffes anciennes, déteintes et effilochées par des décennies de soleil matinal tombant par les fenêtres. Elle trouvait ces soieries aux couleurs voilées romantiques, comme les ruines dans un tableau. Parfois, au bord ou dans un coin du tissu, un rai de la couleur d'origine survivait, c'était fascinant, un cadeau de plus. Cela montrait exactement le travail du temps et du soleil. Mais si elle ajoutait aux dégâts, Iris ne se le pardonnait jamais. Si elle détachait un autre fragment de la pièce de tissu ou en effilochait la trame, elle se tançait elle-même pour son manque de soin, se reprochait d'être une mauvaise mère. Elle ne supportait pas de commettre des erreurs, parce que alors l'objet original était changé, et il fallait le réparer, si c'était possible. Et même si personne ne voyait la réparation, Iris était dans le secret, il la taraudait. Cette étrange tension, qui n'était pas complètement rationnelle – Iris était la première à l'admettre –, la hantait depuis l'enfance, étrangement, comme une deuxième lune. Mais bon, comme on le lui rappelait sans cesse, Iris était l'incarnation classique du signe de la Vierge.

Elle se rappelait, par exemple, les crayons à papier, deux pour chaque élève, le jour de la rentrée en CE1. Cela faisait tellement adulte, deux grands crayons impeccables, c'était si excitant… jusqu'au moment où elle s'était aperçu que les deux crayons n'avaient pas de gomme ! Non, leur avait expliqué la maîtresse, vous n'aurez pas de gomme avant le CE2 ; vous devez apprendre à soigner votre écriture. On leur avait dit de barrer leurs erreurs, mais au lieu de cela Iris s'efforçait de les effacer en mouillant son doigt pour frotter la page, ce qui laissait une vilaine traînée grise et parfois presque une éraflure au milieu de la tache. Elle se rappelait cette maîtresse, une vieille bique toute décharnée, qui l'avait toisée un jour pendant la leçon de calligraphie, puis avait saisi son cahier d'exercices et l'avait montré à la classe en disant : « Iris se croit supérieure à nous autres et pense qu'elle ne se trompe jamais. Mais regardez-moi ça ! » Bon, tout le monde savait que c'était cette vieille peau de vache de Mme Brown. Mais quand même, Iris avait été mortifiée.

Puis étaient venus ses premiers mois de règles. Elle ne les avait pas eues avant quinze ans, et n'en avait pas vraiment envie, à voir ses amies se tordre de douleur dans les vestiaires du gymnase, les bras refermés sur leurs crampes, et se lamenter sur « cette malédiction ». Quand ses règles finirent bel et bien par arriver, elle s'était sentie anéantie. Ces serviettes hygiéniques que l'on portait à l'époque, plusieurs centimètres d'épaisseur, il fallait les épingler à sa culotte, ou, pire, les attacher à une ceinture élastique, une sorte de porte-jarretelles pour serviettes qui les maintenait contre votre entrejambe où elles devenaient chaudes et denses. Cela lui avait évoqué le caniche de la famille, Sadie, qui portait le même genre de dispositif quand elle était en chaleur. Iris avait dû attendre sa première année de faculté pour enfin trouver le courage de porter un tampon, et ne plus avoir l'impression de ressembler à Sadie.

Je changeais ces couches toutes les demi-heures, se rappelait Iris, dès l'instant où une goutte de sang y tombait. À quinze ans, Iris s'imaginait que si elle arrivait à garder sa serviette intacte, l'écoulement de sang allait s'arrêter. Mais évidemment, elle apprit comme tout le monde que le sang, la poussière, la fumée, l'écoulement ne cessent jamais.

Iris avait besoin d'une impeccable blouse blanche. Il lui semblait qu'elle avait toujours eu besoin d'une impeccable blouse blanche. Iris avait trois blouses blanches dans sa penderie, mais pour quelque raison elles ne convenaient pas. La Romeo Gigli à grand col évasé était encore à la mode, mais pas très drôle à porter. Elle avait tendance à tomber sur une épaule comme un harnais qui a glissé ou un halo trop large. La jolie blouse blanche de peintre était peut-être devenue un peu trop jolie, ou trop bohème – trop quelque chose. La vaste chemise d'homme était fraîche et apprêtée, mais Iris ne se sentait pas souvent d'humeur « Amérique blanche et sportive », cette tenue était trop empesée et consensuelle. Iris voyait ces trois blancheurs suspendues côte à côte et s'en détournait, avec la déception que l'on éprouve en se détournant de ses vêtements. Trahie une fois encore par la trouvaille si adéquate et si excitante un an plus tôt mais qu'on dirait aujourd'hui héritée d'une idiote.

« Pourquoi tu restes là, toi ? » avait-elle demandé à la chemise d'homme la dernière fois où elle avait vérifié que la blouse était propre, pourtant elle savait qu'un jour elle aurait envie, besoin même, de la porter, et qu'elle lui serait reconnaissante de sa patience. Iris avait raccroché la chemise, sorti la blouse de peintre et l'avait fourrée dans le sac à fripes. Elle n'arrêtait pas d'élaguer sa garde-robe. Se débarrasser de vêtements la réjouissait souvent plus que d'en rapporter chez elle. Je ne suis pas ceci, ni cela. Que suis-je ?

Vers trente ans, à son retour à Manhattan, Iris pouvait passer des heures à flâner dans les friperies. Mystérieusement, l'odeur de poussière et de moisi, le parfum des lainages, ramolli par le relent caractéristique des boules de naphtaline – petit sachet mortifère – , tout cela ne la dérangeait pas, tout absorbée qu'elle était par sa quête, le sauvetage secret de magnifiques œuvres de confection comprises d'elle seule. Elle était à l'affût des Charles James démarquées, des chaussures Roger Vivier, et aurait acheté n'importe quoi de Geoffrey Beene. Mais elle éprouvait également un profond respect à l'égard des ouvrières du textile, et une affection toute particulière pour les boutonnières très comme-il-faut qu'elles cousaient naguère : les boutonnières passepoilées.

« Personne au monde, avait décrété Iris à plusieurs reprises, comme au jour du Jugement dernier, ne passepoile plus les boutonnières. » C'était une forme de finition sublime, une technique complexe qui couvrait ses propres traces. On pouvait passer des heures à examiner ce genre de boutonnières, elles s'offraient fièrement à vos regards avec leurs deux épaisseurs de tissu entre lesquelles le bouton s'insérait bien proprement, en un clin d'œil. Impossible d'en examiner la confection à moins d'arracher les passepoils de leurs coutures, destruction qu'Iris ne s'était autorisée qu'une fois pour la regretter ensuite. De nos jours, toute boutonnière passepoilée était précieuse. Leur confection prenait tellement de temps que même les Parisiens n'en fabriquaient plus.

Puis Iris en avait eu assez des friperies. Un jour, elle était passée devant un dépôt-vente municipal, où officiaient des veuves au visage ridé et à la voix vinaigrée, et elle y était entrée par habitude. Elle était de mauvaise humeur, assombrie par ses finances stagnantes, scandalisée par les clientes richissimes qui ne pouvaient pas s'empêcher de la traiter comme une commerçante alors qu'elles s'adressaient à elle en tant qu'artiste. Elle allait bientôt avoir quarante ans et la mauvaise haleine du magasin avec ses étiquettes de bazar la nargua soudain. Je flâne avec de vieilles sorcières, comprit-elle. Iris ne remit plus jamais le pied dans une friperie, sauf pour y déposer des affaires.

Et de toute façon, elle avait commencé à voir plus loin que ces casiers et ces portants chargés d'habits, à lire dans les feuilles de thé, pour ainsi dire, dans les vies des perfectionnistes qui l'avaient précédée. Un jour, elle avait vu six robes de brocart côte à côte, toutes du même couturier de Hong Kong dans le même style Empire avec le même col Mao et le même ourlet de plus de sept centimètres. Aucune ne semblait avoir été portée, ou alors rarement. Iris n'avait pas réussi à chasser l'image de ces six robes de princesse, taillées sur mesure et intactes. Leur propriétaire avait-elle subi une mort soudaine ? Ou était-ce la peur de la vie, avec ses éclaboussures et ses taches, la bousculade et le champagne renversé, les inévitables demi-lunes humides sous les aisselles ? Et la peur du désordre ne constituait-elle pas en quelque sorte sa propre mort ? La propriétaire avait-elle eu l'habitude de tendre la main vers ces robes dans sa penderie, pour en tâter l'étoffe, et décider que non, elles lui importaient plus encore intactes, comme symboles de plénitude ? Parfois, sur les tristes étagères à chaussures, talons usés et pointes relevées, Iris découvrait la collection de quelque matrone qui avait un faible pour Saks ou Delman, des paires de chaussures parfaitement intactes, talons de cinq centimètres, étiquette Fenton sur la semelle intérieure, un nœud en satin par-ci, une boucle en strass par-là : autant de variations sur le thème de la dignité et de la mesure. Pour celles qui croient qu'un goût exquis et une bonne discipline dans les dépenses vous préservent de la tombe, un petit tour à la friperie était édifiant.

« Ne vous amassez pas de trésors sur la terre, où les vers et la rouille corrompent et où les voleurs percent et dérobent. » Ce verset avait fasciné Iris au catéchisme. Matthieu 6,19. Elle l'avait souligné dans sa bible, l'avait relu chez elle dans sa chambre, très souvent, de façon possessive, en sentant tout son être se concentrer sur ces paroles. Mais pourquoi avait-elle tant aimé ce verset ? Iris ne le savait pas très bien. Le trésor et les vers ? La fable d'Ésope contenue dans ce passage des Apôtres ? Enfant, Iris avait lu tout Ésope et en avait retenu toutes les morales. Sa fable préférée était *Le Chien dans la mangeoire*, et aujourd'hui encore, quand elle tombait sur quelque merveilleux objet chez Bergdorf ou chez Saks, un article en solde si bon marché qu'elle en venait à le convoiter bien qu'il ne corresponde pas vraiment à son style, elle pensait : « Ne convoitez pas le bien d'autrui s'il ne peut vous être d'aucune utilité… » et elle laissait l'article à son acheteur légitime, espérait-elle.

Mais Matthieu ? Était-ce le mot « corrompre » – si alarmant qu'il en devenait attirant ? Connaissait-elle déjà, à l'âge de douze ans, le secret de ce mot plein d'insinuations, savait-elle que des forces mortifères dormaient en toutes choses, invisibles, tramant leur œuvre, déchirant la matière ? Iris avait grandi dans une brume d'innocence, mais n'avait jamais vécu dans l'oubli innocent de sa propre chance. C'était une enfance protégée, dans un univers de sécurité créé par un père et une mère qui prenaient plaisir à leur métier de parents, tous deux enfants d'immigrés qui avaient réussi, ils avaient aimé soigner le travail. Docteur Saroyan et Madame, son père, fringant et brun, sa mère, une blonde platine d'origine hongroise, aux cheveux doux comme la barbe à papa. Leur vivacité d'adultes encadrait le royaume des enfants comme d'élégants arbres trop hauts pour qu'on puisse y grimper. Iris voyait d'autres enfances – celle de Leslie, sa meilleure amie, ou celle de cette fille silencieuse à l'étable, Kathy – se déchirer sans bruit, comme des toiles d'araignée dans lesquelles s'est pris un trop gros insecte qui se débat. Iris avait une forte intuition de ce qui faisait défaut à ses amies et pas à elle. Et quand elle traversa une adolescence dégingandée et timide alors que ses amies s'épanouissaient autour d'elle, teint de rose et grâce impudente, elle s'était dit qu'elles le méritaient, pour compenser un père froid, une mère qui boit, les parents qui sont là sans être présents.

Quand son propre père mourut alors qu'elle avait vingt-trois ans, d'un cancer qui l'emporta allègrement en l'espace de dix mois, laissant la famille choquée, verrouillée dans son deuil, Iris refusait encore de se laisser aller à y voir une tragédie. Une tragédie, c'était des coulées de boue au Bangladesh. C'était le bus scolaire qui quitte la route sur un pont. Ce n'était pas un père qui, à cinquante-trois ans, heureux de vivre et dans la fleur de l'âge, révéré par ses collègues, adoré de son entourage, coupait son cigare Dunhill avec des gestes bien propres de chirurgien en discutant esthétique avec sa fille aînée, qu'il faisait enrager, qu'il poussait toujours à se surpasser, sa fille étudiante à Swathmore en chandail noir à col roulé qui avait fini par avoir de longs cils, un nez fin et une peau aussi pâle qu'un parchemin blanchi sur fond de cheveux sombres, et qui cherchait à plaire et à impressionner son père, peut-être à l'impressionner plus qu'à lui plaire. La mort d'un médecin de cinquante-trois ans, c'était un coup dur, un événement cruel, vraiment pas une tragédie, la vie simplement. Et puis ils avaient eu une telle chance de l'avoir connu en premier lieu.

La semaine dernière encore, ce verset de Matthieu lui était revenu en mémoire. Se sentant acculée par ces six petits abat-jour pour appliques et la cliente envahissante qui les voulait trop tôt, Iris avait succombé à toutes sortes d'impulsions. Elle avait recousu l'ourlet d'un pantalon noir des plus monotones bien au-dessus de la cheville ; réservé un billet à cinquante dollars (trop, bien trop) pour la matinée de la dernière pièce de Tom Stoppard ; réaménagé son tiroir à écharpes, puis en avait tiré sa favorite, en cashmere, se l'était enroulée autour du cou pour aller s'asseoir dans Gramercy Park, seule avec les nounous immigrées à *green card* et *master card gold*. C'était le dernier jour d'août, gris et d'un froid surprenant pour la saison. Un grand vent molestait les arbres antiques dans ce minuscule parc privatif (« un timbre-poste » était la description qu'en donnait Iris à ses amis non new-yorkais, alors qu'en réalité elle y voyait une émeraude dans son baguier victorien). Le petit saule pleureur qui se trouvait près de la cabane du gardien agitait gracieusement ses branches en avant et en arrière. On dirait un banc de petits poissons argentés, pensa Iris, ils se demandent où aller. Elle regarda bavarder les nounous, échevelées, chemisiers gonflés. Elles se montraient étonnamment blasées, trouva-t-elle, quant à ce qui pourrait bien être un orage. Iris rabattit ses cheveux pour dégager son visage, leva les yeux, se perdit dans le drame que jouaient le vent et les feuillages, et le remous des arbres, bruissant, comme de grandes dames en taffetas vert. Puis elle s'arrêta sur un arbre en particulier, sans doute en train de mourir. Ses branches étaient nues, dépouillées, quasi immobiles dans le vent. Comment se faisait-il qu'Iris n'eût encore jamais remarqué cet arbre ? Un lacis de branchages, de nœuds et de vide si délicat, il la faisait compatir avec les branches nues, lui donnait l'impression d'être une branche nue elle aussi, toute seule dans le vide, et lui donnait envie d'avoir, de posséder, la beauté de ces branches. Mais comment ?

Une fois rentrée à son appartement, Iris avait replié l'écharpe avec soin et, en admirant les fines rayures ivoire sur le vert tendre du fond céladon, elle avait découvert, consternée, des trous de mites près de la frange. Même avec des copeaux de bois de cèdre dans le tiroir, l'écharpe n'était pas à l'abri. Iris s'était alors dirigée vers la bibliothèque pour prendre la bible qui s'y trouvait quelque part. Elle avait envie de voir ce verset de Matthieu : elle n'arrivait pas à s'en rappeler la fin. Elle avait trouvé la bible tout au fond de la plus haute étagère et avait dû souffler sur une couche de poussière grise accumulée sur le livre. Les pages dorées sur tranche étaient fines et glissantes, elles bruissaient, comme ce papier machine que tout le monde utilisait à l'université, le papier pelure.

« Mais amassez des trésors dans le ciel, où ni les vers ni la rouille ne détruisent, et où les voleurs ne percent ni ne dérobent. Car là où est ton trésor, là aussi sera ton cœur. »

Iris savait que « trésor » devait correspondre à l'amour de Dieu et que l'amour des autres en découlait. Bien sûr, elle n'irait pas se permettre de ne pas être d'accord avec Matthieu. Et pourtant Iris n'était pas sûre non plus de pouvoir être tout à fait d'accord. Les objets pouvaient avoir une sorte d'âme ; ils pouvaient faire sens. Il existait d'intenses réverbérations entre les gens et les choses. Iris n'avait jamais oublié l'expression de tendresse d'un jeune modiste pour son abat-jour inspiré des photos de Cecil Beaton (une confection d'un noir et blanc Belle Époque assez voyante, il fallait bien l'admettre, avec des pompons en soie noirs et blancs), ni la façon dont ses doigts caressants avaient attrapé ces pompons et la joie avec laquelle il avait rédigé le dernier des trois chèques de cinq cents dollars, une facilité de paiement.

Iris savait qu'elle aurait dû être mariée et élever des enfants. Elle savait que ses amies s'inquiétaient pour elle, elle approchait de la quarantaine, l'horloge biologique tournait, et Iris semblait tellement introvertie. Oui, elle pouvait encore avoir des enfants. Mais elle ne pouvait se permettre d'y penser pour l'instant, les petites lèvres humides refermées sur son sein, le petit poing autour de son doigt…

Elle était célibataire. Elle arrivait tout juste à joindre les deux bouts rien qu'en pourvoyant à ses propres besoins. Si elle devait avoir un enfant, il lui faudrait un aussi bon père que le sien. Elle ne pouvait faire aucune concession là-dessus. Non. Mais elle ne pouvait pas non plus s'y consacrer. Ou rien n'allait avancer. Iris – se disait-elle sur Madison Avenue, quand la vitrine de Bonpoint attirait son regard, avec tous ces adorables cols Peter Pan –, inutile de t'arrêter, alors continue ton chemin ! Iris – quand elle voyait des familles, le vendredi, entasser dans leurs voitures leurs courses pour la maison de campagne –, tu as beaucoup à faire. Iris, se disait-elle à présent, il te faut une blouse blanche.

Cette fois-ci elle allait se la dessiner elle-même. Elle irait chercher le tissu sur la 40ᵉ Rue Ouest, une étoffe légère mais rigide, comme des blancs d'œuf montés en neige. Un organdi, peut-être, ou du taffetas crêpé. Elle allait trouver le tissu et l'apporterait au tailleur. Rien ne simplifiait autant la vie qu'une impeccable blouse blanche.

2

Couloir nord-est

Lana Burton était dans le train qui la ramenait de Boston. Elle avait pris un week-end prolongé pour rendre visite à Megan, sa meilleure amie, et elle était maintenant confortablement installée dans un coin fenêtre, en marche vers le sud, donnant sur l'est. Elle avait emporté du travail pour le trajet de cinq heures aller-retour : un nouveau livre sur le rôle des petits bleds perdus dans les comédies musicales américaines, elle en rédigeait la critique pour un de ces magazines de compagnies aériennes. Mais Lana avait su au moment même où elle avait mis le livre dans ses bagages qu'il n'avait pas la moindre chance. Au lieu de cela, à l'aller, elle avait dévoré chaque page de *Vogue* et de *Harper's Bazaar*, des magazines qu'elle achetait rarement sauf quand elle prenait le train ou l'avion – ils rendaient le voyage plus somptueux, plus Elizabeth Taylor et Richard Burton dans *V. I. P.* (savait-on encore, se demanda Lana, ce que représentaient ces lettres ?). Et au retour, par un dimanche après-midi, dans une étrange sorte de mouvement suspendu, elle se laisserait simplement porter, à regarder le monde derrière la large vitre du train, succession de baies, de criques et de docks que le long tunnel de Penn Station finirait par engloutir.

Lana étudiait les maisons, les demeures cossues, blanches avec volets et pignons, bien entretenues. Elles étaient situées en hauteur et à l'écart sur des collines, de façon à surplomber l'eau d'une position où elles dominaient l'horizon. C'était une bonne métaphore, songea Lana, la perspective dégagée que l'argent pouvait acheter, les lignes de fuite… comme une place de choix dans les gradins du Metropolitan Opera. Plus près des rails, les maisons n'étaient que bicoques délabrées, de grosses boîtes qui auraient eu leur place dans les Grandes Plaines, ou de petits bungalows avec tout un bric-à-brac rouillé dans la cour, comme une brocante de jardin qui n'ouvrait jamais ses portes. Lana sourit au souvenir de ce que son petit ami Sam avait dit quand elle avait décrit ces arrière-cours après son dernier voyage vers le nord : « Je vois le même genre de cours sur la route de Baltimore. On dirait que les maisons ont avalé trop de cochonneries et qu'elles ont recraché tout ça. » Sam avait beau faire partie des silencieux en société, avec Lana il ne tarissait pas de remarques pertinentes.

Je ne pourrais même pas m'acheter un de ces bungalows minables, pensa Lana. Elle n'avait jamais accordé d'importance aux maisons, pas l'importance qu'y attachent tant de gens : la façon dont elles vous définissent, vous et votre standing, et cætera… Elle s'était toujours dit qu'elle aurait une maison, une demeure qui ressemblerait à celle de sa famille, une maison en pierre à l'ombre des ormes d'Evanston, Illinois (« l'Honorable demeure », comme disaient ses amies, car son père était juge fédéral). Mais comme elle se préparait à retrouver son studio sur la 55e Rue Ouest, soixante-quinze mètres carrés d'ombre et de renfermé qui l'attendraient derrière une porte verrouillée, Lana devait bien admettre qu'aucune maison, quelle qu'elle soit, n'était au programme pour l'instant. Pourtant, elle avait bien éprouvé une certaine nostalgie chez Megan – celle d'un chemin délaissé, mais elle préférait y penser comme à un chemin sur lequel elle reviendrait plus tard.

Dans la vieille demeure victorienne que Megan et son mari rénovaient peu à peu avec un soin méticuleux, façade crème à volets verts jouxtant un bois d'une vingtaine d'ares, Megan servait l'apéritif dans le salon et parfois, comme hier soir, en ce début d'octobre, le dîner sur la véranda. Une vraie véranda ! Toutes ces portes à moustiquaires ! Il fallait vivre à New York pour apprécier la liberté qu'elles donnaient, leur petit couinement et leur bang, un bruit intrinsèque à la langue des quartiers résidentiels où il se faisait entendre en contrepoint des balles de cricket. Et puis il y avait l'atelier de Megan, niché dans une sorte de coupole carrée sur les toits, inondé de lumière – « trop de lumière, en fait », avait raconté Megan –, ce qui signifiait qu'elle ne pouvait travailler là-haut qu'à certaines heures où le soleil se trouvait entre deux fenêtres, et cela lui convenait tout à fait puisque, comme Megan l'avait expliqué, « les enfants font tout pour vous empêcher de travailler. Il faut se glisser dans les interstices. Élan créatif ? Concentration ? Tu peux faire une croix dessus !

– Pourtant on dirait que tout coule de source », avait répondu Lana, envieuse de cette pièce ivre de soleil, de ces parquets blanchis à la chaux et mouchetés d'éclaboussures et d'arcs pastel, les averses printanières que faisait Megan en secouant ses pinceaux (avant le bébé, des peintures à l'huile odorantes qui mettaient des siècles à sécher, depuis le bébé, des aquarelles faciles à nettoyer). Quand Lana rédigeait des critiques de théâtre pour son compte, elle devait le faire après la fermeture, dans son tout petit bureau au magazine des spectacles dont elle était rédacteur en chef. Elle y restait tard le soir, à la lueur de son écran d'ordinateur, intensifiée par la nuit dehors (au dîner, une soupe à l'œuf achetée au coin de la rue, dans laquelle elle versait une portion de riz). Ou elle y revenait le week-end, quand la rédaction ressemblait à un vaisseau abandonné, des kilomètres de silence. Elle s'était habituée à écrire au bureau.

« Rien ne coule de source, avait dit Megan en secouant la tête. C'est une illusion. » Mais cela n'avait rien d'une illusion. Le travail qui occupait Megan sous sa coupole – des aquarelles peintes avec des pinceaux aussi fins que des eye-liners, traits rapides et enchevêtrés – ressemblait à des tapis de jeux à l'image de sa vie domestique. Un œuf au plat, un globe en fer-blanc, un diaphragme, l'écuelle d'un chien, une horloge… Megan disposait ce genre d'objets sur une spirale ou un tableau d'échecs ou sur une sorte de parcours de Monopoly, et alors même que l'on essayait de faire le lien, on percevait quelque chose d'éphémère, une énigme posée au temps. Megan insérait le rythme syncopé de sa vie dans ses tableaux.

« En d'autres termes, avait dit Lana, tu as un million de fenêtres et j'ai la chance d'en avoir trois. Deux grandes et une petite. D'ailleurs la petite est givrée, alors ça ne compte même pas.

– Mais tu n'as pas besoin de fenêtres ! Tu as New York au bout des doigts. As-tu la moindre idée du temps que je passe *dans la cuisine ?* » Elles se trouvaient dans la cuisine quand Megan avait dit cela et c'était vrai, Lana n'enviait en rien tous ces repas équilibrés que Megan devait préparer.

Elles avaient toutes deux trente-quatre ans, s'étaient rencontrées en première année d'université, Megan, beauté décontractée (sa cote de popularité était de 10 sur 10), Lana, le genre de fille qu'on sort le vendredi soir (elle se donnait 7, parfois 8). Elles n'évoluaient pas dans les mêmes cercles, mais un après-midi, elles s'étaient retrouvées ensemble au bar de la résidence universitaire et avaient entendu la chanson de Julio Iglesias dans le couloir, *À toutes les filles que j'ai aimées avant.* Un autre étudiant était entré, avait pris un yaourt dans le mini-frigo, s'était immobilisé, attentif, et avait soupiré les yeux au plafond : « J'adore l'humanité de ce chanteur ! », avant de ressortir. Lana et Megan s'étaient regardées, leur amitié s'était cristallisée au moment même où elles s'étaient aperçu simultanément qu'elles étaient amusées et horrifiées pour la même raison.

« C'est ce "avant" qui rend la chanson particulièrement odieuse, avait dit Megan.

– Il reste là en suspens, avait renchérit Lana. Avant quoi ? Avant la fille suivante, et la suivante, et ainsi de suite. C'est une chanson sur les *groupies* !

– Je sais, avait dit Megan. Et c'est sur cette chanson que les femmes se pâment. De *l'humanité* ?

– Tu parles, avait dit Lana. C'est plutôt le style *Playboy* ! »

Bientôt leur travail personnel s'en ressentit, car elles séchaient les cours pour se retrouver à la maison des étudiants où elles se gavaient de fromage grillé trop gras, buvaient tasses de café sur tasses de café, parlaient des hommes, de l'art, de la vie au sens où l'entendent les philosophes français, en se demandant de temps à autre si elles n'étaient pas prétentieuses (pour décider, en général, qu'elles ne l'étaient pas, mais avaient simplement « soif de comprendre » – elles adoraient le mot « soif » ; il ressemblait parfaitement à ce qu'il était). Leur amitié était déjà pleine et entière, avec ses règles implicites : quand l'une d'elles ressentait une pointe de jalousie à l'égard de l'autre, elle le disait, sur le mode de la plaisanterie, de la jérémiade ou bien carrément. En parler la dédramatisait, la banalisait.

« Entre nous, avait demandé Lana, en regardant Megan improviser un petit plat d'accompagnement inspiré du livre de Jacques Pépin, quand as-tu appris à faire des repas équilibrés ? ». À vingt ans, elles partageaient un appartement à Chicago – le deux-pièces toujours en désordre que le petit ami étudiant en médecine de Megan (aujourd'hui époux et médecin) appelait « la piaule des nanas » –, Megan avait une seule recette qui faisait office de spécialité. C'était un poulet au curry aussi consistant qu'un Strogunoff, d'un orange pâle qui évoquait – trompeusement, comme on finissait toujours par s'en apercevoir – une version crémeuse du curry. Il était très bon, mais épicé, rien à voir avec l'ambroisie fondante qu'il laissait espérer. « Le goût ne correspondait jamais à la couleur », avait dit Lana. Megan, qui ne laissait jamais son ego l'aveugler, avait acquiescé. « Je ne le fais plus très souvent. Il est trop zarbe. » Ce qui ne manquait jamais de faire rire Lana – cette façon dont Megan disait « zarbe ».

De toute façon, Lana pouvait la taquiner, elle qui n'avait pas de spécialité associée à son nom, trop occupée à courir aux levers de rideau de vingt heures, à faire ce qu'il fallait pour devenir critique : tout voir, théâtre sur Lincoln Avenue, ballet à l'Auditorium, opéra au Lyric et concerts à l'Orchestra Hall. À cette époque, quand elle disait qu'elle voulait devenir critique d'art, on la regardait l'air médusé. Comment devient-on critique ? lui demandait-on. Il y a une école ? Non, répondait-elle, il faut simplement tout voir et écrire des articles (elle en écrivait pour l'hebdomadaire gratuit de la ville, le *Chicago Reader*, chichement payés trente-cinq dollars la pige, mais la couverture médiatique en valait la peine). Dans la journée, Lana était alors rédacteur adjoint au magazine des spectacles distribué dans tous les théâtres, une publication très plan-plan, mais qui lui donnait accès à beaucoup de billets gratuits (et, chose incroyable, ils avaient une succursale à New York !). *Mes années de formation à Chicago*, songeait Lana. Le train ralentissait, il entrait en gare de Mystic, Connecticut, qui ne manquait jamais d'évoquer *Mystic Pizza* à Lana, un de ces films sur le début de l'âge adulte, sur ceux qui montent à la capitale et ceux qui restent dans leur ville natale.

Lana n'était pas celle qui devait vivre à New York. C'était le destin de Livia, sa sœur aînée. Mais n'est-ce pas ainsi que se passent souvent les choses ? L'ambition de celle que vous admirez finit mystérieusement par devenir aussi la vôtre ? Et ce n'était même pas intentionnel. Comment Lana aurait-elle pu rivaliser avec sa grande sœur ? Livia était une de ces créatures enchantées : ravissante, publicité vivante pour les shampooings Breck avec ses cheveux bruns et soyeux, entourée d'amis, mais sensible en privé, pas toujours à la hauteur de son aura – un cœur tendre. Peut-être était-ce lié à l'existence d'un frère jumeau. On disait toujours Tom et Livia, jamais Livia et Tom. On n'aurait pu rêver grand frère et grande sœur plus gentils – six ans d'écart avec eux, un grand fossé. (Un jour qu'elle était restée à la maison à cause d'une grippe, et où elle s'ennuyait tant au lit qu'elle était allée s'asseoir en cachette sur l'escalier pour écouter la partie de bridge de sa mère, Lana avait entendu son propre nom puis la voix de sa mère – choc d'une coïncidence cocasse : « Que voulez-vous que je vous dise ? William venait d'instruire une longue, trèèès looongue affaire… » Paroles suivies des petits rires des dames présentes. Mais ce n'était pas la bonne histoire. « Nous avions envie que le lit d'enfant serve une dernière fois », voilà ce qu'on avait toujours dit à Lana.) Malgré le fossé, son frère et sa sœur s'efforçaient de ne pas l'exclure. Lana les admirait et, de son point de vue, elle remarquait que Tom était aussi insouciant que Livia doutait d'elle-même.

Aussi se montrait-elle prudente avec Livia. Durant la seule année où elles avaient partagé la même chambre – et Lana voyait très bien que ce n'était pas chose facile pour une fille de treize ans de cohabiter avec une enfant de sept ans –, Lana avait marché sur des œufs. Elle se rappelait les nuits où elle écoutait des comédies musicales dans le noir avec sa sœur aînée, chacune dans son lit jumeau, tout ouïe, séparées par un mètre cinquante mais toutes deux attentives au « clic, pfffuit, tac ! », au silence suivi du grésillement statique du diamant sur le bord extérieur du disque avant les premiers accords joyeux de l'ouverture tandis que *Oklahoma !* surgissait « aussi haut perché que sur l'œil d'un éléphant » ou lorsque *My Fair Lady* fondait sur elles et déployait ses accords. Le ravissement de Lana quand Livia se mettait à chanter « Donnez-moi juste une chambre quelque part » avec un âpre accent cockney ; Lana retenait son souffle, c'était si merveilleux d'entendre chanter Livia. Lana se contentait d'être l'auditoire, même si elle aurait peut-être aimé chanter aussi, mais c'était délicieux d'être ainsi incluse dans la vie de Livia.

Tom comme Livia avait une voix merveilleuse, héritage de leur père qui s'autorisait à chanter avec brio à l'église, baryton assez fleuri qui faisait rougir Lana, lui apparaissait comme l'équivalent vocal de son after-shave du dimanche. (Comme leur mère, Lana avait une voix juste mais fluette, aussi choisit-elle la danse classique, un art muet qu'elle pouvait faire sien, bien qu'on ne l'invitât jamais à danser au premier rang durant les leçons, là où les futures ballerines captivaient le miroir.) Quand les jumeaux allèrent à l'université, participèrent à des concerts d'étudiants et poussèrent les meubles du salon pour une répétition à domicile, Lana fut promue du rang d'auditrice à celui de répétitrice et interrogée sans relâche sur les détails de leur interprétation. Tom était fidèle à lui-même, porté par son charisme et sa voix de ténor ronflante. (« Il y a un ténor dans chaque école », aimait-il dire aujourd'hui.) Livia n'en finissait pas de s'interrompre pour recommencer, pour trouver non seulement les notes, mais le ton, l'émotion juste, pour ne plus être elle-même mais son personnage. Elle pouvait devenir exaspérante, mais Lana avait remarqué dès cette époque que la présence de Livia était plus intéressante, plus touchante et plus fragile que celle de Tom. Ils ressemblaient à Mickey Rooney et Judy Garland, pensait Lana à part soi, dans ces vieux films qui se passent dans une grange : l'abeille et la phalène.

Un jour, dans le salon, en présence de ses parents, Lana, alors âgée de dix ans, avait rendu son verdict : « Tom, avait-elle décrété, peut-être que tu serais encore meilleur si tu ne la chantais pas aussi bien, cette chanson. » Son père l'avait regardée attentivement avant de dire : « Lana est un vrai petit Salomon » et sa mère avait acquiescé. « Elle a beaucoup de tact. » Muette de fierté, Lana avait endossé ce compliment comme une croix. Livia, quant à elle, avait fait comme tant d'autres femmes avant elle, elle avait échangé son rêve de Broadway pour un mariage, une maison champêtre à Kenilworth, les rêves de ses futurs enfants. Et elle n'avait jamais semblé le regretter, pas un seul jour. Elle qui avait pleuré une semaine entière parce qu'on lui avait refusé le rôle de Maria dans *West Side Story*, en dernière année de faculté (on lui avait donné Anita, car Tom était le seul Tony possible et le professeur d'art dramatique ne pouvait pas attribuer à un frère et une sœur les rôles des amants contrariés par le destin).

En fin de compte, c'est à Lana que revinrent les feux de la rampe. Pas de la même manière, pas en montant sur scène. Mais Lana adorait cet univers, ses levers de rideau, ses entrées, les soliloques et les séquences oniriques, ses finales grandioses, ses épilogues et le silence à la fin (noyé de nos jours par les gens qui applaudissent trop tôt, ignorant que le silence est la note finale de toute représentation). Chaque production était un mystère à élucider. Il ne s'agissait pas seulement de dire si le spectacle fonctionnait ou non. La question était *comment* cela fonctionnait-il, ou pourquoi cela ne fonctionnait-il pas et qui brûlait les planches ? Penchée sur un clavier d'ordinateur, à la lumière d'une lampe, Lana y répondait par sa propre production – écrite. Elle y apportait ses propres soliloques, ses propres épilogues, et sa voix pleine et entière rendait le jugement final. C'était effrayant. Et drôle. Lana savait qu'elle avait un flair pour cela. Plus la volonté. Les gens, avait-elle appris, vous gardaient rancune de disséquer les spectacles qu'ils avaient aimés. Confrontée à des gens qui ne tarissaient pas d'éloges au sujet d'un film ou d'une pièce qu'elle détestait fondamentalement, Lana se contentait généralement de poser des questions. Qu'est-ce qui vous a le plus séduit ? Avez-vous vu d'autres films de ce réalisateur ? Elle se sentait devenir beige, comme un lézard sur un billot de bois, car elle ne voulait ni heurter la sensibilité des gens ni les rendre furieux. En son for intérieur, Lana avait su qu'elle finirait par aller à New York. Une ville où l'on discute d'art. Et où l'on respecte les critiques.

Mais elle n'était pas encore critique. À Chicago, elle s'était plus ou moins fait un nom comme jeune critique qui arrive dans le métier, à New York, elle n'était qu'une pigiste de plus, à la recherche d'un boulot. Le train ralentissait à l'approche de New Haven, qui la faisait toujours penser à Cole Porter à Yale – chœurs masculins et chandails de l'université. À New Haven l'électricité serait coupée dans le train pendant vingt minutes pour changer la motrice. Lana devrait-elle manger le sandwich que Megan avait mis dans son sac ou attendre que le train se soit remis en mouvement ? Pour une raison obscure, il semblait préférable de manger pendant que le train était en marche. Je devrais être capable de l'expliquer, se dit Lana, mais elle n'était pas sûre de pouvoir le faire. Peut-être que cela ressemble plus à un pique-nique, que c'est plus festif, quand on est brimbalé par le train. Et peut-être que quand le train est en gare, cela semble furtif de manger, comme enfreindre une règle de bienséance. On se sent empoté. Mais quand même, Lana avait l'estomac dans les talons, elle n'avait rien mangé depuis le petit déjeuner, vers huit heures – du café et des toasts – et un autre café du wagon-bar, et il n'était pas loin de quatorze heures. À la seconde où le train quitta la gare, Lana déballa le sandwich, poulet et moutarde sur du pain au levain. Voilà ce qui est bien chez une meilleure amie. Elle a la mémoire des détails – la moutarde – que même votre mère oublie. « Tu veux de la mayonnaise ? » demandait toujours la maman de Lana, à quoi cette dernière répondait, incrédule : « Je n'arrive pas à croire que tu me poses cette question. Depuis le jour où je suis née, pas une fois je n'ai mangé de mayonnaise avec *quoi que ce soit.* » Maman était perspicace, mais il lui arrivait aussi de planer. Lana appellerait à la maison ce soir, pour savoir si tout allait bien.

Derrière la vitre c'était l'automne, le ciel d'un bleu froid, les feuilles des arbres jaunissantes, certaines déjà brunes et recroquevillées, couleur sac en papier. Un temps de rentrée. Lana se rappela le jour où elle avait entendu Tom et Livia parler de la rentrée. Ils étaient en seconde. Elle n'avait jamais entendu parler de rentrée en ce sens, mais ils en discutaient avec animation et d'un air entendu, comme s'il s'agissait de quelque chose d'évident et d'important. Soudain la maison fut en effervescence à cause du défilé, du jeu et du spectacle de danse, et Lana se mit elle aussi à ressentir l'excitation de la rentrée, mais sans comprendre de quoi il s'agissait. Qui rentrait à la maison ? Elle suivit le défilé avec ses parents, se tint sur le trottoir dans la foule et chercha Tom et Livia sur le char des élèves de seconde. Les feuilles voletaient en tourbillons, éraflaient le trottoir. Les majorettes bondissaient dans leurs minijupes bleues, les genoux roses et piquetés de fossettes à cause du froid, la laine blanche lançait des éclairs dans les plis de leurs jupes. Lana entendait encore le braiment nasal de la fanfare du lycée (la sonorité de toutes les fanfares de lycée, oui, comme un âne enrhumé). Mais qui rentre à la maison ? continuait-elle à se demander. Il semble que tout le monde y était déjà.

Lana souriait de nouveau, elle pensait à Sam, ce serait drôle de lui raconter cela ce soir, sa propre confusion au sujet de la rentrée, et le côté franchement absurde, quand on y pensait vraiment, de toute cette fête. Elle l'avait appelé tous les soirs en PCV de la cuisine de Megan, une fois la maisonnée endormie, pour rire à voix basse avec lui, en tirant sur le câble téléphonique dans l'obscurité jusqu'à la fenêtre pour voir la lune qu'il voyait aussi. Ils ne parlaient pas longtemps, parce qu'il était tard et parce que ces conversations dans le noir donnaient à Lana un vague sentiment de culpabilité, comme si elle n'accordait pas vraiment toute son attention à Megan, comme si elle trahissait leur amitié. Elle savait que ce n'était pas vrai. Mais depuis les années où elle avait eu une relation suivie à Chicago et où elle avait failli épouser quelqu'un d'autre, Sam était le premier homme à qui Lana pouvait parler comme elle parlait à Megan, dans une complicité parfaite. Il était ce qu'elle avait espéré pendant toutes ces années.

Ils traversaient Stamford maintenant. C'était la partie du voyage que Lana aimait le moins parce que à ce stade elle commençait à ne plus tenir en place à force de rester assise, impatiente de rentrer à son appartement, et angoissée par la fin du week-end. Elle sortit son agenda « Votre mois sur une page », non qu'elle ignorât ce qui s'y trouvait, mais pour se mettre en condition.

Lundi : la case était vide – elle travaillerait à la critique du livre.

Mardi : dix-sept heures, conférence de presse et cocktail à Carnegie Hall. Elle y mangerait assez de hors-d'œuvre pour lui tenir lieu de dîner. Puis au spectacle de Martha Graham avec Dwight Davis. Dwight était un critique de danse qui l'embêtait toujours pour qu'elle écrive sur la danse classique. « Toi qui en sais tant là-dessus ! arguait-il, avant d'ajouter par-dessus l'épaule : n'importe qui peut écrire sur le théâtre. » Il a peut-être raison, songea Lana, ou bien il cherche simplement une alliée pour les entractes. Les critiques de danse new-yorkais étaient réputés pour leur méchanceté.

Mercredi : la nouvelle pièce de David Mamet, un seul billet – cela ne dérangeait jamais Lana d'assister seule à un spectacle.

Jeudi : la Brooklyn Academy of Music – l'expressionnisme allemand –, un fastidieux voyage en métro. Personne n'aimait aller au BAM.

Vendredi : quinze heures trente, thé avec Sylvie Moore au Stanhope, puis retrouver Sam.

La semaine n'était pas des moins chargées. Et Lana ne verrait pas Sam avant vendredi, même si elle allait passer chez lui ce soir. Un thé avec Sylvie était exactement ce qu'il lui faudrait pour se détendre (tant que Sylvie ne devenait pas mélancolique, ce qui arrivait souvent ces temps-ci). Le salon vert et argent qui donnait sur la Cinquième Avenue, les petits divans en peluche sur lesquels on se sentait si convenable, qui vous ramenaient aux années cinquante (Sylvie, elle-même immense et argentée – elle était vraiment trop grande pour ces divans). Et le thé suivi de verres de vin qui vous portaient vers le vendredi soir. Puis elle rentrerait à son propre appartement – si petit soit-il, elle l'adorait – où elle s'allongerait une demi-heure. Une de ses activités préférées, surtout le vendredi avant un rendez-vous avec Sam : s'allonger sur son lit et regarder la chambre s'assombrir, la grisaille s'insinuer, écouter le frigo ronronner. Un calme qui lui avait toujours semblé participer de « l'avant théâtre », ces heures entre chien et loup, une sensation à la fois magique et triste qu'elle n'éprouvait qu'à Manhattan. C'était en quelque sorte l'équivalent new-yorkais d'une porte à moustiquaire, un entre-deux, simultanément ouvert et fermé, lent et rapide, par où la ville n'en finissait pas de se déverser. Il faut foncer, pensa Lana – et voilà que le train entrait dans un tunnel, elle aperçut son reflet dans l'épaisse vitre, ses cheveux coupés à la Jeanne d'Arc ramenés derrière les oreilles et ses larges yeux bruns.

« Tu ne clignes pas souvent des yeux », avait un jour fait remarquer Sam.

Il disait vrai, en effet. Elle risquait de passer à côté de quelque chose.

3

Points de colle

Alors qu'elle avait collé la moitié du renfort de l'abat-jour Langham, Iris s'aperçut que la lumière commençait à faiblir. Déjà l'automne. Octobre. Il n'était que trois heures.

Impossible de bâcler le renfort. C'était l'ultime étape, la finition, impossible aussi de s'arrêter en plein milieu. Comme la pêche à la mouche, songea Iris, qui ne l'avait pourtant jamais pratiquée, mais avait seulement observé son père, suivi le mouvement souple de l'épaule quand il s'était entraîné pour une excursion de pêche au saumon en Écosse qu'il allait faire avec sa mère. Il fallait rester dans la rivière poissonneuse, l'œil et la main exercés à un beau lancer en chandelle, comme pour écrire dans les airs, tout dans le bras. Sauf que pour coller le renfort, tout était dans les doigts.

Vêtir la nudité d'une armature en métal était un travail méthodique : chaque étape laissait une bordure non surfilée qui devait être couverte à l'étape suivante. Le renfort – une variété de passementerie qu'Iris adorait, plus lourde que le ruban, plus plate que le cordon, d'une largeur de trois millimètres pour les plus étroites mais le plus souvent d'un centimètre, et cette garniture se faisait dans une quantité de couleurs et de motifs – recouvrait la dernière bordure non surfilée. Il devait donner l'impression de s'être posé très délicatement, simple flirt, amitié ou amour. Pour qu'il apparaisse ainsi, il fallait l'apposer avec dextérité et sans à-coups, sans interruptions. Un doigté si léger qu'il effleurait à peine le tissu.

Iris fit pivoter l'abat-jour de quelques degrés pour continuer à capter la lumière de biais. Elle avait lu que la lumière qui traversait la cornée à l'oblique augmente votre maîtrise des choses, vous met quasiment en transe ou état zen. Iris ne savait pas en quoi consistait le zen à proprement parler. Tout le monde avait ce mot à la bouche, allègrement appliqué à tout ce qui venait d'Orient, et Iris soupçonnait que la plupart des gens en avaient une idée aussi vague qu'elle-même.

« Zen », prononça Iris à haute voix. Elle prit une profonde inspiration et continua à coller le renfort.

Tant de choses vous bousculaient en ce monde ! La lumière fuyante. L'angle qui change. Comme le mois dernier quand elle avait eu quarante ans. Iris avait fait le vœu de ne pas avoir peur de cet anniversaire, de ne pas se laisser intimider par le chiffre qui augure la maturité. Elle l'avait abordé le front haut, avait mis sa plus belle robe de soie noire, une robe combinaison à mancherons, vieille de cinq ans mais éternelle, et s'était offert le New York Philarmonic, la Neuvième de Mahler dans un fauteuil d'orchestre (où, en décroisant les jambes pour laisser passer des gens, elle s'était soudain demandé : « C'est mon imagination ou ma robe semble trop courte ? »). Puis elle avait retrouvé quelques amies pour boire le champagne, chacune avait raconté comment elle avait abordé la quarantaine, toutes étaient tombées d'accord sur le sentiment de « n'avoir pas changé du tout ». Mais elles, évidemment, étaient à l'abri dans une relation de couple.

Iris ressentait bien un changement. Elle ressentait une modification, l'atmosphère de fin d'après-midi propre à la quarantaine – le jour tirant à sa fin, la soirée qui approchait, ce soleil tombant, si proche en été, si froid en hiver, son nouveau domaine : quatre heures de l'après-midi. Elle éprouvait… non pas de la peur, mais des accès de panique. Elle s'était mise à baisser l'ourlet de ses jupes et de ses robes, ceux qui pouvaient l'être, juste sous le genou. Iris était fière de ses jambes fines, mais ses genoux n'avaient pas besoin de sauter aux yeux. Cette nouvelle longueur était plus appropriée, soignée, elle convenait mieux à quatre heures de l'après-midi. Elle s'était calmée en tenant la promesse qu'elle s'était faite. Elle serait fière d'avoir quarante ans.

Et quand ce n'était pas le soleil qui vous bousculait, les décorateurs qui commandaient ses abat-jour, chicanaient, n'en finissaient pas de grignoter sur les délais. Oh, on ne peut vraiment pas l'avoir plus tôt ? Oui, je sais que vous aviez dit vendredi, mais je serai près de chez vous mardi. Oh, Iris, pourquoi ne formez-vous pas des assistantes ?

Parce que alors ces abat-jour ne seront plus d'authentiques Iris Biddle, n'est-ce pas ? Et vous n'en voudrez plus.

Le téléphone sonna. Trois sonneries. Raccordée à l'abat-jour par le renfort, Iris laissa sa main errer au-dessus du téléphone en attendant le message.

« Ââ-ï-ris ? ». Ces modulations aguichantes du Sud, c'était Deena. « Je suis sûre que t'es là, en train d'entortiller et d'emberlificoter des rubans avec des épingles plein la bouche. » Iris n'avait jamais d'épingle dans la bouche. « Bref, pour ce soir on a deux possibilités, *Elizabeth* à vingt heures cinq sur la reine Elizabeth quand elle était jeune. C'est une avant-première et juste au coin de ta rue. Alors ce serait amusant. » Deena adorait voir les films avant tout le monde. « Sinon il y a *Fourmiz* à dix-neuf heures cinquante. Ce n'est pas un Woody Allen, mais Woody Allen joue dedans, enfin sa voix devrais-je dire, donc il faudra que je le voie tôt ou tard. » Deena connaissait Woody Allen. Il avait utilisé comme décors dans ses films certains des appartements qu'elle lui avait proposés. « On décidera quand je t'aurai rejointe. À tout à l'heure. »

Deena était la première amie qu'Iris s'était faite depuis son retour à New York, parce que Deena était l'agent qui l'avait aidée à trouver son deux pièces sur la 19e Rue, à un pâté de maisons de Gramercy Park. Il faut dire que les agents immobiliers apprenaient vite tout de vous : qu'Iris laissait derrière elle sept ans de mariage à Philadelphie ; que la base de ses revenus était une pension annuelle de vingt mille dollars (entièrement absorbée par le loyer de son deux pièces dans la maison de ville en briques) ; que la seconde chambre servirait d'atelier et donnerait donc lieu à des déductions fiscales ; que dans cette pièce Iris passerait ses journées à travailler seule, à perpétuer l'art moribond des abat-jour faits sur commande.

Ses authentiques Iris Biddle étaient les abat-jour en soie les plus élégants, les plus magistralement conçus de tout New York City dans leur façon et leur exécution. Et aussi les plus chers. Ce qui ne signifiait pas qu'Iris en tirait de quoi mener une vie faste. Même avec les chèques du divorce, qu'Iris encaissait non sans gêne, mais elle en avait besoin (elle ne pouvait pas se résoudre à parler de « pension alimentaire », tant ce mot la dérangeait), elle parvenait tout juste à s'en sortir, prenait le métro alors qu'elle rêvait de héler des taxis. Et pourtant, cet atelier, bien que petit et lent à démarrer, était bien à elle.

Iris avait appris l'art de l'abat-jour en autodidacte durant son mariage. Tout avait commencé quand elle avait disséqué une très belle et très ancienne lampe, véritable plaisir qui avait rempli ses journées. Jamais elle n'aurait imaginé que ce plaisir, devenu hobby, puis service rendu en free lance pour des amis décorateurs, serait son gagne-pain après le divorce. À l'époque, elle avait simplement été intriguée par tout le savoir-faire investi dans la lampe décrépite et tachée d'humidité qu'elle avait trouvée dans la cave de sa belle-mère : un vieil abat-jour appartenant aux Biddle, il devait dater des années quarante. En dépit des déchirures et des traces de saleté, ses lignes élégantes sautaient aux yeux, comme celles d'un casque romain. Une par une, les épaisseurs de toile s'étaient détachées, une véritable lutte pour ses ciseaux à découdre, car bien que l'étoffe fût quasiment réduite en poussière, les fils, après des décennies de chaleur et d'humidité, étaient figés, ossifiés. À chaque strate qui se défaisait, Iris découvrait ce qui se trouvait en dessous. Elle avait appris son art en remontant le temps.

« J'espère que vous êtes sûre de vous », avait dit Deena lors de leur premier rendez-vous, en écoutant dubitative le récit des démarches qu'Iris avait entamées pour obtenir le divorce, les hommes bien se font rares. Les hommes *libres en général* se font rares. » Ce n'était pas la chose la plus encourageante à dire. Surtout venant d'une célibataire aussi adorable que Deena, avec ses profondes fossettes, les nuances noix et baies rousses de ses cheveux, ses airs de beauté du Sud élevée dans les bois (sur un T-shirt rayé, elle portait une salopette en lin bleu, version créateur de celles, plus larges, que portent les petits enfants : des barboteuses !). Elle voit en moi une concurrente, avait pensé Iris, et c'est bien la dernière chose dont j'ai besoin en ce moment. Mais en fait, Iris s'était trompée. Deena ne se comparait à personne, sauf peut-être à Audrey Hepburn dans *Sabrina* – elles avaient la même frange courte. Comme Deena le lui avait dit par la suite, elle avait vu tout de suite qu'Iris était « un peu guindée », alors qu'elle-même était plutôt un elfe. Bon, elle avait le don de ces remarques à double tranchant que seule une autre femme sait comprendre. « Tu fais si *jeune* ! »

s'extasiait-elle quand elles ne s'étaient pas vues depuis longtemps, un compliment agaçant, car il impliquait en un sens que d'ordinaire elle faisait vieille, et Iris savait que non. Mais elle avait compris que ces commentaires étaient moins mesquins qu'incontrôlés, impulsifs. Et c'était justement ce genre d'élan qui lui avait permis de trouver l'appartement parfait avec accès à Gramercy Park ; cette même fougue qui dictait d'ardentes propositions à Deena quand Iris prenait du retard dans son travail : « Pourquoi tu ne veux pas que je devienne ton assistante ? », Deena qui savait à peine passer un fil dans une aiguille. Certains jours, cette exubérance était inestimable.

Iris et Deena se parlaient plus souvent au téléphone qu'elles ne se voyaient effectivement, en partie parce que Deena faisait souvent visiter des appartements jusqu'en début de soirée, et aussi parce qu'elle n'aimait pas manger au restaurant, ne voulant d'aucun additif parasite dans son estomac. Deena ne se nourrissait vraiment que de noix, de baies, de riz complet et de pois cassés, d'aliments toujours bouillis, pelés ou cuits à l'étouffée. Un soir, autour d'un dîner dans l'appartement de Deena sur la 59e Rue, où elles picoraient ensemble des crevettes et des anchois avec des baguettes en sirotant de l'eau de source dans des verres bleus (le bleu, propice à la purification), Deena avait avoué s'être sentie malade depuis l'adolescence, elle souffrait de fatigue chronique, d'allergies massives, bref, de *quelque chose* – les médecins ne savaient pas au juste –, d'où le régime. Iris avait été abasourdie : non seulement elle n'avait jamais deviné que son amie souffrait, mais Deena, en dépit de tout cela, avait l'énergie d'un joueur de rugby. Les pages de son Filofax se dévidaient. Ses barboteuses gigotaient et gambadaient tant et plus (l'hiver elles étaient en velours, vraiment adorables). Deena avait toujours vingt ans. Comment imaginer que quelque chose n'allait pas ?

Aujourd'hui, après six ans d'amitié, Iris doutait que le problème fût uniquement physique. Elle se demandait si ce mal mystérieux n'était pas une façon qu'avait Deena de se protéger, de donner un prétexte à son célibat. Après tout, elle n'avait qu'un an de plus qu'Iris et n'avait jamais été mariée. Elle ne pouvait qu'en souffrir. Et en dépit de son énergie tourbillonnante et de son Filofax au carnet d'adresses rempli de prestigieux contacts (sans parler de tous les couples nantis de New York qui venaient du sud des États-Unis), aucun beau marin à l'horizon. Rien que des compagnons de bord. Et comme chacun sait, quand on atteint la quarantaine, les compagnons de bord sont déprimants.

« Il faut que je saute à l'échelon supérieur, avait récemment confié Deena à Iris, pour avoir des super riches et leurs super propriétés. Tous les hommes sont des rats, alors je ferais aussi bien d'épouser un bon gros rat. »

Une vision des choses plutôt négative, avait songé Iris, mais à vrai dire, le peu que connaissait Iris de l'enfance de Deena était l'histoire d'un père souvent absent. Iris n'avait pas repéré la solitude de Deena, simplement un refus – tout de fossettes et d'éclairs dans les yeux – d'avancer dans la vie. Alors qu'elle dépassait la fleur de l'âge, elle s'agrippait obstinément aux tiges, refusait de laisser passer sa fraîcheur, tension que l'on percevait parfois dans les tendons de ses poignets, dans les fins ligaments de son cou alors même qu'elle prenait note des personnes qui l'avaient remarquée dans une pièce. Peut-être était-ce le mal qui pesait sur son corps, le prix à payer pour rester un elfe. En tout cas, ce soir elles commanderaient leur dîner chez Tang Tang sur la 20e Rue. Le tofu de chez Tang Tang faisait les délices de Deena. Et le film ? Dix chevaux sauvages n'auraient pas suffi à traîner Iris dans une salle de cinéma pour voir un film sur les fourmis ouvrières alors qu'elle avait travaillé toute la journée comme une abeille. Un film sur la jeune reine d'Angleterre ferait beaucoup plus de bien au moral des troupes.

« On ira voir *Elizabeth*, annonça Iris à son abat-jour. Un point c'est tout. »

Il était temps de couper le renfort. Impatiente, remplie d'appréhensions comme toujours au moment de terminer, Iris mesura le ruban à trois reprises avant de couper. Puis un dernier point de colle – goutte de rosée dans un minuscule repli qu'Iris avait ménagé à l'étape précédente, et l'extrémité du renfort vint s'y loger. Elle le maintiendrait en place en serrant pendant cinq minutes.

La puriste qui sommeillait en Iris savait que la colle n'était pas l'idéal, mais faire des points de couture dans le renfort était hors de question. Non seulement cela prendrait trop de temps, et demanderait facilement deux jours supplémentaires pour chaque abat-jour de taille moyenne, mais cela ajouterait aussi du travail à l'aiguille, et avec chaque coup d'aiguille le risque d'une piqûre et d'une tache de sang sur l'étoffe. Qui paierait mille dollars – le premier prix d'un authentique Iris Biddle (les appliques étaient moins chères) – pour un abat-jour souillé ? Une tache équivaudrait à une semaine de travail perdu, et à un retard dans la livraison et le paiement de l'ouvrage. La colle était un compromis qu'Iris était heureuse de faire, et, pour être franche, elle aimait coller le renfort. C'était comme lécher l'enveloppe avant de la sceller, sa main inclinée se confondait avec les plis de l'abat-jour, en suspens pour toujours dans la lumière.

4

La presse *people*

Sylvie Moore ne passait jamais inaperçue en entrant quelque part. C'était sa taille – un mètre soixante-quinze sans talons et mince comme un haricot. Quant à ses cheveux, une mousse fine et neigeuse qui semblait un présent du mont Olympe (une erreur de coloration, en fait, bévue chimique qui avait plongé le salon de coiffure dans la stupéfaction et transfiguré Sylvie). Ancien mannequin pour les magazines – « j'étais trop empotée pour les défilés » –, Sylvie se rapetissait en se pliant en deux, en se penchant sur vous. Elle se montrait désireuse de batifoler avec les mortels – « Quelle chance pour nous ! » comme disait Sam – et de se faire enfin entendre après tout ce silence devant l'objectif. Quand elle était satisfaite d'elle-même, son visage blême si lumineux qu'elle semblait soudain prise de fièvre, brillant aux lèvres, cheveux enneigés, un rien amusait Sylvie, et sa compagnie était vraiment drôle. Quand elle n'était pas satisfaite d'elle-même, ce qui lui arrivait parfois, la première chose que l'on remarquait quand elle passait la porte était ce front pâle, comme un vaisseau fantôme pris dans une banquise. Il fallait l'amadouer. Avec Sylvie, c'était ou Noël Coward ou Ibsen – il n'y avait pas vraiment d'entre-deux.

Ce jour-là était un bon jour, et Sylvie illumina la verrière vert argent du Stanhope, où les tables étaient dressées pour le thé. Lana avait tendance à arriver la première, car Sylvie venait toujours d'un autre rendez-vous, généralement un déjeuner en ville avec une autre journaliste. Parfois elle avait l'air d'arriver directement de la nuit précédente – cocktail avec un nouveau rédacteur en chef –, encore resplendissante à la perspective d'un nouveau contrat, débordante de fierté d'avoir été appelée plutôt que d'avoir à décrocher son téléphone. Toutes les pigistes de Manhattan pourraient vous le dire, rien n'était pire que d'avoir à fourguer sa marchandise à un magazine. Le démarchage téléphonique malvenu était aussi glaçant que cela – la Sibérie. Si les rédacteurs en chef n'étaient pas prêts à venir vous chercher eux-mêmes, votre seul recours était le bavardage, et il s'agissait là d'un art. Sylvie le maîtrisait parfaitement.

« Saluuut ! » fit Sylvie, en courbant son long cou de cygne pour déposer un baiser sur la joue de Lana avant de se poser elle-même sur le divan bombé comme sur un étang (cheveux aussi lisses qu'une aile blanche, juste assez longs pour être tirés en arrière). Elle avait toujours l'air de flotter, de se percher ou de se jucher sur les meubles, trop légère pour y imprimer sa marque. S'y ajoutait l'habitude qu'elle avait de ne jamais ôter son manteau, comme si elle avait atterri là sans vraiment se décider à y rester. Aujourd'hui, cependant, Sylvie enleva d'un coup d'épaule un volumineux manteau en mohair noir qui aurait pu appartenir à la mère du Chaperon rouge si elle avait épousé le loup. En un sens, Sylvie avait en effet épousé le loup. Elle avait épousé Max – associé dans un cabinet juridique de Wall Street, prédateur dans les soirées où il était connu pour sa longue liste de conquêtes, tant juridiques que galantes (avant Sylvie, bien sûr). En tenait-il le compte de mémoire ou avait-il effectivement couché la liste par écrit ? Nul ne le savait, mais Sylvie avait confié à Lana qu'il lui en avait un jour chuchoté le détail dans le feu de l'action : « Et je sais que je ne devrais pas dire ça, avait-elle ajouté en riant derrière sa main, mais c'était vraiment très excitant. »

Lana avait rencontré Sylvie à un cocktail grouillant de juristes. Sam, qui avait travaillé dans le cabinet de Max avant de se propulser vers un autre plus petit, avait été hélé de loin par ce dernier, Sylvie délicatement accrochée à son poignet comme un bracelet en argent. Ses cheveux étaient alors coupés à la garçonne, pareils à du duvet de cygne. Après les « alors, quoi de neuf ? » d'usage, Max avait dit : « Ma femme aussi écrit des critiques. » Lana avait tiqué. Il y avait toujours méprise, on la collait avec quelqu'un qui ne vivait que pour les Arts, mais sans rien faire de concret. Qu'est-ce que Lana aurait pu raconter à cette superbe fille ? Sylvie s'était glissée sous l'aile de Max et avait dit : « Oh, je ne suis pas Mary McCarthy écrivant sur Vladimir Nabokov mais… » Lana avait souri. Un ancien mannequin qui avait lu l'article critique de Mary McCarthy sur *Feu Pâle* ? Lana fut séduite. Sylvie et elle bavassèrent le temps de boire trois chardonnays, toute la soirée, Max et Sam finirent par les séparer alors qu'elles se lançaient des « On s'appelle ! » de part et d'autre de la rue luisante de pluie de SoHo.

« Je déteste cette critique de *Feu Pâle* », avait dit Lana portée par le vin blanc en rentrant chez Sam en taxi.

« Oui, encore un de ces articles où l'auteur joue au plus malin.

– Mais que Sylvie en ait entendu parler, rien que ça, Sam, c'est incroyable.

– Je t'avais dit qu'elle n'était pas si bête.

– Elle m'a dit que je ressemble à Diana Rigg, en plus petite. J'ai *adoré* ça !

– Plus petite, plus jeune, ton visage est plus rond et tes yeux plus grands. À part ça la ressemblance est frappante.

– Mais Sam – elle adorait dire son nom –, elle n'est pas trop sophistiquée pour Max ?

– Que tu es naïve ! Cette femme, c'est *Feu Pâle* en personne.

– Tu trouves aussi ?

– Moi je la trouve effrayante. Elle ressemble à un grand arbre qui pourrait bien vous tomber dessus. Chaud devant ! »

Lorsqu'elles s'étaient retrouvées pour prendre le thé une semaine plus tard, Sylvie et Lana s'étaient beaucoup amusées. Apparemment Sylvie était venue à New York pour devenir actrice (Sylvia Moore !) et s'était perdue sur le chemin d'une brillante carrière (pour cause de cheveux blancs) de mannequin, surtout dans la publicité. Elle était la cow-girl punk dans une version longue de la publicité pour Coors, et la fille aux cheveux teints de l'Oréal avant que la marque commence à faire tourner des célébrités (« Même ce contrat-là, d'autres actrices me l'ont pris ! » disait-elle l'air vexé, mais avec le sourire). Pendant tout ce temps, elle n'avait jamais cessé de lire des scripts ni d'aller au spectacle et quand elle avait épousé Max, elle était prête à écrire.

« Je travaille à un scénario, enfin, comme tout le monde. »

Pas moi, avait pensé Lana. Travailler à un scénario revenait à jouer au loto. Cela n'avait rien de concret.

« Mais j'ai aussi publié des critiques de théâtre… » Sylvie fit allusion à de petits journaux littéraires, petits mais respectables. « … et des trucs sur la musique aussi. Tu ne me croiras peut-être pas, mais j'ai étudié la harpe classique au lycée. » Qu'est-ce qui pouvait bien pousser les mannequins à jouer d'instruments de musique bizarres ? « Enfin bref, je me sens prête pour les magazines plus prestigieux. Max n'arrête pas de me demander pourquoi je ne me lance pas. »

Et ça y était, un an plus tard, le sésame-ouvre-toi pour Sylvie. Elle était publiée par les grands magazines que Lana ne se donnait même pas la peine d'appeler, elle qui était encore loin d'occuper le devant de la scène. Lana n'était pas jalouse, pas exactement. Elle aimait travailler à son propre rythme, se donner tout entière à chaque article. Elle avait la conviction qu'elle finirait par se faire connaître. Et elle restait objective en admettant que Sylvie partait avec une longueur d'avance – grâce à sa taille et à ses cheveux (« Or Blanc », dans la palette l'Oréal) ! N'empêche, Lana ne pouvait pas s'empêcher de ressentir, rien qu'un petit peu en oubliant Diana Rigg, ce qu'avait dû éprouver le vilain petit canard.

« Tu n'as pas attendu trop longtemps au moins ? demanda Sylvie en plongeant la main dans son fourre-tout pour trouver son brillant à lèvres. J'ai tout bonnement horreur de faire attendre les gens. Mais le taxi… on s'est retrouvés coincés derrière un troupeau de bus sur Madison. Un vrai bouchon ! » Elle trouva le brillant à lèvres, dévissa le couvercle, et du majeur qu'elle avait très long appliqua le brillant sur ses lèvres sans regarder. Lana savait que Sylvie recommencerait deux ou trois fois. Elle était lumineuse. Et comme toujours, au début, ses hauteurs enneigées étaient intimidantes.

« Tu venais de chez toi ? » demanda Lana. Sylvie et Max habitaient Murray Hill, une partie de la ville qui frappait par son manque de caractère, comme les cases noircies d'une grille de mots croisés. La question était banale, mais elle remplissait le silence créé par le brillant à lèvres.

« Non », répondit Sylvie. Puis elle bascula le buste en avant comme alourdie par un grand secret. « J'ai déjeuné avec une collaboratrice de *Vogue*. Elle a lu le papier que j'ai écrit pour le *New York Magazine* et s'est souvenu de l'époque où j'étais mannequin. Alors elle m'a appelée. On est en train de discuter d'un contrat. »

La serveuse typique du salon de thé, une barrique à jabot, se tenait devant leur table. Elles levèrent les yeux, Lana choisit un Lapsang Souchong et Sylvie un Earl Grey (d'ordinaire elle prenait de l'English Breakfast).

« C'est fantastique ! dit Lana. Je lisais justement *Vogue* la semaine dernière, dans le train de Boston. À vrai dire, je ne me souviens pas y avoir vu d'articles critiques. Ce sera parfait pour toi. Et tu auras ta photo dans les portraits des collaborateurs !

– Je sais, acquiesça Sylvie. Je ne l'ai pas encore annoncé à Max. Il va trouver ça tellement génial. Et puis… » Elle baissa la voix : « … tu imagines le fric. »

Lana baissa la voix elle aussi.

« Combien ?

– En freelance, c'est trois dollars le mot. Alors imagine un peu ce qu'un contrat pourrait rapporter. »

Lana se frappa la poitrine, mima la douleur. Sylvie trônait, heureuse. Le thé arriva. L'Earl Grey fut versé le premier et son parfum flotta entre elles.

« C'est la première fois que tu commandes de l'Earl Grey, dit Lana.

– Je sais. Mais je viens d'en boire au déjeuner et j'ai adoré ça, alors je me suis dit que j'allais continuer.

– Qu'est-ce que tu aimes dans ce thé ? demanda Lana. Moi la première fois que je l'ai goûté, j'ai trouvé que cela ressemblait à l'eau de Cologne d'un anglais. C'est très prince Charles.

– Mais il est si *craquant* ! s'exclama Sylvie. Tu ne trouves pas ? Je n'arrive pas à croire que tu ne le trouves pas craquant. Ces grandes oreilles et ce visage triste. Diana était folle, tu sais. Les hommes sont tellement vulnérables quand ils sont mariés à des désaxées. Edward Rochester par exemple. L'épouse dans la tour. »

Là-dessus – c'était un de ses charmes –, elle se mit à rire d'un rire silencieux, lèvres pincées comme le chat qui vient de manger le canari.

Lana trouvait le prince Charles tout sauf craquant – son traditionalisme guindé, la façon dont il avait trompé Diana. Elle aurait pu tomber d'accord sur le reste, cependant, surtout au sujet de ce pauvre Rochester, un de ses premiers béguins littéraires. (Et qui n'aurait pas pu s'identifier à Jane Eyre ? Sylvie peut-être.)

« Les hommes détestent les scènes, c'est vrai, dit Lana en trouvant qu'elle avait tout de la femme qui prend le thé au Stanhope. Toutes les scènes. Quelle qu'en soit la cause : une soupe à renvoyer aux cuisines ou un début de dépression nerveuse. Sam refuse de me tenir mon sac à main en public, quand j'ai besoin d'avoir les mains libres. Pas même une seconde.

– Sam est tellement mignon, à sa façon d'ours.

– Mais pour lui, tenir mon sac, c'est quasiment une scène. Et nous voilà arrivées à la troisième génération de féminisme. Mon amie Megan dit que les filles d'aujourd'hui sont dans la confrontation permanente, tout à fait conscientes de leurs droits. Quand elle voit ça, elle a pitié des garçons. »

Les canapés arrivèrent.

« Voilà un sujet qui ferait un article génial, dit Sylvie en mordant un sandwich au concombre grand comme une carte de crédit. Tu devrais l'écrire et l'envoyer à quelqu'un. Pourquoi n'appelles-tu pas *GQ* ? Je connais Lynn Johnson là-bas. On s'est rencontrées à une soirée et elle m'a rappelée. Je pourrais te donner son numéro.

– Je ne sais pas. » Lana souleva un sandwich à l'œuf grand comme une pièce d'un dollar, non de vingt-cinq cents. « J'ai l'impression que ces sandwiches à l'œuf sont de plus en plus petits. Mais ces histoires de rôles sexuels, ce n'est pas mon truc. Ce mélange de sociologie et d'anecdote, c'est tellement prévisible. Comprendre un spectacle, voilà ce que j'adore. »

La barrique revint prendre leur commande, toujours la même, deux verres de chardonnay, pour neutraliser le thé.

« Moi aussi j'adore ça, insista Sylvie. Mais ça ne rapporte pas. Quel est le maximum qu'on peut gagner en écrivant pour les publications qui vous sont fidèles ? Combien on t'a payée pour l'article dans *Opera News*, celui sur Glinka ? »

Glinka, cela semblait tellement dérisoire

« Quinze cents mots, quinze cents dollars. Et il m'a pris des semaines, toutes ces recherches sur la Russie. Soit dit en passant, il y avait beaucoup de harpes dans Glinka. Chez *Vogue* en tout cas, tu pourrais vraiment apporter un plus. Sylvie Moore : la voix de la haute couture dans le monde de la culture.

– Oh, ça ne les intéresse pas vraiment. On a parlé de ce que je pourrais écrire sur Hollywood. Mon passé d'actrice leur plaît. Le piège, c'est que si je vais chez eux, il faudra que je signe un contrat d'exclusivité. Et ces derniers temps, tout le monde m'appelle. » Petite gorgée de vin satisfaite. Ce n'était pas de la vantardise, mais pas de la modestie non plus. « Alors je m'engage ou je continue à papillonner ? »

Tu t'investis dans ce que tu écris, pensa Lana. Elle avait lu les premiers articles de Sylvie. Le ton était frais, vert, la voix de quelqu'un de grand qui coupait à travers champs plutôt que de prendre les vieilles voies détournées. Directe ! Ce qui était toujours une bonne chose. Mais ces derniers temps, Sylvie devenait affectée dans son style, elle répondait plus aux attentes des rédacteurs en chef : prises de vue insolentes d'un ancien mannequin. Ses articles donnaient un peu trop dans le « franchement », le « de vous à moi » et l'« *entre nous* ». Les rédacteurs en chef pensaient que cela avait du punch. Mais Sylvie pouvait mieux faire.

« Je devrais peut-être signer le contrat, poursuivit Sylvie, et décrocher le scénario. C'est juste que j'apprends à aimer la presse *people*. C'est vite écrit et pas joli-joli. D'un côté le pur renforcement de l'ego et de l'autre une pile de paperasse qui ne verra peut-être jamais le jour.

– Mais ce n'est pas si simple », répondit Lana. Elle prit une gorgée (quel plaisir de quitter le bureau plus tôt le vendredi !) de chardonnay. Le thé était froid et oublié. « La plupart des rédacteurs en chef ne sont pas rapides, ils sont complètement indécis, comme s'ils jouaient leur CV à chaque fois. À croire qu'ils travaillent pour la postérité alors que la plupart des magazines sont jetés dans la semaine ou dans le mois. »

Sylvie lançait à Lana un regard calme et contemplatif, ce qui lui fit penser : « Oh, oh ! Je n'aurais pas dû être si directe. » Pendant ce temps, le jabot vint déposer deux autres verres de vin et fit disparaître des miettes de scones. Sylvie continua de plus belle.

« Je n'arrive pas à croire que tu n'aimes pas ce genre de journalisme ! C'est vraiment marrant ! Les Anglais font ça très bien. Ils n'ont aucune peine à passer du plus haut au plus bas de gamme, du littéraire au langage des masses. Tout est écriture pour eux. Ici les gens sont beaucoup plus snobs. "Oh, je n'écris *que* les articles critiques, je n'écris *que* de la fiction." Et toi ? Tu ne voudrais pas faire le portrait d'une célébrité ? »

Lana n'y avait jamais pensé. Mais elle ne pouvait pas le dire, Sylvie le prendrait comme un affront.

« Eh bien, personne ne me l'a jamais demandé, mais bien sûr. Si j'appréciais la célébrité en question. Pourquoi pas ? »

Mais pour être honnête, Lana avait du mal à s'imaginer en train d'écrire : « Gwyneth et moi sommes assises devant des tasses de thé fumantes et je lui demande quel effet ça fait d'être Gwyneth... »

Lana se sentait beaucoup plus à l'aise avec des mots comme inconscient, iconographique, impératif. Elle était justement arrivée au milieu de sa critique pour United Airlines, occupée à discuter des ballets oniriques de Broadway, de leur racines puisées dans des obsessions urbaines telles que le surréalisme et la psychanalyse et de leur parachutage dans des comédies rurales comme *Oklahoma !* et *Carousel*. C'était fascinant – pour Lana du moins.

« Sur quoi tu travailles en ce moment ? » Sylvie était passée au mode intime et admiratif. « Tu dois avoir un tas d'articles en cours. Je suis sûre que tous les rédacteurs en chef veulent que tu écrives pour eux. »

Lana, qui n'avait que cette critique en cours, se sentait toujours un peu perdue dans les exagérations de Sylvie, mais elle en acceptait l'esprit.

« J'écris la critique d'un ouvrage sur les comédies musicales qui ont pour cadre les petites villes américaines, mais ce que j'étudie en particulier, ce sont les ballets oniriques. Ils ont vraiment une dimension psychanalytique – mais sans donner l'impression qu'il y avait des psy en Oklahoma au début du XIXe siècle. Alors ça donne des ballets aussi innocents que les comédies musicales dans lesquelles on les voit. J'essaie d'insérer un ou deux graphiques là-dessus.

– Mais je n'arrive pas à croire que tu ne trouves pas ces séquences oniriques cul-cul ! Elles sont tellement Salvador Dali ! Un escalier en colimaçon qui s'évanouit dans le ciel.

– Bon, elles sont un peu datées, admit Lana. Mais ça me plaît. Elles sont si lointaines. Et j'adore la façon dont elles font progresser l'action tout en lui donnant une dimension de plus. » Et puis qu'est-ce que tu as contre Salvador Dali ? eut-elle envie de demander, alors qu'elle n'en était pas une grande admiratrice. Il n'était pas normal de se sentir obligée de défendre quelque chose ou quelqu'un (Dali !) qui ne vous inspirait qu'indifférence.

« Je suis sûre que tu vas écrire des merveilles sur ce sujet. » Sylvie prit la framboise qui se trouvait sur une minuscule tartelette. « Tu excelles en tout ! »

Lana se sentit contrariée. Il ne s'agissait pas d'exceller ou non. Si Sylvie voulait démontrer quelque chose, qu'elle expose sa démonstration. Elle me contredit avec ses « je n'arrive pas à croire que » et puis elle s'esquive sur un compliment. Sylvie était très forte pour les « je n'arrive pas à croire ». C'était sa signature, une hyperbole de plus, comme ses cheveux et sa stature. Lana avait aussi ses expressions typiques. Elle n'arrêtait pas de dire à Sam : « Tu dois bien admettre que… » Il y allait de son : « Et pourquoi devrais-je l'admettre ? » Et elle répondait : « Parce que tu sais que j'ai raison. » Mais c'était un petit jeu entre eux. Les « je n'arrive pas à croire » de Sylvie étaient plus difficiles à cerner, surtout quand elle les utilisait pour remettre en question vos opinions : « Je n'arrive vraiment pas à croire que tu as aimé *Titanic* ! » C'était comme un joker. Un moyen pour Sylvie de contourner les sujets de discussion, de les refermer au moment où ils auraient dû ouvrir le débat, tout en vous mettant instantanément sur la défensive. Pourquoi la moindre discussion se trouvait-elle ainsi remisée ? C'était comme si, malgré son côté très Walkyrie, Sylvie se sentait menacée.

« Comment va Max ? »

Le changement de sujet était abrupt, mais Lana se disait qu'elles feraient mieux de ne plus parler boutique. Sylvie passa une main exercée sur ses cheveux. Elles avaient bien entamé leur deuxième verre de chardonnay.

« Il veut un chien. Il veut habiter Santa Fe. Tout à coup il dit qu'il veut des enfants – lui qui n'en a jamais voulu. Il est usé par le boulot, mais qu'est-ce qu'il pourrait faire d'autre ? Il ne vit que pour ça, je veux dire.

– Quel genre de chien veut-il ? »

Sylvie rit d'un air de grande conspiratrice, comme seules rient les épouses dans le dos de leur mari. « Un chihuahua ! »

Lana poussa un cri.

« On appelle ça un chien ? Quand je pense à Max, je vois, hummm... un boxer au poil bien lustré. » Pour Max le réfléchi, cependant, un homme qui parvenait à se montrer vif et blasé tout à la fois, lointain et spontané, ongles impeccablement polis, aux jeans de week-end trop confortables pour ses quarante-cinq ans, Lana devait bien admettre qu'un chihuahua, petite bête nerveuse et tremblante, semblait être juste ce qu'il fallait, une petite nique à la norme.

« Je sais. » Sylvie secouait la tête comme pour donner une explication (il n'y avait aucune explication).

Un seul verre de chardonnay rutilant fut placé entre elles, à se partager. Sylvie en versa la moitié dans le verre de Lana, en disant qu'elle devrait filer dans dix minutes. « On retrouve Mitch et Shane pour dîner.

– Shaaaannne ! s'exclama Lana.

– On a pris un brunch avec eux il y a quelque temps. Leur appartement était dans *Elle Décoration*. » Sylvie eut l'air mélancolique. « Et tellement propre comparé aux appartements où il y a des enfants ! Je ne veux pas de tout ce bruit. Ni de tout ce plastique aux couleurs vives. Tout ce que je veux c'est écrire mes articles. À New York. Ce n'est pas ce que tu veux, toi aussi ? »

Lentement, presque en s'excusant, Lana répondit : « Je pense que j'ai vraiment envie d'avoir des enfants », il ne s'agissait pourtant pas de « penser ». Bien sûr qu'elle en aurait, avec Sam, tel était son projet. Mais comme elle ne savait pas pourquoi Sylvie n'avait pas eu d'enfants, elle ne voulait pas en faire toute une histoire. Sylvie n'avait que trente-huit ou trente-neuf ans, et pourtant elles n'en discutaient jamais. Leur amitié était plutôt liée au travail.

« Tout ce que je veux, c'est devenir une bonne journaliste de presse *people* », répéta Sylvie.

Ces deux *p* éclatants, comme des boutons de manchettes. Ils parlaient à Lana. Et le mot *people – punk, funk.* Il y avait un soubassement très lourd dans les mots en *p*, un couvercle en ciment (plounk !). Mais où Sylvie avait-elle donc pêché cette expression ? L'avait-elle inventée ?

« Pour gagner plus d'argent, poursuivit-elle, et puis c'est vraiment très marrant à écrire. » Elle plongea son regard dans les yeux de Lana comme si elle ouvrait une porte sur la cinquième dimension. « Tu écrirais pour *Vogue*, toi aussi ? Tu dirais oui s'ils t'offraient un contrat ? »

Sylvie savait très bien que Lana n'avait pas envie des mêmes choses qu'elle, alors pourquoi l'acculait-elle avec cette question ? Jusqu'où lui fallait-il être approuvée ? Gratifiée du beurre et de l'argent du beurre ? C'était ridicule. Ou cela ou le vin.

« Sylvie, dit-elle, ils ne m'en proposeraient jamais. Ils ne veulent pas du genre d'articles que j'écris.

– Ah ! Mais ce que moi je fais est assez bon pour eux, tu veux dire. »

Lana resta immobile, piquée au vif, sans répartie, et Sylvie, blessée, se déchaîna.

« Tu n'aimes pas *Vogue*. C'est *toi* qui ne voudrais jamais écrire pour eux. Ce n'est pas assez *sérieux*. Je ne sais même pas si tu apprécies mon travail. Tu n'en dis jamais rien. *Mais qu'est-ce qui te prend, d'abord* ? »

Il était six heures moins dix. Dehors c'était le crépuscule et Sylvie s'était assombrie elle aussi. Le froid électrisé, le silence, une pression barométrique que Lana connaissait depuis l'enfance, depuis les visites estivales à des cousins dans le sud de l'Illinois – ce vide après le passage de la tornade, cette résonance d'étain dans l'air. Sylvie se pencha d'un mouvement vacillant sur son fourre-tout en cuir gris pour y chercher… du brillant à lèvres ? Pleurait-elle ? Puis un murmure, « si dure », et sur ces mots Sylvie se redressa sur son siège, visage détourné, les yeux dirigés vers le côté où le salon de thé s'ouvrait largement sur le foyer en marbre, qui rappelait le marbre de sa joue.

Lana eut l'impression d'entendre l'index pointé en signe d'accusation silencieuse de Sylvie. Je suis dissimulatrice. Je suis dédaigneuse et je ne la soutiens pas. Et pourtant c'était Sylvie qui avait déformé les paroles de Lana, qui l'avait volontairement mal comprise. Elle tenait à présent son portefeuille comme s'il avait le pouvoir de la téléporter loin d'ici. Lana prit une inspiration et se rencogna, elle-même offensée.

« Je n'ai rien dit de mal sur ces magazines. » Elle perçut et détesta son ton plaintif. « Je pense que c'est très astucieux de leur part de t'engager. Je l'ai dit. Et tu sais quel talent je te reconnais. »

Mais il s'agissait d'une ruse. Lana n'avait pas parlé de ce qu'écrivait Sylvie ces derniers temps. Parce qu'elle ne trouvait rien à dire qui n'ait pas l'air d'un faux-fuyant – et n'importe qui sait reconnaître un faux-fuyant.

Et même dire « tu sais quel talent je te reconnais » sonnait faux, appelait une question sur la nature de ce talent. Mais Sylvie s'adoucit suffisamment pour reporter son regard sur le sommet de la tête de Lana, partager l'addition et se gausser de sa propre saute d'humeur, elle parvint même à esquisser un pâle sourire. Elles longèrent un pâté de maisons ensemble et Sylvie fut déjà loin, torsion et extension d'une cape de mohair noir dans l'embrasure caverneuse d'un taxi. Lana poursuivit son chemin vers le sud le long de la Cinquième Avenue, hébétée, en se rejouant sans cesse la dernière scène ; elle s'efforça de ne plus se sentir aussi mal à l'aise mais restait perturbée, secouée ; la nuit était tombée et les vitrines des grands magasins étaient illuminées de l'intérieur. « Elle m'a obligée à l'*implorer* », s'entendit-elle raconter à Sam au téléphone. Elle commencerait par tourner tout cela en dérision. Plus tard dans la soirée, ils disséqueraient l'incident, ils essaieraient d'en comprendre les raisons.

5

Trente-cinq ans dans trois semaines

« Et qu'a dit Max ? »

Lana aimait toujours entendre Megan appeler par leur prénom des New-Yorkais qu'elle n'avait jamais rencontrés. Cela donnait vraiment l'impression qu'elle vivait en ville.

« Que Sylvie était sortie faire des courses mais qu'il lui transmettrait mon message. J'ai dit : “Je crois qu'elle m'en veut depuis qu'on a pris le thé”, et il a répondu : “Je vous laisse régler ça entre filles.”

– Ce qui veut dire que Sylvie t'en veut. Il joue au mari qui ne s'implique pas alors qu'il l'est complètement. »

Deux samedis avaient passé depuis le salon de thé et Lana avait laissé deux timides messages sur le répondeur de Sylvie sans qu'aucun de ces appels ne reçoive de réponse. Elle venait d'appeler une dernière fois et de tomber sur Max.

« Il s'est montré très aimable, mais je sentais que Sylvie était là. » Lana entendit Megan avaler une gorgée de quelque chose. « Une *présence hostile*. J'aurais peut-être dû dire qu'à sa place j'accepterais le contrat de *Vogue*, parce que maintenant, j'ai perdu une amie. Avec qui je vais prendre le thé ? Deena ? Elle dépiauterait les canapés pour voir s'il n'y a pas de germes. J'aurais simplement dû donner à Sylvie ce qu'elle voulait.

– Mais le fait que tu le lui aies refusé est intéressant.

– C'est vrai que sur le moment, je me suis sentie tellement… acculée. Ce sentiment que lui donner c'était vraiment céder. Tant de choses marchent pour elle. Les appels de rédacteurs en chef, la perspective imminente d'un contrat mirobolant, mais ça ne suffit pas. Non, il faut que j'en aie envie moi aussi, comme si on s'entraînait toutes pour la même équipe.

– Les belles femmes ont toujours besoin d'être flattées.

– Je sais, dit Lana, préservez-nous de leur besoin d'être rassurées. » Megan était belle, elle aussi, mais elle avait grandi avec trois frères qui se moquaient de son rouge à lèvres, qui lui faisaient jouer le rôle du goal, au foot, dans la cour, et qui l'avaient encensée le jour où l'un d'eux lui ayant accidentellement donné un coup de genou dans le menton, elle avait enduré trois points de suture sans pleurer. Elle n'avait pas besoin d'être rassurée. En fait, elle se montrait toujours prête à blaguer, elle cherchait toujours à faire rire Lana.

« Rappelle-moi comment tout a basculé.

– Elle a dit : “Tu dirais oui s'ils t'offraient un contrat, toi aussi ?” Elle a posé la question de deux façons différentes. Alors j'ai dit – en me montrant réaliste, mais aussi butée : “Ils ne m'en proposeraient jamais, ils ne veulent pas du genre d'articles que j'écris.” Et elle a répondu du tac au tac : “Ah ! Mais ce que moi je fais est assez bon pour eux !”

– Aïe !

– C'était comme un coup de fouet. J'en ai bafouillé.

– J'ai horreur de ce genre d'incident.

– Et puis elle a dit les autres choses dont je t'ai déjà parlé. Et maintenant je me sens coupable de m'être braquée pour quelque chose d'aussi dérisoire. Mais tu sais, sur le moment, ça ne semblait pas dérisoire. Ça m'a paru capital. »

Lana entendit Megan exhaler. Elle qui ne fumait plus reprenait parfois une cigarette en téléphonant. Pour une raison obscure, les gens estiment que fumer au téléphone ne compte pas.

« Quelle est l'analyse de Sam ?

– Il pense que c'est un exemple classique de concurrence entre femmes, du type "mon choix est meilleur que le tien". Ajoutez le chardonnay et blam ! c'est l'hystérie.

– Cela ressemble plus à une convergence. Sylvie grimpe vite, mais elle a fait un compromis, et tu le lui rappelles. Le fait que tu sois jeune n'arrange rien à l'affaire. Et puis quand on a du succès trop facilement, on a du mal à y croire. On a encore plus besoin d'être conforté.

– Comme ces acteurs d'Hollywood et leur entourage. La star à succès, arrivée au sommet du jour au lendemain, qui ne supporte pas la solitude.

– Exact, la célébrité manque de pesanteur. Elle est vide. Alors les stars saccagent leurs chambres d'hôtel. »

Elles riaient de concert à présent.

« J'ai fait tant d'efforts pour avoir du tact.

– Lana, trop de tact, c'est de la condescendance.

– Mais je ne suis plus aussi emballée par ses articles qu'avant.

– Et tu sais qu'elle le sent.

– Alors : peut-on sauver cette amitié ?

– La question, c'est est-ce qu'elle en vaut la peine ? Tu as déjà fait des ouvertures à trois reprises. À notre âge, la plupart des nouvelles amitiés, c'est du court terme : on fait juste un bout de chemin ensemble. On ne peut pas dire que vous avez été très proches.

– Je sais, mais ça me rend malade de laisser tomber quelqu'un. Je ne suis pas du genre qui laisse tomber.

– Tu as écrit des critiques sévères, ça équivaut à laisser tomber quelqu'un – des tas de gens.

– Oui, mais ça n'est pas personnel. Ils s'offrent au jugement en montant sur scène.

– Je pense que tu nous rejoues ta relation avec Livia, c'est tout. Elle chante et tu l'écoutes. Tu es trop habituée à jouer les seconds rôles. Quelle était cette réplique dans *Gipsy* ? Celle que la mère n'arrête pas de hurler ?

– Chante, ma belle Louise !

– Voilà. Chante, ma belle Lana ! Et va faire du shopping. Au fait, qu'est-ce que tu veux pour ton anniversaire ?

– Qu'est-ce que *tu* veux pour le tien ? Tu le fêtes la première. »

Elles auraient toutes deux trente-cinq ans en novembre. Megan était d'une semaine l'aînée de Lana, qui ne manquait jamais de le lui rappeler.

« Aïe ! dit Megan. Faut que j'y aille. Il ne me reste qu'une heure pour travailler avant d'aller chercher Elspeth qui a été invitée à jouer chez un copain. Et après il faut que je fasse le ménage pour ce soir. On attend les voisins pour dix-neuf heures. Apéro. Ça n'arrête pas. Alors dis-moi vite, à part ça tout va bien ? »

Lana dit oui et elles raccrochèrent. Il était treize heures, un peu trop tard pour le shopping, les grands magasins seraient bondés. Elle promena ses regards sur son appartement qui semblait attendre quelque chose. Lana détestait cette atmosphère, ces moments où la pièce retenait son souffle.

Affalée sur son lit, elle réentendit ses propres paroles : « Je ne suis pas du genre qui laisse tomber les gens. » Cela semblait orgueilleux. Mais Lana ne l'avait pas entendu ainsi. C'était simplement qu'elle s'était toujours sue plus forte que les autres, n'avait pas autant besoin d'attention et de flatteries. Elle en ignorait la cause, peut-être était-ce génétique. Ou peut-être était-ce lié à la distance qui l'avait séparée des jumeaux, comme si elle avait eu deux paires de parents, deux ciels au-dessus de sa tête, et toutes les vertes prairies rien qu'à elle. Ou peut-être était-ce le premier commandement familial : Tu Ne Mentiras Point, le leitmotiv du juge Burton (« Prenez la vérité, secouez-là, disait-il toujours, et elle se défait »). Lana avait remarqué que les gens qui avaient besoin de beaucoup d'attention essayaient souvent de se faire passer pour quelqu'un d'autre.

Elle n'avait jamais oublié la façon dont une amie l'avait cataloguée à l'adolescence. « Toi, Lana, tu es très sensée. » À l'époque, cela l'avait piquée au vif. Elle voulait être délicate, romantique, flamboyante. Fleur, comète, poésie. Non. Elle était sensée, sage comme une paire de chaussures à lacets. Et pourtant elle savait qu'elle était autre chose, quelque chose de plus. C'était un instinct qu'elle avait, l'empathie. Elle avait cherché « sensée » dans le dictionnaire. « Perceptible par l'intelligence ou la raison ; capable de ressentir ou de percevoir. » Eh bien, oui, voilà qui lui ressemblait. Ainsi tandis que ses amies agissaient en fonction de leurs nerfs, de leurs peurs et de leurs coups de tête, Lana érigea la raison en science. Avec la maturité, elle avait acquis un regard et un certain calme ; un regard qui embrassait ses amis tout entiers – vertus et vanités – et un calme dans lequel elle soupesait leurs fragilités pour savoir jusqu'où devait aller sa prudence. Et pour ne jamais attendre plus qu'ils ne pouvaient donner. Elle en avait fait une forme d'omniscience. Jack, le mari de Megan, ayant lu un des articles critiques de Lana, l'avait parfaitement comprise. « On dirait une dissection, avait-il dit, mais avec une plume au lieu d'un scalpel. »

Megan avait raison, malgré tout. Lana et Sylvie avaient bel et bien atteint la croisée de leurs chemins. Mais la vitesse à laquelle cela s'était produit était effrayante. Et puis il y avait la sensation nauséeuse d'être devenue antipathique à quelqu'un.

Lana se leva pour regarder par son immense baie vitrée. Elle avait vue sur l'est, une perspective un peu tronquée par l'immeuble voisin mais qui offrait par ailleurs un bon morceau de toitures et de plein ciel avec deux gratte-ciel tout neufs au sud. La nuit, ce morceau de New York était d'une beauté saisissante, aussi noir et étoilé que dans la chanson de Frank Sinatra. C'était Deena Pepper qui le lui avait trouvé, Deena qui était l'amie de Lana depuis ses toutes premières semaines à Manhattan, quand elle apprenait tout juste quelle était sa chance de ne voir passer que la moitié de son salaire dans le loyer.

« Tu es ma seconde cliente de Chicago ! s'était exclamée Deena. Tu connais Iris Biddle ? Elle est la première. Elle habite sur la 19e Rue, très artiste, tout à fait dans ton genre. »

Deena avait voulu qu'elles se retrouvent toutes les trois, mais Lana s'était dit, ça suffit Chicago. Elle avait beau aimer sa ville d'origine, elle était devenue si étroite, cette longue Avenue Michigan, avec ce lac océanique tout rutilant d'un côté – et son compagnon qui faisait pression pour qu'ils se marient, autre sensation d'étroitesse.

Lana et Peter s'étaient fréquentés avec langueur pendant deux ans. Il était banquier à la Northern Trust, bel homme svelte qui portait très bien le costume et s'acquittait de ses devoirs professionnels avec une prestance tentatrice, en promenant ses doigts sur sa calculatrice comme Richard Clederman sur le clavier de son piano. Son véritable amour, toutefois, était la cuisine, où il coupait en rondelles, en dés, s'affairait au-dessus de grandes casseroles, le visage dans la vapeur. C'était drôle de regarder quelqu'un débiter des rondelles. Apaisant. Son deuxième amour était les restaurants, où il avait l'habitude de deviner quelles épices se trouvaient dans les potages. Il était aussi puriste pour la cuisine que Lana l'était en art. Pour Peter, l'infâme curry de Megan était tout simplement déplacé : Peter était incapable d'en concilier l'aspect onctueux et la saveur turbulente, la forme qui jurait avec le contenu. « Ça ne ressemble à aucun des currys que j'ai vus jusqu'ici », avait-il déclaré le soir où Megan l'avait préparé pour eux quatre, juste avant qu'elle et Jack ne partent s'installer à Boston. « Ce qui ne veut pas dire qu'il n'est pas bon. » Il fixait son assiette dans une sorte de transe. « Je peux voir la recette ? » Megan la lui avait tendue et il l'avait examinée en louchant. « Est-ce que tu fais quelque chose d'autre que ce qui est écrit ? » Lana étouffait des sifflements à force d'essayer de se retenir de rire – le curry était plus zarbe que jamais. Megan avait levé les mains dans un geste d'impuissance ; Jack mastiquait pensivement. Peter était resté poli, mais dans le taxi qui les ramenait à la maison, il n'avait cessé d'en parler. « Ce curry ! Il faudrait le faire analyser en laboratoire ! » Il y avait refait allusion plusieurs jours de suite.

C'était un homme charmant, à Chicago elle n'en avait jamais rencontré de plus charmant. Souvent, Lana le rejoignait à son appartement après un spectacle et il avait préparé la table pour un dîner tardif, adorable et romantique. Il lui servait de la dinde ou des croquettes aux crevettes (Peter avait une prédilection pour les croquettes), et ils bavardaient pendant qu'elle mangeait, charmée par ces tête-à-tête nocturnes, ravie de la façon dont ils jouaient au papa et à la maman, dont il la servait. Ils partageaient les mêmes valeurs, une éducation nord-est américaine similaire, ce qui peut présenter un attrait puissant après une série d'aventures avec des sales types. Mais la question de leur divergence dans leurs centres d'intérêts, exotique au début – sujet de plaisanteries en lui-même – était restée sans réponse une fois passée la nouveauté. Peter n'avait qu'une tolérance limitée pour les théâtres de poche, avec leurs chaises pliantes et leur café bouilli à l'entracte. Il était candidat aux abonnements à l'élégant Orchestra Hall. Et Lana avait beau essayer de comprendre, elle n'arrivait pas à s'intéresser aux discussions sur la finance. Peter n'en parlait pas beaucoup, mais le peu qu'il en disait était soporifique. La conversation n'aurait pas dû être si laborieuse, Lana s'en était aperçu un soir au restaurant, alors qu'un couple séduisant mais plus âgé mangeait en silence à la table voisine, se passait le sel sans un mot, et Lana essayait désespérément d'éviter qu'elle et Peter ne lui ressemblent en une version plus jeune. Elle se surprit à évoquer des premières fois et des soirées amusantes (« ce fameux curry ») pour qu'ils se sentent proches, pleins de vivacité. Et quand il avait voulu se fiancer, elle en avait eu envie, enfin, elle avait ressenti de l'enthousiasme pour le rapprochement que cela représentait, l'attrait puissant de la robe blanche, l'appréhension à l'idée d'avoir trente ans et d'être encore célibataire, et puis, après tout, il était un beau parti. Elle ne cessait de le regarder de tout son cœur, de contempler son profil de mannequin pour les chemises Arrow, en essayant d'éprouver un élan d'amour, pas ce vertigineux sentiment de responsabilité, elle s'efforçait de nier cette sensation pesante (« cela ne devrait pas être comme ça »), ce refrain entêtant (« il faut rompre »). Leur relation elle-même ressemblait à une croquette, trop de farine et de lait, bien lissés pour se donner une apparence fallacieuse.

Elle ne discuta de la situation ni avec sa mère ni avec Livia, ni même avec Megan, sinon elles s'attendraient à ce qu'elle agisse et elle n'y était pas encore prête. Elle se souvenait que Megan avait dit un jour – et cela avait fait son effet : « Parfois les gens se marient faute de savoir comment rompre. » En secret, les week-ends, Lana commença à éplucher les offres d'emploi du *New York Times* – rubrique rédacteurs en chef. Elle commença à imaginer un joli petit bureau à New York où elle manierait un crayon bleu, svelte dans son tailleur noir tout neuf ; elle s'inventait un chouette petit appartement dans l'Upper West Side et se voyait, cahier sous le bras, descendre Broadway jusqu'au Lincoln Center, nouvelle journaliste critique à New York. Elle s'attardait au bureau pour taper des lettres de motivation, revoir son curriculum vitae et photocopier ses meilleurs articles avant d'envoyer ces paquets comme des bouteilles à la mer, convaincue au fond d'elle-même que ce n'est jamais aussi simple, qu'ils resteraient coincés sur un bureau.

Mais ce fut aussi simple que cela. « Lana, venez ici ! » hurla son patron depuis son bureau d'angle (ce tyran ne venait à Chicago qu'une fois par semaine, mais habituellement de bonne humeur, car Chicago était tellement plus agréable que New York et les bureaux tellement plus spacieux). Le rédacteur en chef de l'antenne new-yorkaise avait pris la mouche et démissionné – « Putain, une vraie tragédie en trois actes ! » mugit le patron de Lana (il adorait les conflits) – et ils avaient besoin de le remplacer rapidement. C'était la consécration de la doublure, une reprise de *Morning Glory*, la chance de sa vie. Elle n'eut pas besoin de parler d'amour à Peter. Il lui suffit de dire : « Je monte à New York. »

Et puis c'était une bonne façon d'arriver à New York, des fiançailles rompues derrière elle (même si elle n'en parlait jamais en ces termes, puisque les fiançailles n'avaient jamais été officielles). Cela paraissait sensé et courageux. Cela donnait à Lana un bon mental pour être compétitive, cette arrivée fière et digne comme la Liberté brandissant sa torche, et à New York l'esprit de compétition n'était jamais de trop, la ville regorgeait de femmes séduisantes et accomplies. Ces jeunesses de vingt-cinq ans, par exemple, assistantes et associées en pleine ascension, bronzage acquis et entretenu dans les Hamptons, regards Lancôme qui inspectaient les alentours pour détecter l'homme de leur vie. Ces filles étaient frivoles, la ronde rituelle et cyclique des soirées et des cocktails à Manhattan avec leurs *musts* s'étendait sans fin devant elles. Elles buvaient des chardonnays mordorés et des bières tendance à même la bouteille, ne manquaient ni d'éclat ni d'appétit, et leur insouciance était effrayante.

Passé le cap de la trentaine, de l'autre côté de Lana, il y avait les femmes de quarante ans, celles qui ne s'étaient jamais mariées. Autrefois d'une beauté parfaite, jolies poupées de leur génération, elles se consacraient désormais au culte de la jeunesse, prenaient les eaux, des cours de danse, sans oublier leurs vêpres : tout le chapelet de vitamines depuis A jusqu'à Z. Il y a bien longtemps qu'elles étaient arrivées à New York avec de la rosée plein les yeux, mais voilà que le livre de contes tirait à sa fin et il ne leur restait plus que des soucis matériels. C'était le crépuscule, l'ultime chance de mettre le grappin sur quelqu'un avant que la cinquantaine soit bel et bien là, monotonie grise qu'on ne pouvait qu'associer au temps d'Eisenhower, époque où ces femmes allaient encore à la maternelle. Aussi y travaillaient-elles dur, à cet air d'indifférence feinte. Elles y travaillaient trop dur, par crainte d'être jetées au rebut.

Mais Lana avait aussi remarqué que ces femmes se révélaient souvent, quand on y regardait de plus près et derrière le sourire rouge à lèvres, décalées d'une façon ou d'une autre. Deena Pepper en était un exemple parfait. Deena débordait d'énergie, une de ces belles aux yeux étincelants, tellement, tellement jolie, d'une beauté toujours lisse. Mais ce qu'on apprenait par la suite, c'était que Deena ressemblait à un disque rayé : parfaite en apparence, mais bancale, quelque chose de détraqué, personne ne savait quoi au juste. Elle changeait constamment de médecin, essayait de mettre un nom sur la maladie. La dernière théorie en date : on l'avait fait tomber sur la tête quand elle était bébé.

Il y avait aussi les femmes en colère – elles étaient partout. Petit sourire pincé, petit regard affûté si vous veniez à les frôler par accident, un regard à la fois offensé et agressif. Volte-face et fustigation sur leur siège au théâtre quand un manteau les effleurait ou si on riait trop fort.

Parfois, Lana se disait – et elle savait que c'était tout sauf politiquement correct – que les femmes n'étaient vraiment pas faites pour rester célibataires à la quarantaine. Elles ne tenaient plus en place. Lana n'avait pas l'intention de devenir si nerveuse. Elle savait ce qui se disait à Manhattan, que les femmes qui n'étaient toujours pas mariées à quarante ans refusaient le mariage – elles sortaient avec des hommes qui n'étaient pas libres. Lana ignorait si c'était vrai. Rien n'était simple. Tout ce qu'elle savait, c'est qu'elle ne voulait pas se retrouver dans cette situation.

Quand elle rencontra Sam, Lana fut très étonnée de le trouver libre. Rétrospectivement, elle n'arrivait toujours pas à y croire. C'était à une soirée littéraire dans un de ces appartements tentaculaires sur West End Avenue qui semblent exister dans un univers alternatif, un dédale d'offices et de chambres de bonnes et – dans celui-ci – une bibliothèque ! Cela n'avait rien à voir avec l'East Side, dont Lana avait eu des aperçus dans l'*Architectural Digest*. On était loin du chic et des dorures, de la débauche de décoration d'intérieur, de l'argent qui cherchait à passer pour du bon goût. Cet appartement était le nirvana intellectuel. On y pénétrait et on se demandait : où sont les Trilling ? Et Clement, il vient aussi ? Vous compreniez que vous n'étiez qu'une pauvresse dans votre studio, mais c'était sans importance, car il restait tout à fait possible qu'un jour cela vous appartienne à vous aussi. Bref, Lana était venue accompagnée de Josh, avec qui elle sortait plus ou moins, un critique de cinéma qu'elle connaissait de Chicago, intelligent mais trop immature pour être pris au sérieux. Il y avait du monde et il était difficile de se déplacer. Quand Josh partit à la recherche des toilettes, Lana se posta dans un coin pour observer la scène en sirotant un chardonnay très médiocre à l'abri des bousculades. Son regard se fixa sur un type adossé aux rayonnages au fond de la bibliothèque accompagné d'une blonde guillerette qui semblait trop en train pour lui. La blonde attrapa des verres au passage sur un plateau et lui en fourra un, rempli à ras bord d'un liquide mordoré, dans la main. Comme un canari qui voletait autour d'un bon vieux labrador (il essayait de boire la première gorgée sans en renverser), elle lui saisit le poignet et la boisson se mit à dégouliner. Elle s'éloigna, peut-être pour chercher une serviette, et il pêcha la cerise au marasquin qui se trouvait dans son verre, la mangea, jeta un regard circulaire, la queue de la cerise à la main, puis la glissa dans la poche de son veston. C'était bien d'un homme, ça ! avait pensé Lana. La fille revint et ils s'éloignèrent. Lana remarqua que sa cravate était entortillée comme celle d'un homme qui ne sait pas les nouer. Pourquoi est-ce toujours si difficile de rencontrer celui qu'on a envie de connaître ?

Josh rejoignit Lana et une demi-heure plus tard, alors qu'ils s'entassaient dans un ascenseur avec un groupe de personnes, elle remarqua que le type à la cerise et sa copine s'y trouvaient aussi. La descente fut silencieuse, ils étaient tous trop serrés pour parler. Lana épia par une ouverture entre les épaules et remarqua qu'il avait les yeux d'un bleu ardoise. Quand la porte s'ouvrit et qu'il s'aplatit pour laisser passer les femmes, Lana le remercia d'un signe de tête et il lui répondit par un regard qui fit bondir son cœur. Josh, qui était sorti le premier sans se soucier de personne, attendait. Super ! se dit Lana, je sors avec le mec qui n'a aucune éducation.

L'histoire aurait pu s'arrêter là, rien qu'un navire de plus qui croisait dans la nuit, et elle n'aurait jamais su que cet homme était Sam. Sauf qu'une semaine plus tard au Coliseum Books sur la 57e Rue, elle parcourait les derniers numéros des revues critiques – *The New Criterion, The New Republic, The New Leader* – et devinez qui s'approcha d'elle : c'était lui ! Le visage fendu d'un sourire tout neuf lui aussi. Elle ne le lui avait pas vu à la soirée.

« Mais c'est la fille de l'ascenseur ! »

Lana fut ravie.

« Comment ça va ? demanda-t-elle, en cherchant désespérément à trouver quelque chose d'autre à dire. Vous vous êtes amusé à la soirée ?

– C'était agréable de se trouver dans un appartement, dit-il. La plupart des soirées littéraires sont organisées dans des endroits bizarres ces temps-ci, vous savez, des lieux alternatifs. Pour montrer que les livres, c'est trop tendance. Mais cet endroit donnait l'impression…

– Que les Trilling allaient venir !

– C'est ça, acquiesça-t-il. Assez douillet, New York dans les années cinquante. »

Il n'était pas vraiment beau. Ses yeux bleus étaient durs et son sourire tendre, et ce contraste se retrouvait dans son attitude. Lana devina qu'il était timide, mais toujours prêt à se montrer ouvert et sociable.

« Mais vous n'étiez même pas né dans les années cinquante », dit-elle, enchantée.

Encore ce sourire. C'est alors qu'ils avaient vraiment commencé à parler – à se dire leurs noms, ce qu'ils faisaient dans la vie, et chacun y était allé de quelques virevoltes et autres pirouettes… et on aurait dit qu'ils ne s'étaient plus arrêté de parler depuis. Leur premier rendez-vous cinq jours plus tard confirma, devant un brunch, au cinéma, après les cappuccinos et la promenade de vingt-cinq blocs pour la raccompagner chez elle (premier baiser au dixième pâté de maisons, baisers à la *Casablanca* devant chez elle), ce que Lana avait deviné sans le savoir à la soirée, ils étaient les deux moitiés d'un même tout. Il était libre parce qu'il avait gardé sa liberté pour elle, comme elle avait gardé la sienne pour lui.

Le soleil s'était caché derrière un nuage. Derrière la baie vitrée, le ciel était d'un gris terne. À l'intérieur, les murs blancs de Lana étaient blafards, de cette teinte neutre des appartements de location. Elle voulait repeindre son appartement depuis trois ans déjà, mais avec son travail, les piges en free lance, les horaires des spectacles et Sam, il n'y avait pas le temps de choisir une couleur, et encore moins de peindre. De toute façon, elle n'était presque jamais là dans la journée, ni même le week-end, pour voir à quel point l'appartement semblait morne à la lumière du jour, un endroit resté trop longtemps provisoire. La nuit, les murs prenaient une couleur crème.

Lana n'était jamais dans son appartement le samedi après-midi. Depuis que le samedi soir était celui où elle dormait chez Sam, l'après-midi était devenu un prélude à ce rendez-vous. Lana adorait foncer chez Saks, fouiller les rayons des soldes à la recherche d'un nouveau vêtement à porter le soir même, pour que Sam ne la voie pas toujours dans les mêmes vieilles nippes. Parfois, le samedi, elle filait dans un musée, habituellement pour le dernier jour d'une exposition au MoMa ou au Met, où elle se retrouvait dans la cohue, visiteurs de dernière minute qui regrettaient comme elle de ne pas être venus plus tôt. Et il y avait toujours les matinées, le samedi – théâtre ou ballet –, même si elle aimait de moins en moins ces levers de rideau à seize heures. Ils lui donnaient l'impression d'être vieille, en marge du flot de la vie, tous ces sacs à main refermés d'un coup sec et ces matrones parfumées. Sam, d'un autre côté, se montrait très satisfait des matinées et des séances de cinéma diurnes, comme un ours célibataire qui se trouve un antre confortable.

Gris dehors, et gris dedans. Je pourrais aller déposer du linge au pressing et faire du lèche-vitrines sur la 57e Rue, se dit Lana, assise sur son confident orange comme si elle y avait pris racine. Ce dont elle avait vraiment envie, c'était d'appeler Sam, mais elle ne le faisait jamais le samedi après-midi. C'était une sorte de règle qu'elle s'était fixée. Pour préserver l'image de son indépendance. De façon à être fraîche et pimpante pour la soirée du samedi, pas la vieille radoteuse qui vient de raccrocher.

Je pourrais aller au magasin de bricolage acheter un nouveau bouchon pour l'évier, pensa Lana, sans bouger. On se sentait vraiment célibataire quand on passait le samedi après-midi à la maison. Et puis elle allait bientôt avoir trente-cinq ans. Elle ne ferait plus partie des 25-34 ans dans les statistiques. Elle allait être dans les 35-44. Et puis trente-cinq ans n'était-il pas l'âge des amniocentèses ? Et des mammographies ?

Oh, Sam ! songea-t-elle, pourquoi es-tu si lent ?

Voilà l'autre raison pour laquelle Sam était libre. Il était complètement installé dans ses habitudes. Sam était un solitaire dans l'âme, grand lecteur et passionné de photo. C'était un excellent juriste, spécialisé dans les questions de violation de propriété intellectuelle et artistique, mais un de ces juristes blêmes qui auraient préféré être ailleurs, dans le cas de Sam, à travailler avec sa collection d'appareils photo. Il possédait son petit univers bien stable sur la 12e Rue Ouest, un appartement d'une pièce plein de livres avec Spiffy, une chatte. Lana ne doutait pas de l'amour de Sam. Elle pensait qu'il ne voulait pas la perdre – il le lui disait parfois, à voix basse, quand elle s'endormait. Mais elle savait aussi que ses habitudes solitaires étaient une sorte d'épais manteau d'hiver, pour se protéger du froid et de la douleur. Il ressemblait au Rochester de Jane Eyre : sensible, il le cachait sous une apparence bourrue. Son passé amoureux, pour ce que Lana avait pu lui en soutirer, se résumait ainsi : elles le forçaient un peu trop tôt, il résistait et elles le quittaient en se disant qu'il était réfractaire au mariage. Lana, qui était d'ailleurs la première à l'admettre, avait fait preuve d'une discipline extraordinaire dans sa façon d'en user avec Sam. Sa capacité à ne pas trop en attendre, sa patience (pas une fois elle n'avait parlé de mariage) avaient rendu Sam heureux et décontracté. Mais à présent, il était peut-être un peu *trop* décontracté. Lana voyait qu'ils arrivaient à la croisée des chemins.

On est ensemble depuis un an et demi, se dit-elle. Deux ans en mai prochain. C'est ma date butoir. Elle ne parlerait pas de mariage, sinon il paniquerait. L'étape suivante, et d'une certaine manière le pas à franchir était plus grand, serait la vie commune. Lui montrer qu'il en était capable. Voilà : on s'installe ou on se quitte.

Lana avait écouté une onéreuse série de cassettes qui circulait au bureau sur les techniques de la négociation. Elles étaient destinées à aider les employés à mieux gérer les relations avec les clients difficiles, mais Lana les écoutait avec un autre objectif en tête. Elles énonçaient des règles de l'art consacrées par l'usage. Le but était de gagner sur tous les tableaux ; la morale, d'un sens commun lumineux. Et Lana adorait la gravité du leitmotiv que la cassette martelait comme la voix de votre conscience : vous ne sortirez jamais vainqueur d'une négociation si vous n'êtes pas prêt à quitter la table de négociation.

On s'installe ou on se quitte. Lana ne cherchait pas à poser un ultimatum à Sam, mais elle n'avait pas non plus envie d'attendre passivement, comme Pénélope son Ulysse. Sam devrait faire un choix et le mieux – pour l'un comme pour l'autre – était de lui laisser le minimum de marge de manœuvre pour se dérober. Selon les cassettes, pour gagner sur tous les plans, il fallait être prêt à tout perdre. Sam était tout pour elle, mais s'il était incapable de s'engager… mieux valait le savoir tôt ou tard. Pas vrai ?

Et s'il disait non ?

Rien qu'à l'imaginer – la vie sans Sam –, les yeux de Lana se brouillaient de larmes, la pièce vacillait. Elle se voyait à nouveau célibataire à trente-cinq ans, de retour sur la galère des femmes seules, repartant de zéro avec des hommes plus vieux et qui avaient autant d'amertume en plus dans le ventre. Et tous ces trottoirs urbains qui ne menaient nulle part (ou qui vous conduisaient tout droit à la névrose), le samedi après-midi, prélude à rien du tout, le dimanche matin seule avec un bagel, et, bien sûr, le second coup mortel quand elle finirait par voir Sam avec une autre. Lana s'autorisait à se sentir perdue.

Mais elle n'avait pas le droit d'avoir peur. Elle n'était pas encore prête, mais elle devait se préparer, s'armer de courage, répéter le scénario où il dirait non, s'habituer à la possibilité de souffrir, comme on garde la main au-dessus d'une flamme. Cela ressemblerait à un ballet onirique – elle se le danserait mentalement jusqu'à ce qu'elle en maîtrise le moindre saut, la moindre pause. La façon dont elle mettrait son désir dans la balance, dont elle garderait le sourire malgré son cœur brisé, dont elle lui dirait qu'elle regrettait qu'ils ne puissent aller plus loin ensemble et dont elle partirait sans se retourner, la dignité toute simple de son adieu. Dans quelques mois, ils allaient jouer la scène pour de vrai. Quand Lana serait prête à risquer le tout pour le tout. Sam ne la laisserait pas partir, n'est-ce pas ?

6

Places debout

Iris n'avait pas demandé ce travail. Elle était tout à fait satisfaite de terminer un abat-jour pour commencer le suivant, beautés de soie choyées et époussetées à la plume par des grandes dames de Park Avenue et des dandys d'Amster Yard. La liste d'attente pouvait atteindre six mois pour un de ses abat-jour personnalisés : elle ne pouvait en fabriquer qu'un par semaine (les appliques, c'était plus rapide), et imposait une limite de cinq par client et par an (ou huit appliques). Alors que faisait Iris dans une file d'attente ?

Comme d'habitude, elle aidait Deena dans un de ses projets loufoques. Sauf que celui-ci n'était pas si loufoque. Et l'idée ne venait pas entièrement de Deena. Une de ses nouvelles amies, une jeune femme à qui elle avait trouvé un appartement sur la 26e Rue, le quartier des fleuristes, lançait un nouveau magazine du nom de *Petunia* – art, culture, mode, branché, comme d'habitude. Pour faire sensation dans ses premières pages de mode, cette fille avait décidé de demander à trois femmes artistes de juger des défilés pendant la Semaine de la mode. C'était un angle d'attaque.

« En fait, c'était mon idée, avait expliqué Deena au téléphone, et à un moment donné, c'est devenu son idée. Donc c'est comme ça, qu'importe. Mais je me venge en lui refilant mes copines ! »

Iris Biddle était un des noms que Deena avait dévidés en consultant son carnet d'adresses. (« Elle n'a jamais entendu parler de toi, avait lâché Deena, mais je lui ai assuré que les initiés te connaissent. ») Iris accepterait-elle, avait demandé la fille de *Petunia* – l'énigmatique Iris aux abat-jour élitistes et renommés –, d'assister à des défilés à Bryant Park et de collaborer au magazine ?

Eh bien, pourquoi pas ? Iris se sentait recluse ces temps-ci. Personne n'imaginait à quel point il était difficile de confectionner des abat-jour aussi impeccables – toutes les infimes maladresses qui pouvaient gâcher une journée de travail et un bon morceau de soie de grand prix. Personne n'imaginait à quel point ces grosses commandes étaient stressantes, la concentration que cela exigeait de violenter le tissu pour le mettre en place, de bien poser la fondation. Le matin, Iris écoutait de la musique – Mozart pour son esprit extraordinaire, Bach qui donnait la cadence, l'inspiraient, l'aidaient à se lancer. Mais l'après-midi, elle préférait travailler en silence, les rayons de soleil se glissaient à travers les stores pendant qu'elle plaçait la soie sur l'armature dans le biais, posait les épingles, puis se mettait à les repositionner, en tendant la soie, d'abord en +, puis vers l'extérieur en ×, et la retendait, en étirant encore plus l'étoffe, et une fois encore, le tissu cédait jusqu'à ce qu'il n'en puisse plus, toute l'élasticité irradiait depuis le centre jusqu'à produire sa propre musique – « une beauté semblable à un arc tendu » – et on pouvait y faire rebondir une pièce de dix cents. Iris n'aurait pas signé de son nom un abat-jour mal tendu. Elle aimait voir les sillons, elle aimait les champs de soie bien nets, et que la lumière n'ait pas besoin de se frayer un chemin dans des plis chichiteux. L'abat-jour le plus scandaleux qu'elle eût jamais confectionné – une incroyable chinoiserie pour un financier parisien rougeaud, pagode élaborée en soie gris perle, avec renfort vert mousse et glands de passementerie turquoise (trois semaines de travail ; la facture s'était élevée à quatre mille dollars) –, même celui-là avait été un modèle de sérénité ondoyante à frisettes. Au terme d'une bonne journée de travail, Iris avait l'impression de ressortir du terrier d'un lapin. À la fin de la semaine, elle mourait d'envie de bavarder. Voilà, elle avait dit à la fille de *Petunia* qu'elle serait ravie d'aller à des défilés, mais qu'elle ne pouvait libérer que deux jours.

Iris s'était imaginée en train de déambuler dans un salon, ou sous la tente – où les créateurs organisaient leurs défilés de nos jours, de grandes tentes de cirque derrière la bibliothèque sur la 42e Rue –, avec une nouvelle coupe de cheveux très chic. Ou peut-être une ondulation ; elle avait toujours voulu s'en faire une et cela lui irait sûrement très bien. Elle déambulerait, coiffure impeccable, posture élégante – « Qui est cette femme ? » se demanderait-on – et irait prendre sa place au premier rang. Enfin, sans doute pas au premier rang, car Iris en savait assez pour deviner que ces places-là étaient réservées aux gourous de la mode et aux célébrités du moment. Peut-être au troisième rang.

Mais personne, ni Deena ni la fille de *Petunia*, ne l'avait préparée à la bousculade à l'entrée, aux yeux avides des jeunesses de vingt ans qui luttaient (ongles peints en brun), en cherchant désespérément à entrer. Ni aux regards insolents de leurs semblables plus raffinées, portées par le sésame d'un emploi prestigieux. Ni à l'expression régalienne et aux coiffures personnalisées des femmes de quarante ans qui travaillaient dans le milieu depuis des décennies et entraient avec leur suite, leurs filles – reines des abeilles servies par des clones en talons aiguilles Gucci.

Et personne n'avait prévenu Iris que rejoindre sa place était comme monter au feu, éviter de trébucher sur les rallonges électriques collées par terre et devoir escalader des gradins en talons. Les filles équipées de micros-casques regardaient l'invitation d'Iris et lui indiquaient le sommet des gradins avec indifférence. C'était l'Everest à chaque fois, Iris au huitième rang – le dernier – à chaque défilé. Tout là-haut avec les impopulaires, se disait-elle. C'est donc ça, l'univers des journalistes de mode. Iris n'avait jamais vu autant de cheveux tirés sans art et retenus par des élastiques, ni autant de tenues coordonnées qui malmenaient les chairs et révélaient rondeurs secrètes et bretelles de soutien-gorge noires.

Les acheteuses, assises de l'autre côté du podium, très élégantes en Armani et en Bill Blass, étaient moins féroces, plus soignées, plus au goût d'Iris.

Au premier défilé qu'Iris avait suivi, le créateur faisait apparemment des ensembles pour bourgeois bohèmes, encore qu'Iris ne fût pas certaine de pouvoir utiliser le mot « ensemble », car en fait rien n'était assorti. C'était une sorte de Woodstock vu par Walt Disney – couleurs Peter Max, pantalons taille basse à franges, foison de ceintures coulissantes et des nombrils partout. Le chic des soirées où l'on fume des joints, s'était dit Iris. Mais pour qui ?

Si seulement le créateur avait remonté une décennie de plus dans le temps, jusqu'à Dior et Balenciaga. Iris n'avait jamais porté leurs vêtements – elle était beaucoup trop jeune pour ça –, mais elle avait étudié leurs collections dans des livres et était capable de s'identifier à la notion du correct des années cinquante. Et à celle de la bienséance. Les corps n'étaient pas parfaits ni dignes de confiance, il y avait le ça et tout le reste. Les maîtres français de la couture ne s'intéressaient pas au zizi et au nombril. Ils vous cousaient un univers tout d'ordre et d'élévation. Vous rendaient étanche et hermétique. Mais aussi, paradoxalement, perchée au bord de l'envol, le menton levé.

« La contradiction inhérente à chaque action, la tâche infinie du cœur humain. »

Iris adorait ce vers de Delmore Schwartz, du temps où elle lisait de la poésie et dédiait ses vingt ans à la beauté et à la vérité. Elle ne l'avait pas très bien compris à l'époque, mais pensait le comprendre à présent. La tristesse mêlée au bonheur. L'exquise et indéfinissable émotion que l'on trouvait dans le chagrin. Un sentiment qu'elle ne pouvait jamais complètement exclure de ses abat-jour, qui semblaient lui offrir leurs squelettes (une armature en fer) en échange d'une âme (un rai de lumière). Chaque abat-jour était une vie en soi, un fragment du passé. Rittenhouse Square, environ 1910. Londres entre deux guerres. Le salon parisien de Nancy Mitford. La redoutable sœur Parish elle-même, figure de proue aujourd'hui disparue de la déco new-yorkaise, avait la première découvert le travail d'Iris et, suite à une commande colossale, elle avait impulsé cet élan à son commerce. « Vous êtes excessivement poétique, avait-elle déclaré, mais tout à fait convenable. C'est cette tension qui fait votre puissance. Ne la perdez pas ! »

Puissance, soupira Iris, dans une file d'attente irrégulière très loin de l'entrée du défilé Calvin Klein.

« Désolée, avait dit une jeune femme en noir assise à la table recouverte d'une nappe blanche quand Iris avait réclamé sa place réservée. Vous n'êtes pas sur la liste, mais si vous voulez bien faire la queue vous aurez une place debout. »

Debout ?! Iris avait sondé les eaux peu profondes des yeux bleus devant elle, et l'espace d'une seconde elle avait failli dire : « Mais je suis ici pour le magazine *Petunia* », puis elle avait pensé : qui se soucie de *Petunia* ? Qui a *bien pu entendre parler* de *Petunia* ?

« Debout ? répéta Iris.

– Par là-bas », indiqua la fille, dont la miséricorde se mua en dureté quand elle se tourna vers la victime suivante.

« Là-bas » était l'endroit où Iris se trouvait à présent, au milieu d'un groupe de laissés-pour-compte qui attendaient un train pour nulle part. Iris était tiraillée entre un sens du devoir – elle avait dit qu'elle assisterait à ce défilé – et un sens du respect de soi : je ne resterai pas debout. Elle avait quarante ans, pour l'amour du ciel ! Elle avait pratiqué les places debout à l'âge de vingt ans au Met, à Covent Garden, au Staatsoper de Vienne. Elle aurait accepté une place assise presque *n'importe où* pour un concert dirigé par Carlo Maria Giulini, son beau profil sur les couvertures de ses albums et pour la fougue de ses symphonies de Brahms. Mais pour Calvin Klein, un fabricant de culottes ?

Les places debout, songea Iris. On était loin de la loge réservée aux Biddle au Philadelphia Orchestra, et de la table des Biddle au bal annuel Hunt. Rien de tout cela n'avait d'importance, bien sûr – un habitacle carré, une table ronde –, mais indéniablement cela avait eu quelque chose d'excitant à l'époque, cette certitude qu'une place vous attendait que vous la vouliez ou non. Enfin, le temps était compté. Dans la famille Biddle, le mari d'Iris était celui qui, avec un doctorat en neuropharmacologie, avait froidement quitté le monde scientifique, en raillant la politique d'arrière-garde du National Institute of Health, et avait pillé son fidéicommis pour un rêve de pipelines en Tanzanie. Le brillant Erich Biddle, amoureux de la logique, capable de trouver des raisons hermétiques pour ne pas agir, ne pas rester, ne pas aimer – l'homme qui avait dit un jour qu'il ne l'abandonnerait jamais.

Iris avait rejoint les masses agglutinées derrière la corde en nylon avec toute la dignité qu'elle avait pu rassembler. En passant devant ces visages tristes pour remonter l'interminable file d'attente (ou qui semblait interminable, bien qu'il ne s'y trouvât que huit personnes pour l'instant), elle s'efforça de s'élever au-dessus de la mêlée. Pourquoi cela devrait-il la chagriner de se retrouver coincée dans cette file d'attente ? Cela n'était pas son monde. Elle n'avait pas travaillé pour obtenir une place dans cette hiérarchie. Tout de même, elle allait tordre le cou à Deena.

Elle trouva une certaine consolation dans la certitude qu'elle avait belle apparence, svelte et nette dans sa tenue Norell d'époque, veste indocile, col remonté, et longue jupe cigarette, avec son sac en croco noir et ses escarpins à bride Chanel. Pas vraiment à la mode – mais plutôt, espérait-elle, au-delà des modes. Ses amies s'extasiaient toujours des styles qu'elle parvenait à créer, les petites entorses à la norme qui la distinguaient des autres (« et dans ses moyens », se disaient-elles sans doute les unes aux autres). Mais peut-être se distinguer dans une file d'attente n'était-il pas une excellente idée. Car au moment où les reines des abeilles se mirent à longer la file d'attente d'un air dégagé avec leur suite ravie et protectrice, Iris commença à se trouver voyante. Elle n'était ni un futur jeune créateur étudiant à Parsons qui jouait des coudes pour l'amour de l'art, ni un homo branché qui essayait de lancer son petit magazine de mode. Iris était manifestement quelqu'un. « Mais qui ? » interrogeaient ces coups d'œil rapides l'espace de quelques secondes avant d'effacer cette élégante silhouette de leur mémoire. Si elle était Quelqu'un, elle n'aurait pas besoin de rester debout.

Ce n'est pas drôle, se dit Iris, en observant les rédactrices des magazines de luxe arriver en retard sans s'excuser. Il y avait cette petite araignée de chez *Vogue* aux épaules osseuses recroquevillées comme pour lutter contre d'antiques bourrasques, dont la coupe rappelait celle du Sphinx et qui gardait ses lunettes de soleil jusque dans la pénombre de la tente comme pour quémander une ampoule électrique. Iris aurait voulu lui en coller une dans la bouche.

Venait ensuite une de ces dépositaires de la flamme de Diana Vreeland. Cette femme avait rabattu ses cheveux bien en arrière contre son crâne et portait une sorte de kimono en laine bouillie qui ménageait un espace circulaire compassé autour d'elle. Elle ferait mieux de se méfier de la laine bouillie, pensa Iris, ça fait un peu sorcières de *Macbeth*.

« Il y a la rédactrice en chef de *Q + A magazine* », dit l'homo branché mode à côté d'Iris, en indiquant de la tête une nana grassouillette qui passait par là. Il se mit à rire. « Elle sait que c'est *has been*, le *grunge* ? »

Avec ses larges lunettes d'aviateur, dans ses Hush Puppies en daim verdâtre et un pull en mohair à très longs poils des années cinquante, elle ressemblait à l'étudiante militante que tout le monde cherche à éviter au foyer du dortoir. Sauf qu'aujourd'hui elle avait de l'influence. « Dans *Charlie Brown*, chuchota Iris en réponse, c'est Lucy et Pigpen réunis ! »

Ça suffit, se dit-elle. Si ça n'avance pas dans cinq minutes, je m'en vais. C'est alors qu'elle vit qu'il était trop tard : son pire cauchemar se trouvait à moins de vingt mètres d'elle.

Iris et Victoria Pines n'étaient pas précisément ennemies. Non, elles avaient été membres de la même association étudiante et s'étaient mutuellement désapprouvées au premier regard. Victoria avait choisi sa voie pour faire carrière – radio, télé, cinéma – et, en commençant par un stage de troisième cycle, elle s'y était attelée comme à la culture d'une truffe de concours (dans le sketch satirique *Winnie l'ourson* qui servait de devanture à l'association, Vicki avait monopolisé le rôle de Porcinet trois ans de suite, sans jamais cesser de glousser). Iris s'était consacrée à la littérature anglaise, option arts décoratifs, avait rédigé une thèse lauréate sur les chandeliers et terminé ses études avec un diplôme mais sans emploi.

Victoria avait grimpé les échelons du monde des présentateurs de télévision, un emploi à Pittsburgh lui ayant servi de tremplin pour arriver dans une chaîne nationale « animalière » en Nouvelle-Angleterre, où elle était devenue très populaire en couvrant les sauvetages d'animaux domestiques, les combats écologistes, la situation difficile et les politiques des élevages d'animaux. Pendant ce temps, Iris avait percé comme spécialiste junior chez Christie's, côtoyé de charmants vieux messieurs et de charmantes vieilles peintures à l'huile, dévoré les œuvres de maturité de Tolstoï et les œuvres de jeunesse d'Edith Wharton avant d'épouser un beau et bon parti en l'enviable personne d'Erich (ils avaient commencé par flirter autour d'un microscope d'époque pour lequel il avait envie de faire une offre) et elle avait fini sa carrière dans le petit monde parallèle de Philadelphie.

Victoria était allée s'installer à New York et avait épousé un riche et corpulent courtier de Wall Street. Iris était revenue s'installer à New York – divorcée – juste à temps pour assister à la dernière métamorphose de Victoria : elle était devenue la présentatrice vedette des arts à New York.

Les *arts* ! Cette fille qui s'était moqué du cours sur Nietzsche suivi par Iris, qui avait ri haut et fort des fantastiques opportunités professionnelles offertes par l'art de la gravure japonaise (Ni Chi ?). Vicki était indifférente à la création, mais son désir de réussir était féroce et elle ne reculait devant aucune question. Elle avait demandé à Barychnikov si son parfum lui ressemblait plus avant ou après un spectacle. Elle avait demandé à Jesse Norman, qui entrait au Metropolitan Opera, s'il fallait vraiment avoir du poids pour porter une grande voix ? Il s'avéra que Victoria comptait beaucoup de partisans parmi les anti-artistes des années 1990, cette frange de la population consciente de l'importance de l'art mais haineuse envers le statut particulier des artistes, qui aimait les voir éreintés, humiliés dans leur splendeur.

Iris ne savait pas très bien comment se comporter vis-à-vis de Vicki, elle se demanda pourquoi il ne lui était pas venu à l'esprit que leurs chemins pourraient se croiser en ces lieux. Mais Iris refusa de détourner la tête, ou pire, de se faire toute petite au milieu des gens qui attendaient dans la file. Elle accepta la fatalité – à cet égard aussi, elle se savait démodée. Elle rendit son regard à Vicki, droit dans les yeux, et éprouva la puissance du Concorde dans la volonté avec laquelle Vicki décida de mettre le cap sur elle, cameramans agglutinés à sa suite, raccordés à des rouleaux de câbles noirs comme à un système de respiration artificielle. Vicki s'arrêta à environ un mètre cinquante, mit sa main en visière au-dessus de ses yeux et, en se penchant comme pour entrer dans une grotte, l'interpella : « I-ris ? »

Oh, quelle irrévérence ! se dit Iris, sachant que le moment était venu de sourire et de répondre (en bonne camarade d'association étudiante, elle aurait dû se précipiter dans les bras de Vicki en piaillant).

« Vi-cki », articula-t-elle comme si elle n'était pas dans cette infâme file d'attente mais émergeait d'une roseraie.

Vicki s'avança comme une déferlante, submergea Iris. « Mais qu'est-ce que tu fais ici chez Calvin ? » Elle regarda Iris de haut en bas. « D'ailleurs, tu es superbe ! Mais je ne vais pas laisser une ancienne de l'association étudiante debout dans une file d'attente. Ils organisent la présentation pour moi, alors suis-moi ! »

Iris secoua la tête. « Vas-y vite, toi ! » dit-elle, puis elle baissa d'un ton pour chuchoter : « Je ne peux pas planter ces gens ici, maintenant. On a attendu ensemble, ce ne serait pas juste. »

Et il était vrai que cela n'aurait pas été bien, ils avaient fait le planton ensemble un peu trop longtemps. L'homo du bulletin de mode la regarda comme si elle était folle.

« Iris. Tu vis sur quelle planète ? Il ne s'agit pas d'être juste. Il s'agit d'entrer. Mais si tu ne veux pas, à toi de voir. De toute façon, ajouta-t-elle d'un ton menaçant en s'éloignant à petits pas, avec ses hommes qui tiraient sur les câbles comme des chiens en laisse, tu ferais mieux de te mettre aux défilés privés. Le prochain aura lieu chez Amy, je lui dirai de t'appeler. »

Sur ces mots, Vicki & co se pressèrent vers le chapiteau, Iris et la file d'attente les regardèrent s'éloigner alors que la voix faussement empreinte de sollicitude de la femme de confiance de Calvin les attrapa en tenaille, pour leur annoncer que les places debout étaient complètes. (Complètes ? Comment ça ? Personne n'avait quitté la file d'attente !) Ils étaient invités à regarder le défilé sur le moniteur qui se trouvait dans le couloir.

Regarder la télé ? Debout dans un couloir bâché ?

C'en était trop. Pendant que la fille détournait les questions qui jaillissaient de la file d'attente en colère et immobile, Iris s'éloigna en se grandissant autant que possible, faisant le vœu silencieux de se venger de Calvin Klein, ce couturier des culottes minimalistes. C'est pour *ça*, songea Iris, que j'ai interrompu mon travail sur l'abat-jour Kravis, tout épinglé et qui n'attend plus que l'aiguille. Et maintenant c'était l'heure de pointe dans Grand Central Station, une bataille acharnée pour le moindre taxi – elle allait être obligée de prendre un bus cahotant jusqu'à Lexington. Vraiment interminable. Une de ces journées interminables remplies d'interminables indignités. *Voilà ce que ça rapporte de sortir…*

Ne pas sortir : l'idée était ridicule. Iris savait que cette journée ferait une bonne histoire à raconter, la file d'attente si morne, des filles aux dents longues. Tout le monde vivait des journées pareilles. Tout de même, elle était avide de rentrer chez elle. Dans son séjour, avec le feuillage des arbres dehors, elle serait bien, elle se libérerait de son enveloppe, ôterait ses chaussures, prendrait un bain. Puis elle se préparerait un grand Martini, bien glacé. On était vendredi après tout. Les Martini c'était l'océan Atlantique, les fêtes estivales, les bains de minuit. Des étoiles qui se fondent dans un ciel noir, une autre vie. « L'hypothermie dans un verre », comme les avait joyeusement surnommés son mari dans les premiers temps. Elle aimait cette sensation, la rationnait, petites gorgées de gelée bleue. Le souvenir, l'oubli. La clarté, la neige.

7

Un fauteuil près de l'allée

Lana avait le fauteuil C-2. Une place de choix, tout au bout de la rangée, au premier rang du deuxième balcon. C'était la première fois qu'elle se trouvait au premier rang, avant-poste bas et dégagé du deuxième balcon, aussi avait-elle peine à cacher sa joie. Voilà, elle était critique, critique de danse. Pas exactement ce qu'elle avait imaginé, mais on ne pouvait jamais savoir ce que la vie vous réservait. Lana préparait un article pour la légendaire – enfin, autrefois légendaire, à présent un rien dépassée – revue universitaire trimestrielle. Ils voulaient quatre études par an. Pas d'articles pour ou contre, pas de « j'ai-ri-j'ai-pleuré », mais des idées.

« Et si je ne trouve pas d'idées ? » se lamenta Lana en annonçant la bonne nouvelle à Sam.

« Tu en es capable et tu en trouveras », dit-il. Le samedi suivant, il lui avait offert un stylo Waterman rouge, pour commémorer son nouveau statut. Sur la carte on lisait : « Vas-y, il faut que ça saigne ! Je t'aime, Sam. »

Alors, où était Dwight Davis ? Ils avaient accordé leurs montres dans la journée, de façon à se retrouver dans le lobby. Lana se dénicha un endroit au sommet des escaliers, du côté des Jasper Johns, suite d'immenses cases grises numérotées de 0 à 9. De là, elle voyait entrer les visons d'élevage et les tissus à chevrons, le déploiement des cache-nez et les accolades maladroites. Elle se demandait qui serait à côté d'elle dans le fauteuil C-4. Les critiques établis, ceux qui travaillaient pour les quotidiens terre à terre, ou pour les magazines illustrés, ceux-là avaient deux billets. Ils ne se demandaient jamais à côté de qui ils allaient se retrouver.

C'est la vie, se dit Lana. Sa place en bout de rangée, premier rang, était plus que satisfaisante. Les critiques de danse de New York étaient les meilleurs au monde et elle en faisait soudain partie. Effrayant quand on y pensait. Bon, où était Dwight ? Si cela n'avait pas été pour lui, elle ne serait même pas là ce soir. Il l'avait asticotée sans relâche pour qu'elle écrive des piges sur la danse. Il avait dit : « Tu as pris des cours de danse classique, toi. Tu connais les cinq positions. Tu sais *faire* une arabesque ! Aucun de tous ces gnomes – pardon, de nos Très Estimés Collègues – n'a sué à la barre.

– Mais Dwight, avait contré Lana, moi j'étais celle dont les collants faisaient des gros plis. »

poussé un grand « Hou ! » – caractéristique ght - mi-gloussement mi-cri de guerre. Avec tout était guerre.

n'avais pas deviné que les danseurs ne portent pas s-vêtements ? » Il avait secoué la tête, incrédule.

Si. Mais j'étais timide. Je savais que les autres s étaient meilleures que moi. Mes sous-vêtements, tait mon doudou. »

Le jour où Lana lui avait montré son article commandé par la compagnie aérienne – qu'il avait tenu à ire sur-le-champ, dans l'échoppe où l'on servait des œufs au plat près de Lincoln Center –, quand il était arrivé aux paragraphes concernant les ballets oniriques, il en était tout simplement resté bouche bée (« à gober les mouches », comme disait toujours Livia) et il avait dit : « Merde alors ! » Nouveaux hochements de tête. « Je bosse comme un malade, je consacre ma vie à la danse et toi tu balances des articles comme ça ? Pour ces cons de United Airlines ? » Lana adorait ce genre de compliments, quand l'autre n'a pas peur de votre talent, et qu'il trouve ça génial. Puis il lui avait donné le nom du rédacteur en chef d'une revue trimestrielle qui cherchait un critique de danse. « Appelle demain !

– Mais tu n'en veux pas, de ce travail ? » avait demandé Lana, sceptique. Un compliment était une chose, mais si cela n'avait tenu qu'à Dwight, il aurait écrit dans tous les journaux de la ville.

« Ils ont publié un papier qui descendait Truman Capote en flammes et je ne peux pas accepter ça. »

Lana ne le prit pas pour argent comptant : on ne savait jamais toute la vérité avec Dwight.

« Mais si tu travailles chez eux, avait-il dit, ça fera au moins une copine dans la place. »

Lana avait envoyé des coupures de presse début décembre, avait été invitée à déjeuner début janvier. (« On ne paie pas très bien, en revanche, il y a quelques invitations dans de bons restaurants. ») L'entrevue consista principalement en bavardage et en évocations tactiques de tel ou tel nom, pas ceux des riches et célèbres, des noms de publications concurrentes, références à certaines controverses littéraires. Lana avait deviné qu'elle avait passé l'examen quand, au café, on avait suggéré : « Deux mille cinq cents mots, le Ballet de New York, saison d'hiver » et le marché fut conclu. Quand Lana l'avait annoncé à Dwight, il avait dit : « Dommage que tu ne puisses pas commencer par une pige incendiaire sur *Casse-Noisette*.

– Mais je croyais que tu adorais *Casse-Noisette*.

– Oui, l'acte II, le rêve. Mais l'acte I mérite la peine capitale. Les garçons avec leurs tambours, les filles avec leurs poupées – c'est *Ozzie et Harriet* * à Düsseldorf. L'horreur, l'horreur ! »

* Mari et femme dans une émission des années cinquante et soixante, considérés comme un modèle de famille américaine. *(N. d. T.)*

Un point de vue caractéristique de Dwight.

Il adorait le classicisme mais abhorrait le conservatisme, il adorait la beauté mais exécrait la tradition. Voilà qui donnait lieu à mainte tension interne. Cela transparaissait dans sa garde-robe. Lana considérait son style de vêtements comme celui d'un punk B.C.B.G., costumes en seersucker l'été, portés sur un simple T-shirt – et une boucle d'oreille pendue à un crâne rasé. Ou, comme aujourd'hui – il poussait la grande porte vitrée du State Theatre –, longues jambes en allumettes dans un jean noir maigrichon, court blouson d'aviateur ouvert sur une chemise à col boutonné avec un nœud papillon imprimé Titi et Grosminet. En hiver, Dwight semblait toujours porter une couche de vêtements de moins que nécessaire (dans la file d'attente pour obtenir son billet de presse, son visage semblait gelé). Mais même en été, il avait cet air aigu et affamé – peut-être parce qu'il était toujours en instance de licenciement et d'expulsion, du fait qu'il voyait le mensonge partout et s'avérait incapable d'une relation durable. Dwight était cajun, aussi avait-il tout de l'homo du Sud avec une entorse au cliché : son esthétique très piquante, son raffinement bien apprêté. À ses yeux, c'était Stanley Kowalski le héros tragique d'*Un tramway nommé désir*. Et les problèmes entre Rhett et Scarlett ? Manifestement tous deux étaient dominateurs (et Ashley était l'exemple classique du dominé). Dwight était marrant parce que avec lui on était toujours sous pression.

Tous deux étaient jeunes critiques et cela les liait. Ils pouvaient être en désaccord sans le prendre personnellement, peut-être parce qu'ils étaient si différents, si *peu* en concurrence. Lana aimait l'avidité de Dwight, sa passion aveugle pour la danse classique et ses opinions scandaleuses. Elle était enchantée de l'énergie de son ambition, si crue, si différente de la sienne. Là où elle se montrait régulière, et avait parfois l'impression de se cacher derrière cette régularité, méfiante face à ce qui arrive trop vite, Dwight s'emparait des choses avec audace, vigueur, voire une certaine mauvaise foi. Ce danseur de corps de ballet était-il vraiment un as de la technique ou était-il seulement en train d'allumer Dwight ? Dwight aimait-il vraiment la danse contemporaine ou cherchait-il simplement à avoir ses entrées dans le cercle intérieur du maître de ballet ? Il n'était pas entièrement digne de confiance – mais Lana l'adorait. Et si vous l'interpelliez au sujet du danseur de corps de ballet, il lâchait un rire bas et sournois, tirait une profonde bouffée sur sa cigarette avant de souffler, confirmation assourdie, un « Tu me fais chier ! » enfumé.

« Dwight ! » Lana pressa sa joue contre la sienne.

« Tu as quelle place ?

– C-2, dit-elle en essayant de cacher sa joie. Et toi ?

– B-3. »

Les places paires se trouvaient à droite, les impaires à gauche, et pour une raison ou pour une autre, la droite était meilleure.

Les carillons sonnaient, mais ce n'était que le premier appel. Lana et Dwight restèrent où ils se trouvaient, observant la scène. Quand Dwight apercevait des collègues qu'il appréciait, il leur adressait un salut de la tête ou de la main avant d'expliquer qui ils étaient à Lana. Il aimait encore plus voir des gens qu'il ne pouvait pas supporter. Alors il ricanait et soufflait – comme on aurait dit *pssst !* : « Voilà Machin Chose, un imbécile, critique chez Untel. » Lana, un peu morne d'avoir travaillé toute la journée, essayait de décider si elle allait ou non prendre un petit cappuccino en vitesse quand Dwight annonça avec malveillance : « Son Altesse est arrivée. » Même Lana savait qu'il ne pouvait s'agir que d'une personne. Cassandra Rogers franchissait les portes vitrées, avec son charisme et ses trois acolytes.

Fallait-il parler de dérive aérienne ou de procession officielle pour décrire la bulle d'égocentrisme dans laquelle Miss Rogers se déplaçait ? Elle avançait avec un calme de geisha, petits pas dans des après-skis en daim. On s'attendait à la voir vêtue de robes d'apparat et d'étoles, mais elle portait un long manteau en duvet, calfeutrée comme un piano. Ses lèvres pincées étaient immobiles, ses yeux regardaient droit devant elle. Tout le monde gardait ses distances, ne l'approchait jamais directement et venait furtivement lui rendre un hommage *diminuendo*.

Miss Rogers. Elle insistait sur le Miss, pas de Ms. qu'elle considérait comme un affront à la langue américaine (elle n'était pas un manuscrit !). Elle avait la soixantaine et écrivait du haut de son Olympe depuis vingt ans. Sa carrière avait débuté dans le feu de la découverte : quelle est cette discipline appelée danse classique ? Chaque essai était un roman, attendu par un lectorat qui découvrait non seulement la danse, mais aussi Cassandra et « la chasteté », avait dit un adepte flagorneur, « de sa prose ». Industrieuse et chauffée à blanc, elle couvrait son domaine – jusqu'alors victime d'une ghettoïsation en tant qu'art de filles et de pédés – de gloire. C'était l'époque de Mikhaïl Barychnikov et de Gelsey Kirkland, de Suzanne Farrell et de ce dieu de la chorégraphie, George Balanchine. Puis ce fut le début de la fin, le crucifix et la guillotine : Balanchine mourut, certaines étoiles vieillirent et les danseurs moins prisés eurent à subir les phrases acérées et tranchantes de Cassandra. Puis ce fut le couronnement. Elle s'éleva au-dessus de son domaine, s'adoucit, se mit à grisonner et à se demander : où va le ballet ? Ses écrits se teintèrent de consternation, poignet flétri pressé contre son front : que faut-il faire ? Elle avait ses laquais et ses protégés, valets des deux sexes qui officiaient au Temple de Cassandra, remuaient les cendres, prêchaient l'évangile selon Rogers dans leurs propres articles critiques et études de fond. On les appelait les Cassettes.

Dwight fredonnait *It's a beautiful day in the neighbourhood* et Lana avait le vertige. La présence critique de Cassandra, réserve distante et glaciale, semblait altérer l'équilibre de l'atmosphère, provoquer des heurts entre sphères égocentriques. Tel était l'effet du pouvoir à New York. N'importe quel pouvoir. Lana l'avait senti au Carnegie Hall, quand Arthur Lewitt Jr., directeur de la Commission des opérations de bourse, était entré.

Elle l'avait perçu au Metropolitan Opera, lorsque Arnold Schwarzenegger et Maria Shriver (incroyable mais vrai) étaient entrés. Et elle le percevait à présent – souffle et brouhaha suraigu là en bas dans le voisinage de Miss Rogers – et Dwight le sentait aussi. Il donna à sa mélodie un rythme de plus en plus enlevé dès que Cassandra fut trop loin pour entendre.

« Tu ne crois pas qu'elle fatigue, observa Lana, à porter le temple sur sa tête ?

– Conservée dans le baume de l'amertume », entonna Dwight. Il avait parfois un don de poète pour trouver les mots.

« Alors, où est-ce qu'on se retrouve à l'entracte ?

– À quel coin du centre de Beyrouth, tu veux dire ? »

Dwight plaisantait toujours au sujet des entractes de ballets. Machiavel en direct ! avait-il dit un jour. « *Opération Tonnerre*, dit-il, la piscine aux requins. » Il voulait écrire un livre : Tout ce que je sais de la vie, je l'ai appris à l'entracte.

« Pas l'aile des acro-bèses. » C'était ainsi que Dwight appelait les sculptures de Nadelman à l'étage, des filles gargantuesques taillées dans le lard (du marbre blanc, en fait). Il s'en trouvait une paire de chaque côté du foyer du premier étage et selon votre équipe éditoriale, vous retrouviez d'un côté les acrobates, ou de l'autre les nus.

« L'aile des nus, répéta-t-il, mais j'aurai besoin de m'en griller une. »

Au dernier son de cloche, ils filèrent à l'étage, il s'en fut à gauche et elle à droite. En rejoignant son siège à grandes enjambées titubantes le long de la rangée bondée, Lana aperçut une chevelure noire et argent dans le fauteuil C-4. C'était Fernanda Levine.

Avant de s'asseoir, Lana posa son sac sous son fauteuil, estimant que prendre possession de sa place près de l'allée appelait quelques préparatifs. Fernanda Levine leva les yeux, puis les détourna, indifférente. Lana savait ce que pensait Fernanda – pourquoi elle a un fauteuil en bout de rangée, celle-là ? Fernanda était rédactrice en chef de son propre magazine de danse, une revue trimestrielle du nom français de *Divertissements*. Comme il n'y avait aucune publicité dans le magazine, Fernanda et ses critiques pouvaient dire tout ce qu'ils voulaient. Et ils ne s'en privaient pas. « *Di* », comme disaient les initiés, était une publication rigoureuse, intelligente, spirituelle, sarcastique, et excessivement libertaire. En un mot, la revue ressemblait à la personne, que Lana avait observée de loin (la proximité de Fernanda était déroutante). Tout de même, Lana aurait aimé la saluer d'un signe de tête, mais en l'absence d'encouragement, elle s'affaira avec son calepin et son nouveau stylo rouge et le noir finit par se faire pour le premier ballet, un bon vieux classique.

Le spectacle terminé, Lana bondit sur ses pieds comme le font les critiques et remonta l'allée à toute vitesse avant que les autres ne s'y soient déversés. Dwight était un rapide lui aussi, déjà au bar en train de se payer un bourbon.

« Oh, tu voulais quelque chose ? » demanda-t-il, avec un air de professeur distrait tout à coup.

Lana savait que Dwight n'avait pas les moyens d'offrir des tournées. Elle ne s'attendait pas du tout à ce qu'il le fasse.

« Une eau de Seltz, s'il vous plaît, demanda-t-elle au barman. Dwight, va nous trouver un coin, les hordes seront là d'une seconde à l'autre. »

Et elle avait raison. Se frayer un chemin à travers la foule de l'entracte, surtout un verre à la main, revenait à traverser un labyrinthe. Quand Lana retrouva Dwight, il était déjà agglutiné avec d'autres balletomanes. Son arrivée, toutefois, jeta un froid imperceptible et ils ne tardèrent pas à s'éloigner, non sans grâce. Les homos savaient se montrer très gracieux.

« Allons espionner de l'autre côté », dit Lana à Dwight. Elle savait que cela le retiendrait encore un peu à l'intérieur.

Ils allèrent du côté des acrobates et aperçurent tout un assortiment de critiques rassemblés par grappes à divers endroits sous les jumeaux en marbre.

« Leurs poitrines sont un peu gonflées, commentait le bourdonnement mielleux de René Vukovitch, lourd de sous-entendus. C'est que les danseuses du corps de ballet prennent toutes la pilule. »

« Il déclame toujours comme ça, expliqua Dwight à Lana, pour que tout le monde sache qu'il est un initié. »

Fernanda Levine se trouvait avec René ; elle secouait des cheveux trop longs pour son âge (la quarantaine) en déplaçant son embonpoint d'une jambe sur l'autre dans un balancement qui se voulait stylé. La seule fois où Lana avait essayé de lui parler, Fernanda avait tout regardé sauf son interlocutrice. Il semblait que cette panoplie de maniérismes bien à elle – balancement, effets de chevelure, regard fuyant – l'empêchait de prendre racine, lui gardait la porte ouverte. Pourtant, elle et René étaient inséparables, exemple d'intimité intense entre une femme solitaire et un homosexuel. Aucun problème de contact visuel entre ces deux-là.

L'attention de Dwight et de Lana se porta sur un cercle plus large, la cellule capitonnée où Cassandra se tenait bien à l'abri au centre de son trio de Cassettes, deux femmes de quarante-cinq ans (rivales pour le rôle de la préférée de la maîtresse, occupées à faire reluire la pomme empoisonnée, pour ainsi dire), et un homme plus jeune dans le rôle du prince, prêt à baiser l'ourlet de sa robe de gabardine. C'était fascinant, leur langage corporel, un ballet à lui tout seul. Ils planaient, manœuvraient, marchaient sur des œufs dans leur petite course intellectuelle, au coude à coude. Ils complotaient, piaffaient dans la starting-gate, se languissaient du jour où Rogers prendrait sa retraite et graverait le nom de son successeur – *mon* nom, espérait chacun des trois – dans la pierre. Était-ce là le prix de la victoire ? Fallait-il en arriver là ?

« Ce ne sera pas l'un de nous », dit Dwight en lisant dans les pensées de Lana. Elle faillit recracher sa gorgée d'eau de Seltz.

« Comment as-tu deviné que je pensais à ça ?

– Je suis cajun, je suis gay, Tennessee Williams est mon dieu. Évidemment que j'avais deviné à quoi tu pensais.

– Prêt pour ta cigarette ? »

Dwight insista pour fumer deux cigarettes. « Toi qui viens de Chicago, dit-il à Lana qui grelottait sur le balcon extérieur, un mois de janvier new-yorkais, ça ne devrait pas te faire peur. »

Ils durent tous deux rejoindre leurs places au galop alors que le noir se faisait, mais quand on est près de l'allée, on peut se permettre d'être en retard, et s'y poser *in extremis*. Voilà en quoi ces places étaient grandioses. Il y avait cela et la vue dégagée. Et puis le côté excitant de la chose, Fernanda fit mine de ne pas remarquer le petit retard de Lana, qui dit *in petto* : « Ignore-moi tant que tu veux. » Elle appréciait sa première soirée au bord de l'allée centrale. En fait, elle s'amusait encore plus avec Dwight à l'entracte qu'en regardant la scène. Sérieusement, il fallait qu'elle se concentre. Et qu'elle commence à prendre de meilleures notes avec son nouveau stylo rouge. Elle n'avait écrit qu'une chose pendant le premier ballet : et la flamme dans tout ça ? – parce que les danseurs n'avaient pas l'air d'être *dans* la musique, ils semblaient la fuir. Mais ce n'était pas une idée. Qu'importe, ce prochain ballet était celui que les critiques étaient venus voir, les débuts d'une danseuse de corps de ballet dans une version didactique du *Lac des cygnes* montée par la compagnie. Les lumières s'éteignirent.

La seconde fois, sortir prit plus de temps, à cause des applaudissements et des rappels. Quand Lana finit par retrouver Dwight, il se dirigeait déjà vers le balcon.

« Il y a quelqu'un à qui je veux parler » et elle suivit son regard posé sur un beau blond qui se tenait dehors. Le « canon » est l'idéal de l'univers homo concentré en un seul mot – une espèce qui fleurissait dans le corps de ballet. Rien ne pouvait s'interposer entre un homo et son élu, même si le canon ignorait l'existence de l'homo. Lana s'inclina face à cette obsession, non sans geindre : « Tu m'obliges à rester ici toute seule !

– Considère ça comme une mission de reconnaissance, dit-il avec un signe de tête vers les acrobates, cherche la boue ! »

Lana alla se chercher un cappuccino pour avoir les mains occupées, puis s'insinua entre les cliques, assez près pour entendre, mais assez loin pour se sentir invisible. C'était à peu de chose près la même scène que tout à l'heure, sauf que cette fois-ci René s'était joint au cercle de Rogers. Mais où était donc Fernanda ? Nulle part en vue, sembla-t-il à Lana. Non, la voilà qui se frayait un chemin entre les grappes de gens (couples de l'East Side, d'après la lumière dégagée par les femmes, énormes boucles d'oreilles en or, énormes boutons en or, coiffures apprêtées, et ongles vernis aussi brillants que des miroirs). Lana devinait que Fernanda entendait la voix de René. Tout le monde l'entendait.

« La musique ne provient pas d'une autre partition, dit-il d'un ton cassant, avec un geste d'impatience destiné au jeune homme. D'ordinaire elle est coupée, mais on en a recollé des extraits. » De même que le jeune prince de Rogers venait d'être coupé en morceaux et recollé.

Fernanda se dirigeait vers la voix quand elle vit qu'elle provenait de la sphère dorée. Elle s'immobilisa sur la voie à environ un mètre cinquante d'eux. La distance aurait tout aussi bien pu être de mille cinq cents mètres. Rien n'aurait pu lui ouvrir ce cercle d'épaules.

Il était notoire que Fernanda avait essayé d'approcher Cassandra et avait échoué. Elles se ressemblaient trop. Déesses de la danse et volontés de fer. Cassandra était l'original et Fernanda, originale elle aussi, refusait d'être la copie. De là venait la faille. Le fossé s'était creusé lorsque Fernanda avait envoyé des exemplaires de *Divertissements* à Cassandra et que cette dernière avait renvoyé le paquet sans l'avoir ouvert. C'est alors que Fernanda avait écrit une parodie de la chanson *My Favourite Things* – « revue et corrigée par Rodgers et Rogers » – qui commençait ainsi :

« Darci danse *Joyaux* et Peter se retire,
Misha danse *Murder* et Pina Bausch expire… »

Ce qui avait fait hurler de rire tout le monde de la danse, pas seulement Dwight.

Le plus étrange personnage était René : lui seul pouvait aller de l'une à l'autre. Il avait fait partie du cercle de Rogers alors que cette dernière était en pleine ascension (époque où il était lui-même un canon) et pourtant il n'était jamais devenu une Cassette. Et tout en étant très proche de Fernanda aujourd'hui, aux entractes on le voyait tourner en orbite autour de Rogers, sur quelque courbe magnétique ou quelque contre-courant mystique.

Comment Fernanda allait-elle réagir ? Elle restait là, se vit laissée en plan, puis esquissa un lent demi-tour, mais seulement pour rencontrer le regard de Lana qui l'observait. Cela dura une longue seconde et Lana esquissa un sourire crispé. Fernanda vacilla, une forme d'hésitation, puis fit les quelques pas qui les séparaient.

« Il vous plaît, ce ballet ? » demanda-t-elle à Lana. Une de ces questions générales auxquelles il est difficile de répondre. Lana l'esquiva.

« Pour être honnête, j'ai du mal à me concentrer. Je ne suis pas encore tout à fait dans la saison.

– Je vois ce que vous voulez dire », répondit Fernanda, qui ne voyait sans doute pas du tout. Fernanda avait beau être agitée quand elle restait debout, une fois dans son fauteuil elle était parfaitement calme et attentive.

« Et vous ? » demanda Lana, en s'efforçant de sembler détachée, simplement curieuse.

« Les pieds de Jenny… » Jenny était la débutante. « … la vie et la mort sont dans ces pieds. »

Telle était l'habitude de René et de Fernanda, Dwight l'avait raconté à Lana. Ils s'emparaient d'une partie de l'anatomie du danseur, voyaient la flamme éternelle dans un mouvement, et le fétichisaient. C'était leur petit univers de totems et de tabous. Très efficace avec ça : vous vous sentiez d'autant plus exclu que vous n'aviez pas su donner tout son sens et toute son importance à tel ou tel détail.

« Vous voulez parler de cette superbe voûte plantaire ? demanda Lana. Elle semblait s'élancer de la cheville, pas s'incurver sous elle comme celle de la plupart des gens. » Lana avait remarqué que la voûte plantaire de la danseuse avait la grâce et la plénitude de la gorge d'un cygne. « On dirait que son cœur bat sous cette voûte plantaire.

– C'est très Odette. »

Dwight avait raison quand il disait : « Il faut toujours qu'ils aient le dernier mot, même si c'est une formule à l'emporte-pièce. » Il n'empêche que Lana avait pitié d'elle. Plantée là, pour les quelques minutes que duraient les adieux et le dernier potin que lâchait René, elle faisait tapisserie. Il y avait des failles dans le personnage de l'auguste reine. Lana avait l'impression de voir Fernanda pour la première fois. Elle avait de très beaux yeux verts.

« Bonsoir », dit René en revenant, sans une once d'intérêt pour Lana. Fernanda se tourna vers lui, éperdue.

« René, tu connais Lana Burton, n'est-ce pas ? Nous étions en train de parler des pieds de Jenny. » Fernanda se retourna alors vers Lana. « Que disiez-vous ? Comme si son cœur battait sous sa voûte plantaire ?

– Oui, c'est-un-pied-de-toute-beauté », répondit René d'une voix monocorde, il ne voulait rien entendre, mais Lana aurait parié que si elle n'avait pas été là, il serait en train de discourir avec enthousiasme sur les pieds de Jenny.

« Il faut que j'y aille », dit Lana – bon, il fallait bien dire quelque chose en partant.

Elle partit à la recherche de Dwight, qui fumait peut-être encore sur le balcon. S'il était avec Blondie, elle le laisserait tranquille. Elle sortit dans le froid.

« Ah, te voilà ! » Il était seul avec sa cigarette. « Qu'est-il advenu du beau blond ?

– Parti chasser un plus joli gibier. Quoi de neuf à l'intérieur ? »

Lana, qui avait refermé ses bras sur elle-même pour se tenir chaud, décrivit toute la scène par le menu, la position délicate de Fernanda, sa décision soudaine de l'approcher et de faire ami-ami.

« Intéressant… » fit-il en prenant une dernière grosse bouffée, avant de souffler la fumée dans le ciel noir. « Mais méfie-toi ! »

Lana tendit l'oreille.

« Elle est peut-être plus vulnérable que Cassy, mais elles jouent toutes les deux leur gagne-pain. Ne te méprends pas, j'accepterais d'écrire pour Fernanda. C'est elle l'outsider. Ce serait marrant.

– Alors qu'y a-t-il à craindre ?

– Elles ont des ego monstrueux. T'es d'accord avec elle ? – Pas de problème. Tu les contraries – problème. Tu n'existeras même plus pour Cass, et pour Fernanda, tu seras une autre de ses éternelles grandes brouilles.

– Mais regarde René.

– O.K. Étude de cas. Il est proche de Fernanda, il a un passé avec Cass. Et que fait-il ? Il contrôle l'une avec l'autre et prend ce dont il a besoin chez chacune des deux. Ce type est un instinct de survie ambulant et doué de parole. Laisse-toi embringuer par une seule des deux… » D'une chiquenaude, Dwight envoya son mégot dans l'obscurité. « … et tu seras obligée de reprendre leurs dissensions à ton compte. Ce qui leur donne les pleins pouvoirs. Et après, elles te laisseront tomber dès que tu les décevras.

– Je sais, dit Lana tandis qu'ils rentraient. « Attention aux plans d'attaque. Mais comment savoir si une opinion est aussi une stratégie ? Qui est juge ?

– Toi, ma chère. La pente est dangereuse. Alors gare à tes fesses ! »

Et Dwight savait de quoi il parlait. Un vrai bouquetin s'agissant des pentes dangereuses, toujours maître de la situation.

« On se voit à la matinée de samedi », dit-il en s'éloignant.

Dans son fauteuil pour le troisième spectacle, Lana fut surprise, mais pas complètement, par la chaleur avec laquelle on accueillit son retour. Ce doit être la face cachée de Fernanda.

« J'ai vu votre dernier article sur les comédies musicales, dit-elle.

– Mais personne ne l'a lu, répondit Lana, incrédule. Il faut avoir pris l'avion pour le lire.

– On m'a envoyé des coupures de presse. J'aime ce que vous dites sur les ballets oniriques. J'adore tout ce qui porte des chaussons de couleur. »

Lana acquiesça. En danse classique, les chaussons à pointes étaient rose pâle, purs, mais à Broadway, on utilisait toute la palette : rouge, jaune, vert, noir, bleu.

« Les gens de théâtre respectent le ballet mais s'en méfient, dit Lana, alors ils l'enferment dans une jolie petite boîte, entourée de rubans de couleur !

– Le ballet en boîte, acquiesça Fernanda. Vous savez, *Di* a toujours besoin de nouveaux critiques. » Elle ouvrit son calepin à une page blanche, puis la tendit à Lana. « Je vous appellerai. »

Lana écrivit son nom et son numéro avec son nouveau stylo rouge.

8

La Journée parfaite

On ne se remet jamais tout à fait d'une enfance heureuse. Voilà ce que se disait Iris ces temps-ci. Elle ne l'aurait jamais avoué tout haut, bien sûr. Aujourd'hui l'opinion publique était tellement focalisée sur les enfances horribles. Et les Mémoires faisaient fureur, des histoires à vous faire dresser les cheveux sur la tête où des femmes (leurs auteurs avaient tendance à être des femmes) décrivaient une adolescence effrayante. Pour tant de gens, il n'y avait guère de souvenirs sur quoi se retourner avec plaisir, ou se réchauffer les mains ; exquis petits trésors qu'on adore déballer ou remballer dans du papier de soie blanc, comme Iris l'avait fait avec ses décorations de Noël, une fois les vacances passées. Elle n'était pas sûre de savoir au juste ce qu'elle voulait dire quand elle pensait qu'on ne se remet jamais vraiment d'une enfance heureuse – et Dieu sait qu'elle ne se plaignait pas, mais cherchait simplement à mettre le doigt sur quelque chose. Le sentiment que la bonté pouvait vous hanter, elle aussi. Un amour infini à l'âge tendre pouvait vous rendre vulnérable par la suite, on s'attend, on suppose, que tout le monde aime de la même façon. Il vous faut apprendre chaque jour que tel n'est pas le cas. Et en se retirant, ces années débordantes d'intensité – cadeaux d'anniversaire, robes de Pâques et les étés indiens qui n'en finissent pas dans le nord de l'Illinois – semblaient vous laisser lourdement choir derrière elles.

L'enfance d'Iris avait été remplie de chevaux, de foin, de chasses aux renards et aux faisans, de bons et de mauvais chiens, et de mélasse. Iris en avait appris le folklore de palefreniers alcooliques qui retâtaient de la bouteille tous les six mois environ, mais qui, dans l'intervalle, lui apprenaient à extirper un clou rouillé logé dans un sabot (il fallait mettre une giclée de térébenthine au moment où le clou sortait), à « curer » un cheval (il fallait enfoncer la main dans l'enveloppe du hongre, jusqu'au coude, et sortir doucement le petit amoncellement qui s'y était accumulé pendant un an), à tresser une queue à la française (le plus dur, c'était le début). Elle avait été témoin du pouvoir absolu en la personne de la propriétaire de l'écurie, une femme maigre mais à la poitrine opulente du type Barbara Stanwyck, qui adorait l'argent, honnissait la peur et truffait ses écuries de micros reliés à un système d'interphone enroué pour savoir ce que fabriquaient les enfants. Retranchée dans son bureau surchauffé au-dessus de l'écurie, avec sa chevelure blanchie et ses petits yeux ronds d'un bleu froid, elle était Dieu dans son royaume, régissant, invisible, l'activité d'en bas. Les enfants, qui manigançaient une insurrection à voix basse, ne s'étaient jamais sentis aussi à l'abri. Aujourd'hui encore, quand il lui arrivait d'entrouvrir le vieux coffre de sellerie qui encombrait sa penderie, cet univers de pure sécurité lui revenait instantanément, avec cette poussière propre aux écuries – un mélange humide et granuleux de corne de sabot, de sueur de cheval, d'antiques toiles d'araignées et de poussière de crottin –, comme un pollen paradisiaque, il lui emplissait les narines et la faisait éternuer.

Enfant, rien n'effrayait Iris. C'était une petite fille audacieuse et travailleuse, qui se fixait toutes sortes d'objectifs et, chose peu commune chez une enfant, les atteignait. Iris se rappelait les longs après-midi avec ses sœurs, à confectionner des panoplies pour leurs poupées Barbie, Francie, Scooter et Skipper (elles n'avaient pas le droit d'avoir la figurine de Ken parce qu'il était trop « formé », de même qu'elles n'avaient pas le droit de regarder les films d'Elvis Presley ou de James Bond). Elles faisaient marcher, parler leurs poupées, les mettaient en position debout et couchée, car on ne pouvait pas faire grand-chose d'autre avec ces jambes raides comme des ciseaux. Dans sa phase docteur, Iris s'occupait à rafistoler des animaux en peluche (elle recousait les coutures, rapiéçait les trous), activité qu'elle pratiquait comme de grosses opérations chirurgicales, avec un grand sérieux pré et post-opératoire qui inspirait un silence respectueux à ses sœurs. Il y avait même les chasses aux bourdons qu'Iris organisait dans le voisinage, chaque enfant équipé d'un bocal à confiture. Iris ne se rappelait pas ce qui la poussait à donner la chasse aux bourdons, sauf peut-être la vengeance : elle avait été piquée à l'orteil.

Les parents d'Iris ne participaient jamais à ces événements. Dans ses souvenirs, ils se réduisaient à des voix désincarnées à l'arrière-plan, toujours dans la maison ou au bout du couloir, sonorité rassurante, ombre protectrice. Ils se matérialisaient aux heures des repas, à l'occasion des sorties en famille, quand ils aidaient aux devoirs, et en gros plan dans la voiture. C'était bien là, songea Iris, une image d'enfance propre au milieu du XXe siècle : les silhouettes de deux têtes, la masculine et la féminine, bordées de cuir gris, papa et maman qui discutaient à l'avant. Comme c'était étrange que ce fût un symbole d'équilibre.

Ils ne surent jamais rien du projet favori d'Iris, un objectif auquel elle se consacrait seule. Elle l'appelait la Journée parfaite. Cela dépassait les jeux élaborés qui caractérisent une maisonnée où il n'y a que des filles (Iris avait déjà quatorze ans quand leur frère était né), et elle ne s'y consacrait qu'une ou deux fois par an tout au plus. Une Journée parfaite était toujours liée à une occasion particulière – comme le premier concours hippique du printemps – ou peut-être à une constellation d'événements : le samedi d'octobre qui commençait par la bénédiction des chiens de chasse au club et se terminait le soir par la partie de foot de la rentrée au lycée. Dans les semaines qui précédaient une Journée parfaite, Iris dressait la liste de tout ce qu'il fallait faire dans sa vie : ranger sa chambre et ses tiroirs, finir tous ses devoirs, cirer ses articles de sellerie et acheter de nouveaux cure-pieds, faire le tri dans sa garde-robe et trouver le moyen d'acquérir ce nouveau pull qu'elle voulait porter pour le match de foot avec ses amies (aucun flirt, Iris ne fut pas autorisée à flirter avant l'âge de seize ans, d'ailleurs il n'y avait pas de prétendants). Rien de particulièrement enthousiasmant là-dedans, mais prises tout ensemble, ces résolutions formaient un programme. L'idée était de s'acquitter de tous les pensums – plus de corvées ni de désordre – pour pouvoir profiter de la grande journée sans une once d'inquiétude ou de regret. D'une certaine façon, ces journées avaient été les premières créations d'Iris.

Parvenait-elle à la perfection ? Pas vraiment. Le hasard s'en mêlait – une fiche de lecture imposée la veille, une tache sur sa culotte d'équitation préférée qui n'était pas tout à fait partie au lavage, une mauvaise séance de dressage avec son cheval Britomart. Qu'importe. Iris se languissait de la magie de ces journées, l'approche impeccable et fiévreuse de ce qui était toujours un samedi, invariablement une journée sans nuages, et immanquablement le jour de tous les possibles.

C'est le souvenir qu'elle gardait de son mariage avec Erich. Sa beauté à trente ans. La façon dont son pantalon de combat froissé tombait sur ses hanches aussi fines et aiguisées que des coquillages. Sa façon de traverser le campus de l'université de Pennsylvanie, d'une démarche sautillante de Jeannot lapin, un élan saccadé à chaque pas qui rendait ses foulées enthousiastes, et aurait dû lui donner l'air idiot mais qui était étrangement sexy au contraire et vous donnait envie de marcher à son côté, d'attraper la cendre de la cigarette qui lui pendait aux lèvres, la cendre rougeoyante qui tombait comme sa dernière idée géniale au labo. Ses collègues étaient intimidés par l'élégance de ses expériences, agacés par la froideur de son regard, et la froideur plus grande encore de sa logique. Oh, il cultivait sa différence non sans rancœur ! « La science vaudoue » était l'étiquette qu'il collait avec dédain à ses collègues incapables de réitérer leurs expériences, de tenir leurs journaux de laboratoire à jour, qui déblatéraient. C'était un derviche du laboratoire, il évoluait tout en douceur parmi ses gels et ses lamelles maculées d'argent. Un jour, il était rentré à la maison avec un pouce radioactif et il avait fait attention à ne pas toucher Iris avec ce doigt-là, échangeant leurs côtés dans le lit pour pouvoir garder le pouce contaminé à l'extérieur tout en restant sur le dos. Il était devenu ce pouce. Suspendu au-dessus du vide, tenant Iris à bout de bras.

La Journée parfaite. Iris pouvait prendre le carnet mondain à témoin. Leurs noces avaient eu lieu par un après-midi d'octobre frais et lumineux, d'une lumière couleur lilas. Erich dans le complet jaquette de son grand-père – parfait dans le style mal ajusté. Elle dans une robe Callot sœurs qu'elle avait trouvée chez Christie's, du satin ivoire qui lui descendait aux chevilles, un ouvrage à vous couper le souffle, et coiffée d'une couronne de fleurs d'oranger d'où partait une gerbe de tulle. À la réception, une vieille tante Biddle avait pris Iris à part pour lui décrire Erich à l'époque où il montait à cheval, sa façon canaille d'enfourcher sa monture. Iris avait toujours les bottes de chasse rouge foncé d'Erich dans son coffre, celles qu'il avait jetées aux ordures pour prouver Dieu sait quoi, et qu'elle avait récupérées dans la nuit. Les jambes étaient de longs tubes pour mollets adolescents, le cuir acajou délavé par l'usure d'une teinte miel à l'intérieur. Quand elle enfilait ces bottes, elles lui arrivaient bien au-dessus des genoux. Comme un mousquetaire !

Iris n'avait conservé qu'une photo de leur album de mariage, celle où on les voyait émerger ensemble de l'église et qui avait paru et dans *Town & Country* et dans *The Philadelphia Inquirer*. Elle la chérissait pour la façon dont Erich tenait sa main. Sa grande main refermée sur la sienne. Elle la sentait encore, trop serrée, mais Erich faisait toujours tout trop fort, et à cet instant, où leurs mains formaient un seul et unique poing brandi entre eux dans les airs, elle avait senti le bonheur d'Erich.

Il avait arrêté l'équitation et la chasse à l'université pour la même raison qui l'avait conduit à arrêter beaucoup de choses. Ce n'était plus logique : il avait expérimenté cette activité ; la répétition n'intensifiait pas une sensation, elle ne faisait que la diluer – à la suivante ! Iris n'aimait pas ce mode de pensée, et ne s'attardait pas trop à y réfléchir, pressentant que, pour finir, elle deviendrait l'ennui qu'il aurait besoin de laisser derrière lui. Bref, les animaux servaient désormais à la dissection. Jamais elle n'oublierait le jour où elle avait fait une surprise à son nouvel époux au laboratoire un samedi, avec un panier à pique-nique et un Thermos de cidre agrémenté d'un petit verre de brandy. Une initiative de bonne épouse, non ? Et le campus de l'université de Pennsylvanie était d'une beauté poignante en automne, surtout l'ancienne école de médecine, toutes ces vieilles pierres ciselées en trèfles, en gargouilles et en arches gothiques qui vous intimaient la modestie. L'intellect était éternité, semblait dire la pierre, et l'individu poussière.

Elle était entrée dans le laboratoire (odeur rance de souffre, éprouvettes obscurcies par l'usage) avec le sentiment d'être Barbie femme d'universitaire avec son twin-set, ses ballerines, et son panier en osier passé autour d'un avant-bras laiteux. Les laboratoires étaient déserts à l'exception d'un assistant qui lui avait indiqué l'autre bout du couloir, la pièce où l'on gardait les rats. Erich s'y trouvait, effectivement vêtu d'une blouse de laboratoire (qu'il ne portait jamais, car il trouvait que cela faisait novice) et d'un énorme gant de base-ball brun apparemment en crin de cheval sur la main droite. Il l'avait saluée d'un signe de tête, sans même dire bonjour, avait pris un rat qui se débattait, rejoint en quelques enjambées une étincelante machine en aluminium posée sur un établi, logé la tête du rat dans un renfoncement en acier grand comme une pièce de vingt-cinq cents et d'un geste décidé, dans un mouvement presque huilé, il avait baissé un levier de trente décimètres de la main gauche. Le son écœurant de la tête écrasée fut la dernière chose qu'Iris entendit avant de tomber à terre.

« Les rats non plus n'aiment pas ça », avait-il dit quand Iris était revenue à elle, un raz de marée de saumure dans le cerveau – les sels qu'elle respirait. Erich lui avait expliqué qu'il avait trente rats à tuer, trente cerveaux à émincer, à coucher sur des lames et à congeler, et plus il en tuait, plus les rats devenaient hystériques, parce qu'ils flairaient le sang (Iris avait remarqué une éclaboussure à la Jackson Pollock sur le bras de la blouse d'Erich). Aussi devait-il faire vite – pas le temps de pique-niquer. Il n'en aurait jamais le temps.

Iris avait mangé son pique-nique seule sur la pelouse du campus, tendu son visage à la brise tiède mais avait renoncé devant les cuisses de poulet, devant l'image de sa propre tête penchée sur un os. Elle avait envie d'être avec son mari, de rire avec lui – pas de grignoter toute seule. Ce fut la première d'une longue série de samedis après-midi en solo à Philadelphie – soleil éblouissant ou grisaille pluvieuse, ciel bleu ou neige blanche, tous appesantis par l'étendue de temps qui séparait une heure de cinq heures, un arc d'isolement. Iris s'était habituée au démarrage optimiste, le stoïcisme à la « en avant, marche ! » d'épouse d'un bourreau de travail. Elle s'était habituée à se dire qu'il ne pouvait pas s'interrompre au beau milieu d'une expérience parce que sa femme attendait. Elle ne s'habitua jamais à ces samedis après-midi.

Mais le courrier affluait – collectes de fonds pour des associations, bulletins d'information de clubs universitaires, comptes rendus de la faculté – adressé à M. et Mme Biddle ou parfois au docteur et à son épouse. Après tout, il avait soutenu sa thèse. Si seulement il avait été un vrai médecin comme le père d'Iris. Elle n'exprimait jamais cette pensée. Rien que l'abriter lui donnait le sentiment de trahir. Mais un cabinet de médecin c'était du solide, quelque chose de stabilisant. Cela vous mettait en contact avec des gens. Il y avait quelque chose de précaire dans la recherche, quelque chose qui correspondait trop bien au côté abstrait, lunatique d'Erich. La science pure était la récompense du risque, une expédition dans l'Antarctique de l'esprit. En feuilletant le carnet de laboratoire d'Erich, elle y avait trouvé un flot de chiffres qui se déversait en longues colonnes, une accélération décrite à l'aide d'arcs et de flèches, le tout consigné de son écriture torrentielle qui griffait profondément la page. Comment croire que la moindre cellule sanguine, la moindre parcelle de tissu déclenchait ce débordement de signes et de symboles ? Encodées dans ces colonnes se trouvaient les mesures de récepteurs – muscarine, dopamine –, ces lieux de l'anxiété, de l'allégresse, de la tristesse et de la joie. Les secrets des émotions humaines résidaient dans ces chiffres. Erich était là.

Et puis l'écrasante masse d'allocations de recherche, leurs sommes faramineuses à gérer, à s'approprier, à allouer aux différentes carrières des post-doctorants, des assistants et des médecins chercheurs pour qui la science n'était qu'un jeu, tout cela était devenu, pour reprendre l'expression d'Erich, un pensum. Des étudiants lui mendiaient une place dans son laboratoire, et finissaient par s'aigrir de la concentration qu'il exigeait, de son incapacité à choyer et à flatter. Il ne savait pas y faire, il ne savait pas cajoler. Il buvait trop aux soirées du labo – depuis toujours à vrai dire –, mais désormais il les quittait la langue pâteuse. Ce qui ne l'empêchait pas d'arriver au laboratoire tous les matins à huit heures. Il publiait article sur article dans *Science*, dans *Nature*, mais évitait le directeur de son propre département, un nabab de la recherche d'une cinquantaine d'années, accaparé par les béni-oui-oui et leurs épouses sournoises, un pacha à l'œil scintillant qui aurait adoré avoir un Biddle sous le coude de son riche costume Savile Row. Erich se taisait aux réunions de laboratoire, renfrogné alors qu'il se distinguait de plus en plus souvent comme intervenant dans des colloques en Suède, à Tokyo, Londres, Los Angeles. À trente-cinq ans, il était au sommet dans son domaine, célébré, respecté. À la maison aussi, respect. Et une attitude lointaine qui troublait et effrayait Iris.

Aujourd'hui encore, elle était incapable de dire ce qui était arrivé, à quel moment le retournement ou l'oubli étaient survenus chez Erich. Quelque chose avait-il eu lieu dans son enfance ? Son propre éclat l'avait-il épuisé prématurément ? Était-il tout simplement, chimiquement, indifférent ? Au début il avait été un amant tendre, attentif, qui fumait lentement dans le noir ; le temps passant, il se montrait toujours tendre, mais ses préoccupations intellectuelles, ajoutées aux derniers verres qu'il avait pris l'habitude de s'accorder, le plongeaient plus rapidement dans son retranchement de sommeil. Finies les paroles murmurées dans la nuit, finies les plaisanteries saugrenues et les rêves partagés. Si seulement elle avait pu glisser une parcelle du cerveau d'Erich sur une lame, qu'aurait-il tiré de ces équations ? Et elle ? Une autre femme aurait-elle su atteindre Erich, le stabiliser ? Une femme que son enfance heureuse n'aurait pas isolée, ni sa foi en la capacité des gens à surmonter les difficultés ?

Puis les foudroyantes expériences scientifiques d'Erich furent ternies par des projets qu'Iris ne pouvait que juger farfelus – des recettes de professeur Tournesol pour s'enrichir vite, des brevets bizarres qu'il déposait pour ses travaux, des alliances aussi improbables qu'éphémères avec l'agriculture, l'armée. Sauf qu'Erich avait déjà de l'argent, son fidéicommis. La lente et longue quête de l'éprouvette, eh bien cette aventure avait perdu son éclat. Erich était parti à un séminaire organisé par l'Organisation mondiale du commerce en Tanzanie et y avait trouvé un nouveau Graal, une autre flamme. Il avait fait sa communication devant une salle comble et quand les lumières s'étaient rallumées, il n'avait même pas entendu la première question, il n'avait rien dit, s'était contenté d'ôter sa cravate, de la disposer avec soin sur le pupitre et de déboutonner son col avant de sortir. Dans les jours qui avaient suivi, personne ne savait où il se trouvait ni ce qu'il faisait, et les appels internationaux d'Iris pour la chambre 608, de plus en plus angoissés, étaient restés sans réponse cependant que ses messages tombaient en tourbillons, c'est du moins ainsi qu'elle les imaginait, dans le casier de la réception tel un petit blizzard carré, se déversant sur le sol comme une exhibition qui vous fait détourner les yeux, et la voix de l'opératrice, d'un calme exaspérant à chaque appel plus alarmé, jusqu'à ce qu'Iris apprenne enfin qu'en effet, on avait laissé un message le matin même : « Quitté l'hôtel, sans laisser d'adresse. » Alors, tout le monde apprit la nouvelle. Il envoyait tout balader pour une mine d'émeraudes – pillait son fidéicommis pour acheter un acte de propriété et deux camions. Ce fut un choc, une plaisanterie, un deuil et une honte. Cela parut incompréhensible à tous, sauf à Iris qui ne put qu'admirer, pour absurde qu'elle fût, la coupure nette et sans bavure. Après sept ans de mariage, sept ans où Iris avait assisté à la désagrégation de tout ce qu'ils étaient, elle tenait maintenant le rôle de Deborah Kerr dans *Les Mines du roi Salomon*.

Il n'y eut rien d'autre à faire que retourner à New York, la seule ville où il se trouverait des gens pour acheter des abat-jour du niveau de ceux d'Iris. Elle avait fait le voyage avec les déménageurs, une gentillesse de leur part – une femme de trente-quatre ans assise entre deux types, surplombant la route. Elle leur avait raconté son premier déménagement pour Manhattan, juste après l'université, comment elle avait conduit une petite camionnette depuis l'Illinois et avait été terrifiée par le trafic autoroutier derrière elle, qui la pressait. Elle s'était amusé à les faire rire. Mais dans la spirale étouffante qui conduisait au Lincoln Tunnel, pare-chocs contre pare-chocs, Iris était restée silencieuse. Le soleil était si brûlant ! Et quand ils avaient émergé de la fraîcheur de salle de bain du tunnel, le soleil les avait de nouveau frappés de plein fouet. C'était un samedi, klaxonnant, sale et ballottant, et Iris était de retour à New York.

9

Chaussures dernier cri

Lana et Fernanda faisaient les boutiques, entreprise toujours un peu crispante pour deux femmes de plus de trente ans, qu'elles fussent sœurs ou amies. Courir les boutiques agréablement ensemble exigeait une véritable camaraderie, une intuition sûre s'agissant de sujets tels que le poids et le portefeuille. Cela ne ressemblerait pas au shopping avec Megan où certaines choses faisaient d'éternels sujets de plaisanterie, comme les hésitations sans fin de Lana à propos des tailles de chaussures, car elle avait le pied gauche vaguement, désespérément, plus grand que le droit (40 ou 40 1/2 ? Ou 41 ?) ; l'habitude qu'avait Megan d'acheter des vêtements un rien trop petits, car elle était toujours sur le point de perdre ces deux derniers kilos (sans jamais y arriver tout à fait). Elles connaissaient mutuellement leurs défauts et savaient quand ne rien dire et quand elles pouvaient en rire. Megan savait que Lana avait un tour de taille impossible, qu'importe la quantité de sport qu'elle faisait ou de poids qu'elle perdait, son tour de taille restait de soixante et onze centimètres, avait toujours été de soixante et onze centimètres et serait toujours soixante et onze centimètres. Lana savait que Megan avait de petits coussinets superflus au-dessus et à l'arrière de chaque hanche, que cette dernière les appelait ses étagères (« je pourrais servir le thé sur ces plateaux » – exagération monumentale). La taille de Lana, les étagères de Megan, les cheveux raides de Lana

(« trop plats »), les ondulations irlandaises de Megan (« trop frisottées ») – tels étaient les points de repère stables sur la carte de leur amitié. Et il y avait aussi les dons de Dieu, comme les chevilles qu'elles avaient toutes deux fines et élégantes, un don qu'aucun argent sur terre ne peut acheter. Mais avec Fernanda, les inégalités physiques étaient plus grandes, la question financière... enfin Lana ignorait combien d'argent gagnait Fernanda, elle savait seulement que cette dernière ne gagnait pas beaucoup plus qu'elle-même et ne pouvait compter sur aucune aide de ses parents, même dans les situations extrêmes, ce qui faisait une différence énorme. Lana devrait se montrer très prudente en faisant les boutiques avec Fernanda.

Leur amitié était née au ballet – ce soir de janvier où Lana avait parlé à Fernanda pendant les dix minutes de défection de René. Trois jours plus tard, Fernanda avait appelé Lana pour lui demander si elle voulait bien écrire un article pour *Divertissements*. Lana s'était récriée au téléphone, disant que bien sûr elle serait enchantée d'être lue dans le magazine de Fernanda, que c'était un honneur et que non, la rémunération de vingt-cinq dollars ne lui posait aucun problème, elle accepterait d'écrire dans *Di* pour rien, sur quel thème portait la commande ? Rien de bien bouleversant, en fait. Il se préparait une nouvelle version télévisée de *Dance in America*, alors pourquoi pas un article sur la danse à la télévision ? Ce n'était pas le genre de sujet sur lequel elle pourrait travailler à un tour de force. Qu'importe. Elle figurerait dans les pages de *Divertissements*. Elle était acceptée, à un certain niveau, dans la cour des grands.

Lana fit de son article un essai comparant les anciennes photographies de tournage aux images vidéo animées. Elle disserta sur les qualités sculpturales des clichés en noir et blanc, où les danseurs semblaient faits d'ombre et de brume – luxueuses illusions – alors que la danse à la télévision ressemblait à un dessin animé du samedi matin (genre *Magilla Gorilla* de Hanna-Barbera), images plates et sans effets. Fernanda avait déclaré que cet essai était « des plus piquants ».

« À ton avis, qu'est-ce que ça veut dire ? avait demandé Lana à Sam. Des plus piquants.

– Ça veut dire que le style est élégant, peut-être plus qu'elle ne s'y attendait. Tu peux le prendre comme un compliment. »

Mais le véritable compliment était la façon dont Fernanda appelait Lana pour discuter des spectacles. Enfin, cela commença par les spectacles, puis ce fut le travail (Fernanda, comme Lana, gardait un emploi alimentaire fastidieux de rédactrice en chef), puis ce fut au sujet des danseurs pour lesquels Fernanda avait le béguin, puis pour parler d'un père, d'une mère, d'un frère, de Cassandra, du passé. En quelques semaines à peine – on était en mars –, elles étaient devenues confidentes.

Lana était un peu intimidée par Fernanda, c'était indéniable. Elle savait que celle-ci pouvait déployer une argumentation qui la prendrait au piège, elle avait un doctorat de Berkeley, avait écrit sa thèse sur *Piers Plowman* (Lana n'y connaissait rien et se représentait un paysan avec son bœuf). Fernanda avait laissé tout cela derrière elle quand elle avait pris l'avion pour passer un entretien d'embauche à New York, au lieu de quoi elle avait découvert le New York City Ballet. Elle avait échangé la tour d'ivoire universitaire pour les forêts enchantées du ballet et, avec la précision d'une aiguille dans un sillon, appliqué ses habitudes universitaires, son don pour l'étude et la réflexion au monde subjectif et voluptueux de la danse. Associez cette persévérance doctorale à un profond besoin d'attention et vous obtenez une ambition redoutable. Qu'est-ce que

Lana, avec sa licence de lettres et sciences humaines d'une bonne université du Midwest et son approche directe et impartiale de la scène classique, pouvait bien offrir à Fernanda ?

Précisément cela, son approche directe et impartiale de… tout.

Leur amitié téléphonique était déjà bien entamée quand Lana s'aperçut que ce qu'elle offrait à Fernanda n'avait pas grand-chose à voir avec la danse. C'était son équilibre qui attirait Fernanda. Et aussi la broderie délicate de son éducation bourgeoise et huppée, ses flâneries chez Saks et ses pauses thé au Stanhope. Fernanda, enfouie sous son infrastructure de défense, avec son épaisse chevelure sombre comme couverture de brume contre les flèches de l'humiliation et du destin, devinait la délicatesse dont Lana faisait preuve vis-à-vis d'autrui – et la fierté qu'elle tirait de cette délicatesse. La simple idée que Lana puisse protéger Fernanda de Cassandra et des Cassettes, de sa propre enfance et d'elle-même, permettait à Lana de comprendre sous un jour nouveau son propre rôle d'amie Sensée. Fernanda, l'universitaire qui n'était jamais en reste pour trouver une bonne repartie, n'était par ailleurs qu'une brebis tremblante dans la vie. Lana était la bergère, à l'affût des loups.

Donc elles cherchaient des chaussures chez Bergdorf. Le salon du deuxième étage était un endroit que Lana avait toujours adoré. Avec ses fauteuils d'essayage et ses sofas modernes, tous rembourrés d'une riche couleur beige, il ressemblait à un module de vaisseau spatial de luxe qui n'avait guère changé depuis qu'elle était venue à New York avec ses parents à la fin des années soixante-dix (seule – Tom et Livia étaient à l'université). Elle y avait regardé sa mère essayer de magnifiques chaussures en cuir suédé sans se soucier du prix, car elle en voulait de nouvelles pour dîner à La Grenouille, réservation faite par le père de Lana deux mois plus tôt.

« À mon âge, ma mère ne se souciait jamais du prix », dit Lana en examinant une paire de Manolo Blanhik turquoise soldées 275 dollars et encore un peu trop chères. Cela pouvait vous faire un tel coup au cœur : retourner une chaussure pour voir l'étiquette sur la semelle. On se préparait, et la surprise était bonne si on trouvait quelque chose à moins de 250 dollars. Lana jeta un regard à Fernanda, pour s'assurer que le commentaire qu'elle venait de faire au sujet de sa mère n'était pas passé pour de la vantardise. Mais Fernanda ne s'en souciait pas, occupée avec la même chaussure en rose.

« Tu dirais qu'elle est de quelle couleur ? demanda Lana en lui passant sa chaussure. Pas exactement turquoise.

– Oh, je dirais mésange bleue. Très *franco-russe*, très Petipa.

– Oui, c'est tout à fait ça. Une sorte de bleu français – comme de l'opaline. Tu as déjà vu de l'opaline ?

– Raconte ! ordonna Fernanda de sa voix de chercheur qui veut de nouvelles données. Qu'est-ce que l'opaline ?

– C'est cette variété de verre que l'on fabriquait en France. Le magasin d'antiquités près de chez moi en vend. Il n'existe qu'en bleu, vert et blanc, et aussi en rose passé, je crois. Et il a cette luminosité. Le blanc ressemble un peu à un œuf dur pelé, mais encore gélatineux. »

Un peu comme toi, pensa Lana, en regardant le visage en forme de cœur de Fernanda.

« Ce qu'il y a, c'est qu'on ne voit de telles couleurs nulle part ailleurs.

– La technique artistique est son propre message, interrompit Fernanda d'un ton guilleret. Il faudra que je voie de l'opaline. Où peut-on en trouver ?

– Ils en ont peut-être au septième étage. Dans le département antiquités. On pourra y aller après. Tu aimes vraiment beaucoup le rose, hein ? C'est à cause des chaussons à pointes ?

– Oui, j'adore le rose », répondit lentement Fernanda, et Lana sentit que le plaisir la rendait insondable. Fernanda cherchait l'attention, convoitait l'attention, mais n'était pas vraiment à l'aise avec cette attention quand elle la captait. Lana savait tout du père de Fernanda. Comme la note après le dîner, leurs conversations téléphoniques nocturnes menaient inévitablement à lui. Il avait un besoin compulsif de séduire, lui avait raconté Fernanda, il avait franchi les limites (verbalement, pas physiquement). Enfant, elle s'était toujours efforcée de gagner ce qu'elle ne pouvait obtenir. Autrement dit, elle avait appris à gagner selon ses termes à lui, à être tout aussi séductrice et charmeuse, et à se dérober sans crier gare. Pour Fernanda, toutes les relations depuis lors avaient été une sorte de dangereux précipice au-dessus duquel on se penche. La retraite ou la chute ?

Elle y était tombée une fois dans l'étreinte défraîchie d'un professeur d'anglais beaucoup plus âgé, dont l'appartement en ville était plein de cendriers débordants et d'orchidées fanées, enlisé au stade terminal de cette phase cendres-et-pourriture-végétale. Indéniablement, c'était un érudit, et Lana imaginait leurs conversations fougueuses, prélude au moment où ils regagnaient la chambre l'un derrière l'autre, où il insufflait son haleine à la nicotine dans de lourds baisers mouillés et en finissait en cinq minutes. (Comme Fernanda refusait de dire si oui ou non il était bon au lit, Lana supposait qu'il ne l'était pas.) Mais il avait tout de même réussi à la mettre enceinte. Et quand Fernanda l'avait appelé pour le lui annoncer (Lana imaginait cet acte de courage émanant d'une cabine téléphonique du campus), il avait soupiré à l'autre bout de la ligne, un froid soupir de martyre, et avait dit que leur histoire devait finir de toute façon et qu'il allait payer pour la « procédure » – quelle lâcheté dans cet euphémisme, quel terme mortifère, venant d'un homme qui écrivait des pages et des pages sur « l'esprit moral » chez Shakespeare ! Alors âgée de vingt-sept ans, Fernanda, qui vivait toujours chez ses parents, ne tomba plus jamais amoureuse. Quand elle quitta la Californie, ce fut comme si elle laissait son corps derrière elle avec le soleil et les vagues, pour n'apporter que son esprit à New York. Quant à son cœur, ses passions étaient prodiguées à des beautés inaccessibles : les jeunes Apollons du ballet (elle les adulait de son fauteuil près de l'allée), et puis les hommes mariés de son programme pour enfants adultes d'alcooliques – un programme auquel Fernanda n'avait aucune raison de participer techniquement parlant (ses parents n'avaient jamais touché à l'alcool), mais elle y allait quand même, car elle se sentait chez elle dans cette intime communauté de la souffrance.

Fernanda avait un petit pied large à la voûte plantaire d'un arrondi exquis qui faisait sa fierté. À plus d'une occasion elle l'avait sorti de sa chaussure pour tendre son gros orteil à Lana et faire étalage de cette voûte, courbe que n'importe quelle danseuse aurait pu lui envier. C'était la seule partie de son corps rebondi à la poitrine lourde qui évoquait la danse, et la seule pour laquelle elle faisait des folies. Elle possédait des escarpins en daim noir Arches, des sandales à brides croisées Yves Saint Laurent et une paire de chaussures plates en satin vert avec des nœuds papillons en strass de chez Delman. Elle jetait des œillades amoureuses aux Blanhik rose pâle.

« Elles iraient bien avec ton tailleur rose pâle, dit Lana, donnant un petit coup de pouce au cas où il serait nécessaire. Tu pourrais les essayer juste pour t'amuser. Et s'il te les faut absolument – Lana baissa la voix et se mit à chuchoter –, tu pourrais prendre une carte de crédit et obtenir l'offre de bienvenue, dix pour cent de réduction. Ce qui ferait…

– Deux cent quarante-huit dollars.

– Oui. Mais le problème, c'est que le daim rose attire la saleté, donc elles ne sont pas pour tous les jours.

– Et ce talon est trop haut pour moi.

– Maintenant que tu le dis, je ne t'ai jamais vue en talons de plus de sept centimètres et demi. Et encore.

– Eh bien, sept à sept centimètres et demi est la proportion parfaite pour moi. Si c'est plus haut, la ligne de la cheville est tordue. »

Lana lui fit signe d'apporter la chaussure rose, puis en examina le talon.

« On dirait qu'il fait presque dix centimètres. Mais il paraît que tout le monde raccourcit les Blanhik. J'ai lu ça dans le *Times*.

– Hmmm. Continuons à regarder et je déciderai si je dois les essayer. »

Fernanda n'avait peut-être pas autant d'argent que Lana, mais quand elle prenait une décision financière, elle ne la regrettait jamais. Lana avait quelques doutes sur le rose, quant à elle. Ce tailleur rose n'avait pas vraiment la couleur qui allait à Fernanda. Sa peau ivoire, ses yeux verts et ses cheveux noirs tirant sur le poivre et sel exigeaient des couleurs plus fortes – bleus cobalt et verts malachite, fuchsias. Les ancêtres de Fernanda étaient des juifs d'origine russe. Elle aurait dû se draper des couleurs de diamants de *Shéhérazade*. Mais la préférence de Fernanda allait aux pastels, flottants et aériens, rose, pêche et vert céleri adaptés au physique de pousse de céleris d'un danseur.

Elles firent lentement le tour du salon, en s'arrêtant devant chaque rayon, pour jauger les chaussures plates, les chaussures à talons, à semelles compensées, les Ferragamo et les Chanel.

« Les chaussures c'est comme le rouge à lèvres, dit Fernanda, il peut se passer n'importe quoi entre les deux, vos pieds et vos lèvres restent toujours beaux.

– Je me rappelle le premier rouge à lèvres que j'ai porté, s'empressa de raconter Lana. Au lycée. Je trouvais que c'était la plus belle couleur au monde. Une sorte de pêche, givré. Cela devait être affreux. Mais tu sais, je croyais que ça allait changer ma vie.

– Et ça a été le cas ?

– Bien sûr que non. C'était toujours la même Lana, avec un rouge à lèvres givré. Mais ce dont je me rappelle très bien, c'est des possibles qui vivaient dans ce tube.

– C'est drôle que tu utilises le mot “vivaient”, dit Fernanda pensivement, en prenant une petite chaussure noire à talon Sabrina. J'ai toujours adoré la façon dont le rouge à lèvres pivote en sortant de ce tube sombre et laisse sa trace sur les lèvres.

– Un baiser, dit Lana.

– Ou une souillure. Il y a le péché originel dans un rouge à lèvres… le serpent qui se glisse sur l'arbre, le dessin des lèvres sur la pomme.

– *C'est tellement vrai* ! Le serpent est spirale, lui aussi.

– C'est pour ça que le brillant à lèvres est tellement barbant ! dit Fernanda, ce truc pas très ragoûtant dans un petit… godet en plastique ? On plonge son doigt là-dedans. » Elle eut un frémissement ostentatoire, agitant ses petits doigts blancs en signe de dégoût.

« Et toi, tu te souviens de ton premier rouge à lèvres ? » demanda-t-elle. Elles s'étaient laissées tomber sur un canapé à l'autre bout du salon, à côté des chaussures de golf à cinq cents dollars que personne ne regardait. Fernanda, à l'aise dans le coussin bien rembourré, croisa les jambes pour exhiber une de ses chevilles délicates.

« Mon premier rouge à lèvres, c'est tante Sada, la sœur de mon père, qui me l'a donné. Elle était passée chez nous après avoir fait les boutiques en ville. J'avais treize ans. Elle était allée chez I. Magnin où elle avait acheté des tas de choses, et elle m'a donné ce petit kit d'échantillons Elizabeth Arden. Tu sais, ma mère ne m'emmenait jamais faire les boutiques. Pas une seule fois.

– Quoi ? » demanda Lana dans une stupeur feinte, en oscillant sur le divan. Mais il n'y avait rien à feindre. Fernanda ne cherchait pas à faire son petit effet.

« Ma mère ne conduisait pas et ne quittait jamais la maison. »

Lana fixa son regard sur Fernanda et se redressa un peu, pour montrer qu'elle écoutait.

« Je ne crois pas qu'elle ait jamais voulu se marier et une chose est sûre : elle ne savait pas quoi faire de moi et de mon frère. Elle vivait en marge de la vie. C'était un fantôme dans une blouse de ménagère. Mon père jouait le rôle d'intermédiaire entre elle et le monde. Mais je ne l'ai jamais vu acheter quoi que ce soit.

– Fernanda, c'est vraiment… inhabituel.

– Alors quand Sada a apporté ces paquets, ça a fait grande impression. Une femme qui vivait dans le monde, qui dépensait de l'argent toute seule. Et ce cadeau, pour elle cela ne représentait rien, mais pour moi c'était tellement beau, tellement extraordinaire. Je me rappelle que ma mère me regardait avec cet air dédaigneux. Comme si nous étions des dupes, à croire que tout cela avait de l'importance. Le rouge à lèvres, le parfum, le blush. Elle s'est contentée de soupirer – un de ses soupirs qui signifiaient "Quelle perte de temps !". Alors que tout ce qu'elle avait, c'était du temps. »

Lana avait déjà vu une photo de cette mère : assise à la table de la cuisine, bras nus, peau sans hâle, bien en chair et blanche comme si elle avait poussé sous un rondin. Dénuée d'amour – mais aimée de Fernanda, petite étincelle sombre. Jamais sortie avec sa fille ! C'était grotesque.

« Fernanda, je ne sais pas quoi dire, sauf que je suis vraiment désolée pour cette petite fille. »

Souvent, après des révélations comme celle-ci, les yeux verts de Fernanda se remplissaient de larmes, sa voix tremblait. Mais pas aujourd'hui. Elle restait assise très détachée, protégée de ses souvenirs par le luxe qui l'entourait, les dorures des tapisseries et les superbes chaussures neuves alignées sur les murs, comme autant de Cendrillon attendant leur moitié. Elle se lissa les cheveux. Lana décida de se montrer optimiste.

« Tu te souviens des couleurs ?

– Oh, oui ! Il y en avait deux. L'un était corail, nommé Or marin, et l'autre était une sorte de blanc – j'ai cru que j'étais morte et montée droit au paradis. Goutte de rosée.

– Blanc ! Ils auraient dû l'appeler Dracula. Fernanda, est-ce que tu as porté le blanc ?

– Eh bien, comme tout le monde, dit-elle.

– Et est-ce que tu avais les bottes blanches de danseur de boîte de nuit ? » poursuivit Lana au bord d'une divagation qui aurait amusé Megan.

Fernanda la regarda.

« Et je parie que tu connaissais toutes les paroles de *These boots were made for walking*. »

Fernanda y alla d'une de ses volte-face et dit : « Je crois que je vais retourner voir ces chaussures roses. »

Elle se hissa hors du coussin et laissa Lana chaleureusement penchée vers ce qui n'était plus qu'un creux dans le siège.

Lana se traîna à la suite de Fernanda vers l'autre extrémité du salon. « Je trouve ça génial que tu te rappelles les noms de ces rouges à lèvres, dit-elle au dos de Fernanda. Goutte de rosée était peut-être une prémonition. » *Dewdrop* était un rôle important de *Casse-Noisette*, un rôle éblouissant pour une jeune étoile.

Fernanda tenait la chaussure rose et la regardait fixement.

« Il va falloir que je réfléchisse à ce que tu m'as dit », annonça-t-elle à la chaussure.

Lana sentit monter la nausée et l'appréhension. Elle comprit qu'il s'était passé quelque chose sur le canapé. Peut-être aurait-elle dû poser une question de plus sur les confidences de Fernanda, au lieu de changer de sujet sur-le-champ. C'était toujours un moment difficile – celui où l'on doit passer à autre chose après un sujet douloureux. Si on le fait trop vite, on le banalise. Lana resta plantée là, à attendre ce que Fernanda allait dire.

« Tu avais l'air de te moquer de moi – tout ce que tu as dit sur le rouge à lèvres blanc.

– Mais ce n'était pas de la moquerie. »

À présent, Fernanda regardait Lana.

« Je ne comprends pas que tu puisses avoir envie de te moquer de moi après ce que je t'ai raconté sur ma mère. Alors que je n'en parle à personne d'autre. »

C'était comme être stigmatisée sous la forme d'une énorme lettre rouge. Au lieu de protéger Fernanda, elle avait fait le contraire : elle l'avait blessée. Et pourtant, Lana savait que ce n'était pas tout à fait juste. Oui, elle avait décidé de se montrer taquine, mais le rayon chaussures de Bergdorf n'était peut-être pas l'endroit approprié pour une thérapie de choc. Fernanda attendait, en gardant à la main cette chaussure rose qui n'était pas faite pour elle.

« Fernanda, dit Lana d'une voix douce, en faisant un pas vers elle, tu sais que j'ai bien pris la mesure de la confidence que tu m'as faite. Et si j'ai changé de ton trop vite, j'en suis désolée. Mais en parlant du rouge à lèvres, je te taquinais, c'est tout. »

Elles gardèrent toutes deux le silence. Fernanda reposa la chaussure sur son étagère en verre, et Lana décida que ce silence allait jouer en sa faveur.

« Fernanda, annonça-t-elle, je crois que tu ne sais pas te laisser taquiner. C'est une forme d'affection, tu sais, mais il faut vraiment que tu apprennes. Mes parents tenaient à ce que nous sachions tous nous laisser taquiner. Est-il possible que j'aie raison ? » C'est alors que Lana devina qu'elle avait raison, et adopta un ton exagérément taquin pour dire : « *Tu n'as pas l'habitude de te laisser taquiner.* »

Fernanda ne put que sourire.

« Le problème, poursuivit Lana, c'est que ça peut aller trop loin, et dans ce cas ça devient une arme comme tout le reste, mais honnêtement, je ne crois pas être allée trop loin.

– Nooooon, admit Fernanda, d'une voix à nouveau légère, son visage en forme de cœur à nouveau chaleureux. Tu ne vas jamais trop loin. »

Lana écouta ces paroles avec un regain de fierté, et un pincement au cœur en entendant le mot « jamais » – une petite épine. Elle savait qu'inévitablement, elle finirait par lâcher Fernanda. Elle savait que Fernanda portait cela en elle, comme une seconde nature, elle se faisait lâcher.

« Allons voir l'opaline ! »

10

Histoire de chevaux

Iris portait un caleçon gris, une veste polaire grise fermeture Éclair remontée jusqu'au menton et un bonnet en tricot bleu. Ses chaussures de sport, remplacées peu de temps avant, étaient encore d'une blancheur absurde, comme du dentifrice. On était en mars – un hiver, jusqu'ici, sans neige.

Le jogging était interdit entre neuf et dix-sept heures dans Gramercy Park, ce qui convenait très bien à Iris. Elle aimait courir en fin de journée – à dix-huit, dix-neuf, voire à vingt heures parfois – pour évacuer les nœuds. Aujourd'hui était un dimanche, aussi était-elle habillée et prête à 16 h 54. Je cours simplement pour courir, pensa Iris en traversant la 20e Rue vers le parc. Après avoir déverrouillé la serrure avec une grosse clé en argent, Iris poussa le portail en fer forgé, se glissa à l'intérieur en le contournant et le referma. Le lourd claquement métallique qu'elle fit résonna comme une porte de prison.

On devait fermer cette grille délibérément – entendre la serrure s'enclencher –, ce qui pouvait être difficile quand une personne qui n'avait pas la clé, ignorant qu'il s'agissait d'un parc privatif pour lequel on payait des charges, voulant simplement s'asseoir dix minutes dans un endroit charmant, commençait à vous emboîter le pas et que vous deviez lui faire signe que « non ». On se sentait toujours mal. Iris avait appris à expliquer : « Il faut aussi une clé pour sortir » – une sorte d'excuse.

Les gens qui se faufilaient à l'intérieur se retrouvaient pris au piège. On les entendait hurler en direction du portier du Gramercy Park Hotel de l'autre côté de la 20e Rue, ou scrutant, remplis d'espoir, par la fenêtre encrassée de la cabane vide du gardien jusqu'au moment où ils finissaient par abandonner pour aborder des inconnus dans le parc. Iris avait fait sortir beaucoup de gens – reconnaissants, angoissés, rageurs – par cette lourde grille. Peu importait que New York fût une ville de privilèges accordés ou refusés, chose que les New-Yorkais savaient pertinemment et acceptaient. Certaines injustices restaient inacceptables. Ainsi cette amie d'Iris qui s'était littéralement mise à pleurer chez Dean & DeLuca. C'était les vacances, et sous les yeux de cette femme – éditrice respectable de livres d'art qui gagnait des clopinettes –, de jeunes épouses empilaient viandes, fromages, gâteaux et caviar dans leurs paniers, accumulant des factures astronomiques rien qu'en nourriture alors qu'elle restait plantée là, accrochée à un pauvre bouquet de jeunes carottes – sa folie ; les larmes étaient amères et elle avait quitté le magasin. Le joli petit Gramercy Park faisait le même effet. Les gens ressentaient l'humiliation de cette grille en fer autour d'une étendue d'herbe bien verte – l'humiliation était forte. Quand quelqu'un se trouvait à proximité de la grille, Iris continuait jusqu'au prochain portail (il y en avait quatre) et entrait par là.

Iris avait pris un abonnement à un club de gym tout proche, trop cher mais pratique et propre. Elle y avait recours pour le cardio-training et le libre accès aux machines d'haltérophilie, régime de cinquante minutes qu'Iris abhorrait mais s'imposait deux fois par semaine parce que c'était mieux que de s'avachir ou d'avoir les bras flasques (ils se ramolliront, mais ce n'est pas la peine que cela arrive trop vite). Le tapis de course, cependant, était vraiment trop barbant. Par n'importe quel temps, Iris préférait courir dans Gramercy Park. Elle aimait la sensation de courir dans l'air frais. Elle aimait s'imaginer qu'elle était un cheval en parfaite condition physique.

C'était un jeu idiot, mais il lui donnait l'impression de redevenir petite fille. Il la ramenait au temps des chimères, avant qu'elle ait son propre cheval, l'époque où ses sœurs et elle transformaient le périmètre du fond de la cour en piste de parade, dressant des obstacles de saut avec des boîtes en carton, des chaises longues entre lesquelles elles posaient des balais, n'importe quoi, et ensuite elles organisaient un concours hippique. Elles trottaient, allaient au petit galop, sautaient. La moitié supérieure de leur corps était elles-mêmes – mains tenant les rênes imaginaires –, leur moitié inférieure figurait le cheval. Comme des centaures ! Si vous changiez de monture, vous vous efforciez de modifier un tant soit peu votre style de galop. C'était très amusant, surtout quand les obstacles gagnaient en hauteur. Quand Iris reçut un véritable cheval, Britomart, elle comprit qu'elle pouvait cesser de jouer les chevaux, mais elle ne le fit pas tout de suite. C'étaient deux activités différentes.

En courant dans Gramercy Park pour faire de l'exercice, à mesure que son énergie augmentait, tout cela lui revenait. La puissance si excitante, le plaisir ludique de couvrir des distances, votre esprit qui vagabondait. Iris commençait ses joggings sans penser à rien de particulier sinon à l'endroit où elle se trouvait – le chemin urbain planté de part et d'autre, la saison tout autour d'elle –, mais souvent la journée de travail la rattrapait, les problèmes techniques qu'elle avait rencontrés en confectionnant un abat-jour couraient à ses côtés. Tandis que le rythme de sa course l'emportait, sans qu'elle eût besoin d'y penser vraiment, une solution se matérialisait dans son esprit, un assemblage différent à essayer le lendemain matin. C'était incroyable. D'autres jours, elle se surprenait à se préparer mentalement à une conversation téléphonique délicate, à se défendre face aux réclamations d'un décorateur irascible. Ces conversations commençaient toujours avec une Iris cassante et sarcastique, ce qui lui procurait quelques secondes de satisfaction. Mais à chaque nouveau tour du parc, les angles s'arrondissaient et ses réponses gagnaient en tact, en rationalité, en calme. Alors son angoisse était atténuée.

Pratiquement chaque course s'achevait avec Iris dans le rôle de Britomart fonçant sur la ligne d'arrivée. « Allez, hue, Britty ! » disait Iris à voix basse quand elle se sentait faiblir. « Continue ! » Par les journées particulièrement belles et où elle se sentait particulièrement forte, elle mourait d'envie d'augmenter la mise, de sauter quelque obstacle, ou au moins de se mettre au galop. Mais si elle le faisait, les gens se diraient qu'elle s'était fait mal à la jambe ; ou ils devineraient peut-être qu'elle jouait les chevaux. (Est-ce possible ? se demandait-elle.) Aussi continuait-elle à trotter, ce qui ressemblait au jogging, en se contentant de garder le menton haut – Britomart rongeant son frein. Les jours où elle n'avait pas d'énergie, il y avait beaucoup de « Allez, hue ! Britty, allez, hue ! ». Et voilà qu'elle avait quarante ans.

C'était sa petite pastorale à elle, son histoire de chevaux. Et Iris en avait eu autrefois un plein rayon, des romans lus et relus. Où étaient passés ces livres ? *Prince noir. Mon ami Flicka. Poney rouge*. Toutes histoires d'un cheval ou d'un enfant qui défiait le destin et l'emportait. Il y avait deux grands illustrateurs de livres de chevaux dans son enfance. Paul Brown, qui dessinait à l'encre – à coups de plume nerveux et vifs – et C. W. Anderson, qui semblait utiliser un crayon à mine tendre et un rayon de soleil, des traits flous et doux qui vous donnaient envie d'embrasser ces naseaux de soie, d'étreindre ces nobles encolures. Iris adorait les illustrations d'Anderson, sa façon de donner une personnalité à chaque cheval (ceux de Brown se ressemblaient tous, ils avaient tous les naseaux dilatés). Elle raffolait tout particulièrement d'un livre d'Anderson intitulé *Afraid to Ride*, l'histoire d'une petite fille qui fait une mauvaise chute et arrête de monter à cheval. « Ce qu'un mauvais cheval lui a pris, un bon cheval le lui rendra. » Cette phrase, prononcée dans le livre par le beau M. Jeffers, elle ne l'avait jamais oubliée.

Oui, c'était tellement évident aujourd'hui, ce que racontaient toutes ces histoires de chevaux, et ce que symbolisait le mauvais cheval. Iris ne pouvait penser à Erich comme à un mauvais cheval, malgré tout. Elle n'aurait pas épousé un mauvais homme.

« Oh, Iris, que tu es stoïque ! répétaient ses amies comme s'il s'agissait d'une habitude agaçante. Tu devrais peut-être consulter quelqu'un. » Toujours « quelqu'un ».

Iris savait parfaitement où elles voulaient en venir. Elles entendaient « stoïque » au sens d'« aveugle ». Et si elles avaient raison ? Iris n'avait pas envie de s'enfermer dans un tourbillon de récriminations. Iris n'avait pas non plus envie de parler de Mark, le premier homme qu'elle avait – du moins elle l'avait cru – aimé après son divorce. Celui-là était un mauvais cheval. Ce réalisateur de films documentaires en veste de tweed rêche de chez Harris était venu à l'appartement d'Iris pour la filmer dans le cadre d'une émission pour PBS sur les décorateurs new-yorkais, pour la séquence sur le style Sœur Parish (Iris y apparaissant pendant dix secondes). Il taquinait Iris, l'appelait « mon petit bas-bleu en bleu de travail », car il trouvait que couvrir des abat-jour était un bien curieux labeur. Iris se pelotonnait comme un chat à la chaleur de son espièglerie, amusée par ses taquineries. Ce qui l'amusait en retour. C'était très douillet, ses yeux à lui, noisette pâle, fixés sur ses yeux à elle, d'un noisette intense (presque vert), couleur qui avait toujours fait l'admiration de tous. Elle se sentait regardée. Et dans cette ville on pouvait vivre des années sans être vue. Certes, il était moins sérieux qu'Erich, mais peut-être, se disait Iris, devrait-elle tenter sa chance avec le moins sérieux. Tout le monde le lui répétait. Et les côtés par lesquels Erich et lui se ressemblaient – la vivacité d'esprit, l'aisance dans l'expression et la minceur façon côte Est – mettaient Iris en harmonie avec lui. Bref, il la rendait euphorique et lui tournait la tête. Elle tint pour acquis qu'il comprenait quel genre de femme elle était et ce qu'elle attendait. Après tout, ils n'étaient pas des adolescents. Elle avait trente-six ans, lui trente-sept.

Mais ensuite, il devint moins gentil. « Allez, dis-moi un peu, suggéra-t-il un dimanche pendant le brunch, en levant un verre de Martini, comment on débute son lundi matin de labeur à l'atelier ? » Et il n'était pas très généreux, il l'emmenait toujours à des cocktails professionnels et à des soirées de lancement qui ne lui coûtaient rien. Et chaque rendez-vous ressemblait au premier, toujours un rien nerveux, comme si elle craignait de lui déplaire quand il viendrait, généralement en retard. Ils ne furent jamais à l'aise. Et pourtant Iris lui accordait le bénéfice du doute, elle le plaignait d'être obligé de se montrer narquois, craignait qu'il se sente mesquin de ne pas pouvoir dépenser plus d'argent.

Deena, sceptique dès le début, lâcha la question : « T'es bien sûre qu'il n'est pas de l'autre bord ? » Ce qui blessa Iris, pour Mark et pour elle-même. Pourquoi un homo se donnerait-il la peine de sortir avec une femme à New York dans les années quatre-vingt-dix ? Mais Deena avait vu ce qu'Iris ne pouvait voir, que Mark était un homme très disponible. Après quatre mois de relation, le jour où Iris avait téléphoné chez lui, et en tombant sur un jeune homme, elle avait compris à quel point il était disponible. Elle avait été effondrée. Elle s'était montrée si ridiculement confiante !

Même en y repensant aujourd'hui, des années plus tard, Iris tiquait face à sa propre bêtise. Mais elle avait bien appris la leçon. Elle ne ferait pas comme tant d'autres femmes, passer d'un amant indécis à l'autre. Aux amis qui voulaient la voir sortir et rencontrer des hommes, goûter aux différents plaisirs qui lui étaient offerts, et plus on est de fous plus on rit, elle secouait la tête en signe de dénégation. On peut éprouver l'alchimie parfaite avec un homme, et apprendre que c'était un mufle. On peut tout avoir en commun, sauf l'étincelle. À Manhattan, avec ses milliards d'habitants, les gens peuvent vivre des vies doubles, voire triples. Comment savoir ? Iris commença à se dire, petit mantra qui lui donnait bizarrement le sentiment d'être moins seule, si ça doit arriver, il me trouvera.

« Allez hue, Britty ! » dit-elle, en accélérant pour finir les dernières cinq minutes à une bonne cadence. Foncer à la fin était difficile, mais cela vous purgeait complètement l'esprit.

Maintenant tu peux t'arrêter, se dit Iris, en ayant sprinté sur les quatre derniers tours de piste. Elle continua en marchant, pour reprendre son souffle, puis choisit un banc à proximité de la cabane, car elle n'était pas encore prête à rentrer. La lumière du jour s'attardait. C'était la fin d'un dimanche gris, ni chaud ni froid, le genre de journée presque printanière qui vous donne la tentation de monter votre cheval à l'extérieur, même si la terre est encore gelée et sera trop dure pour les jambes de la monture. Iris se rappelait combien elle et ses amies se sentaient cloîtrées, bloquées pendant des mois dans le manège couvert, à galoper en cercles ; combien ces premières bouffées d'air glacé les attiraient dans la forêt où elles finissaient par conduire leurs chevaux hors des chemins encore gelés, dur lacis d'ornières laissées par les tracteurs, certaines remplies d'une neige qui crissait comme le polystyrène ; et comment les chevaux – mécontents d'avoir été sortis dans une forêt de branchages nus et cinglants – tiraient sur les rênes et s'obstinaient à retourner sur le chemin malcommode. Oh, cette sensation étrange, la chute éperdue dans le vide quand un énorme cheval se cabre dans une rébellion aveugle ! Iris posa sa tête sur le dossier du banc et plongea son regard dans les hautes branches de Gramercy Park, voûte si froide aux bras dénudés, exquise, sourde à tout. Sauf, semblait-il, au crépuscule.

« Sudek », dit-elle.

Iris avait acheté un énorme livre de photographies de Joseph Sudek en septembre dernier – le poète de Prague, comme on l'appelait –, elle l'avait acheté dans une sorte de transe. Le livre coûtait près de cent dollars, mais quand elle l'ouvrit au hasard à une page d'arbres hivernaux sous la neige, fin lacis de branches noires, presque microscopique, comme les nervures sombres que l'on voit dans les nuages, elle le voulut à tout prix. Elle se sentit tomber dans l'image, éprouva un sursaut presque sexuel, le désir d'être unie à cet univers. Puis elle jeta un coup d'œil à la date et fut abasourdie de trouver 1955, et non pas le début du siècle comme elle s'y attendait, seulement trois ans avant sa naissance. Cela lui redonna courage. Il y aura toujours des gens comme moi dans ce monde, pensa Iris, si rares soient-ils, sensibles à l'esprit des choses. Il n'y avait personne dans les dernières œuvres de Sudek ; les photos étaient peuplées d'yeux en verre et d'œufs muets, fenêtres embuées et bancs vides. Et des branchages.

Iris leva la main, doigts écartés en surimpression devant la pleine lune tapie derrière un arbre.

Je pourrais fabriquer un abat-jour avec des branchages.

Si on allumait une ampoule transparente en dessous, il projetterait des ombres décharnées et fantomatiques dans la pièce. Mais il ne faut pas que cela ressemble à de l'artisanat, à un souvenir du Wisconsin. Il devra être distant, mystérieux, avec des capillaires et des espaces vides, comme ce que je vois maintenant. Je peux toujours essayer. Si quelqu'un peut le faire – Iris plongea la main dans sa poche pour y chercher la clé –, c'est bien moi !

11

Espionne

Lana était à la bibliothèque. Elle faisait des recherches pour un article sur *Le Martyre de saint Sébastien*, un opéra de Debussy et D'Annunzio datant de 1911. Il s'agissait d'une pièce à miracle païenne, où le saint était attaché à un pieu et transpercé de flèches. C'était aussi un échec dramatique notoire, qui durait cinq heures. « Aïe ! pensa Lana, pauvres Parisiens ! » Par chance, la version opéra du *Martyre* durait un peu moins d'une heure. Mais quand même, la lecture du livret de D'Annunzio sans le spectacle son et lumière constituait en soi une forme de torture.

« Souviens-toi de l'étoile clouée au cœur vivant des cieux. »

Flèches trempées dans l'absinthe, pâmoisons très fin de siècle, des écrits qui baignaient dans le sang et le vin. Tout cela n'était pas du goût de Lana. Elle éprouvait une sorte d'angoisse de la bibliothèque, inchangée depuis l'enfance – envie de partir, mais sachant que c'est impossible car il faut encore lire, errer dans les rayons, et faire des photocopies. Et puis l'éclairage des bibliothèques avait quelque chose de particulier. Il vous tapait sur le crâne comme une potion au laudanum. Le New York Philharmonic avait sollicité Lana pour écrire cet article. Nageant dans la flatterie la plus pure, elle avait accepté, tout en sachant que le délai était court, la date butoir dans une semaine afin qu'ils puissent disposer de l'article pour le programme de juin, à paraître six semaines plus tard. Lana s'était dit que ce serait un bon exercice. Dommage qu'elle n'ait pas envie de faire de l'exercice ! C'était un samedi de printemps froid et piquant, et elle avait envie de courir les boutiques à la recherche d'un nouveau sac fourre-tout.

« Visez bien. Je suis la cible. »

Je ne peux pas lire un seul mot de plus, décida Lana, en lorgnant du côté des nouveaux périodiques en ligne sur les ordinateurs inutilisés au fond de la pièce. Ils étaient deux fois plus gros que les machines que la bibliothèque destinait aux livres, avec d'énormes écrans bleutés, pas de petits moniteurs gris. Lana rassembla sa pile de livres pour éviter qu'on les dépose sur un chariot et traversa la pièce d'un pas décidé. Voyons ce que font les autres ! Elle s'installa, jeta un coup d'œil circulaire pour s'assurer que personne de sa connaissance ne se trouvait dans la pièce, cliqua sur « auteur » et tapa le nom « Moore, Sylvie ».

Lana n'avait plus parlé à Sylvie depuis qu'elles avaient pris ce thé, un vendredi d'octobre dernier, exactement six mois plus tôt, quand Sylvie, euh, qu'avait fait Sylvie au juste ce jour-là ? Elle s'était emportée ? Elle avait jeté l'éponge ? *Le Martyre de Sylvie !*

Lana avait beaucoup pensé à ce thé. Elle l'avait analysé avec Sam, puis au téléphone avec Megan, et à l'époque il lui avait semblé qu'elle et Sylvie avaient tout simplement atteint les limites de leur amitié. Ou peut-être « relation » était-il un terme plus approprié ? Parce que d'une certaine façon elles n'étaient même pas amies, mais plutôt deux femmes intelligentes qui se sentaient encore plus intelligentes ensemble. Lana ignorait tout, elle s'en aperçut, de la situation de Sylvie au regard des enfants. Et de toutes les autres choses qui comptaient vraiment dans la vie. Elle ne savait pas, en fait, ce que Sylvie attendait vraiment de sa vie professionnelle. Elle savait ce que Max voulait : Sylvie dans les magazines de luxe. Et que dire de Max ? Chaque fois que Sylvie parlait de lui, elle adoptait un ton badin et sexy, comme pour dire qu'ils formaient un couple vraiment très chaud. Pourquoi en ressentait-elle le besoin ? Avec le temps, Lana commença à avoir l'impression qu'elle n'avait jamais compris Sylvie, qu'il y avait une faiblesse, voire un masochisme, qui poussait cette dernière à vous acculer dans des retranchements où vous alliez contre-attaquer. À croire qu'il s'agissait d'un jeu auquel elle était habituée, un jeu qu'elle n'avait pas peur de perdre. Était-ce chose commune, une personne qui se plaît à devenir l'offensée ? Lana se voulait instruite en psychologie, et plutôt rapide dans ses intuitions, mais avec Sylvie elle s'était montrée étourdie. Qu'avait donc dit Lana ? Quelque chose comme : « Ils ne recherchent pas des articles comme les miens. » Cette expression laissait une marge de manœuvre et Sylvie l'avait retournée, comme un couteau, contre elle-même.

« Je suis la cible ! »

Oh, Sylvie ! songea Lana à haute voix, pour rien au monde tu ne voudrais écrire cet article barbant sur D'Annunzio – mon genre d'article. Même moi je n'en ai pas envie.

Quel que fût le psychodrame qui s'était joué ce jour-là, Sylvie n'avait jamais rappelé, et Lana, ayant laissé trois messages, fut bien obligée de comprendre ce que cela signifiait. Comme on disait toujours à New York : « Pas de réponse, c'est aussi une réponse » – un lieu commun des grandes villes. Tout de même, Sylvie manquait à Lana. Elle était drôle, douée d'un esprit excentrique. Et même si elle était difficile, elle restait plus facile que Fernanda, dont l'estime de soi était en jeu à tout moment, et dont les exigences émotionnelles, si timides au début, avaient pris en l'espace des quatre mois suivant leur rencontre autant d'envergure qu'une charte bien établie des droits de l'amitié. Fernanda demandait un soutien quasi liturgique, elle qui terminait souvent le récit de ses prises de bec et de ses confrontations par la question : « Ces sentiments font-ils de moi quelqu'un de mauvais ? » À quoi Lana répondait invariablement (répétition en sourdine d'*Ordre et Justice*) : « Mais non, tu n'es pas mauvaise ! »

En outre, quand Lana et Sylvie pouvaient parler des hommes d'un point de vue similaire (toutes deux en avaient un), Fernanda faisait comme si Sam n'existait pas. La seule fois où Lana avait essayé de provoquer une discussion entre eux – un dîner au restaurant avant un concert –, Fernanda avait refusé de regarder Sam dans les yeux, chose aisée quand on s'emploie à jouer le ballet des cheveux au vent. Sam, qui mastiquait consciencieusement, regardait surtout Lana guindée et anxieuse sur sa chaise, simple pion entre deux rois sur l'échiquier.

L'ordinateur était lent, il cherchait, son sablier minuscule clignota, puis devint bleu gris et une liste se matérialisa, sortie de nulle part : les articles de presse *people* écrits par Sylvie en un an et demi.

Hum. Il y avait ses premières chroniques imprimées sur papier glacé, dont l'article du *New York Magazine* qui avait attiré l'attention de *Vogue*. Puis venaient trois articles de *Vogue* écrits coup sur coup, avec en tête le portrait cérébral de Judy Davis. Lana l'avait lu, il était bon. Une histoire sur Sandra Bullock – un peu forcée, mais bon, qui pouvait écrire quelque chose de solide sur Sandra Bullock ? Et enfin un papier sur Jenna Elfman. Lana ne l'avait pas encore vu (et elle ne s'en plaignait pas : encore une évaporée). Et c'était tout pour *Vogue*.

Voilà qui était étrange. Après cela, deux articles qui n'avaient rien à voir avec des actrices.

« Sens et Senteurs », dans *House & Garden*. Il était présenté comme « un jardin littéraire – senteurs, chambres parfumées et fleurs odorantes dans les écrits de Colette, la romancière française sulfureuse ». Lana se rappelait que Sylvie avait suivi un cours sur les vins français. Mais depuis quand était-elle une spécialiste de Colette ?

« Thé et Sympathie », dans *Glamour*. « Pourquoi les femmes n'emmènent-elles pas les hommes prendre le thé ? L'auteur suggère que les hommes sont les partenaires idéaux pour prendre le thé, sexy et sensibles. » Alors ça, c'était un comble ! Lana était peut-être narcissique, mais elle avait bel et bien l'impression que ce coup de griffe lui était destiné.

Il était surprenant que les chemins de Lana et de Sylvie ne se fussent pas croisés pendant tout ce temps, si l'on supposait que Sylvie continuait de fréquenter les théâtres. Non que Lana eût envie de croiser le chemin de Sylvie. S'agissant de confrontations de ce genre, elle était au-dessous de tout. Elle éprouvait toujours la même sensation : comme si son visage enflait tandis que l'air se solidifiait autour de son corps, et la figeait dans une posture empruntée et guindée. Lana savait qu'elle n'aimait pas les conflits. Elle pouvait se montrer dure au bureau, mais cela faisait partie de son travail : elle se battait pour ses pigistes (et parfois *contre* eux, quand elle leur demandait mille cinq cents mots et qu'ils en rendaient trois mille, par exemple). En tant que critique – dans ses colonnes –, elle savait assouvir toute son agressivité. Mais personnellement, pour être honnête, elle ne prenait pas plaisir à s'imposer par la force, même si tout le monde avait parfois l'air d'aimer cela. Lana aimait la sensation d'invisibilité, se fondre dans les foules comme de l'eau. Petite, son livre préféré était *Harriet la petite espionne* : avec ses lunettes rondes et son visage tout rond elle faisait ses rondes quotidiennes en tenant un journal d'espionnage que personne n'approuvait. Lana avait adoré la liberté avec laquelle Harriet se déplaçait dans la ville, sa liberté de voir ce qu'elle voyait. Aussi Lana s'était-elle à son tour mise à vadrouiller, en notant ses observations prises sur le vif dans un calepin, mais les banlieues résidentielles n'offrent pas un bon terrain pour ce genre de vadrouilles. Au lieu de sorties de secours et d'épiceries au coin de la rue, c'étaient des pelouses à perte de vue, des taillis devant les fenêtres et tout compte fait assez peu d'événements notables. Et puis tout le monde sait qui vous êtes.

Puis il y avait eu *Honey West*, une émission de télévision où Anne Francis tenait le rôle d'une espionne blonde. Lana la connaissait avant même de l'avoir vue, puisque Livia l'avait suivie à sa première diffusion et y faisait référence comme à la classe incarnée. « Honey, c'est une Harriet adulte, disait Livia, elle s'habille tout en noir et elle a une panthère noire qu'elle promène en laisse. » (Quand Lana avait lu qu'Ida Rubenstein, l'héritière juive qui jouait dans *Le Martyre de saint Sébastien*, avait eu une panthère apprivoisée, la seule chose qui lui était venue à l'esprit était : « Comme Honey West ! » Une réaction puérile, bien sûr.) Bref, quand l'émission avait été rediffusée, Lana en était restée ébahie et avait demandé à sa mère de lui acheter un haut en velours noir qu'elle portait avec des collants noirs. Ainsi vêtue, elle rôdait dans la maison, en faisant semblant d'être en mission, se cachait derrière les portes et sous les bureaux pendant ce qui lui paraissait des heures, sans doute de simples minutes, et avait fini pas s'attirer des ennuis le jour où elle avait vu Tom chanter *Pinball Wizard* devant son miroir et où il avait cassé une lampe en lui jetant un livre. Lana avait été privée de sortie pendant une semaine – « pour ne pas avoir respecté l'intimité de ton frère ». Aujourd'hui encore, il arrivait à sa mère de l'appeler Honey West, pour lui rappeler le passé.

D'où *Chapeau melon et bottes de cuir* et *Des agents très spéciaux*. Lana et sa meilleure amie Sue se prenaient pour Napoleon Solo et Illya Kuryakin et communiquaient par signaux secrets et messages codés. Le jour où la petite sœur de Sue avait voulu se joindre à elles, et où elles avaient refusé, la petite fille avait déclaré : « Alors je serai Emma Peel. » Lana et Sue en étaient restées sans voix. Cette gamine – la superbe Emma Peel ? ! Mais elles ne pouvaient rien y changer. La gamine les avait coiffées au poteau. C'était une loi enfantine : si on était la première à revendiquer un personnage, il était à vous. Alors elles s'approprièrent April Dancer, la fille des *Agents très spéciaux*. N'empêche, comme elles l'avaient choisie par défaut, elle ne leur sembla jamais aussi bien qu'Emma Peel. Quand Sylvie avait comparé Lana à Diana Rigg à la soirée où elles s'étaient rencontrées… elle n'imaginait pas le frisson de plaisir de Lana.

À une certaine époque, Lana avait sérieusement parlé de devenir espionne, de travailler pour la CIA. C'était alors que son père lui avait suggéré de lire *l'Espion qui venait du froid*. Ils n'étaient que trois à table – maman, papa et Lana (Tom et Livia étaient à l'université) –, c'était le temps où Lana était la seule à faire entendre la voix de la jeunesse à un père qui avait l'habitude d'incarner la voix de la sagesse en toge, et la lumière laiteuse qui tombait sur la table de la cuisine jetait un éclat trop blanc sur son besoin de guider sa fille cadette.

« Oublions les panthères, Lana, la vie d'une espionne est solitaire et dangereuse. Tu la trouves prestigieuse, mais elle ne l'est pas. Mata Hari n'a jamais ressemblé à Greta Garbo et elle a fini sa vie en disgrâce. Le peloton d'exécution en France. » Ce qui avait encore semblé bien prestigieux à Lana.

Elle adorait son père, il se montrait attentif à son égard, mais sans plus. Le temps qu'il lui consacrait semblait émaillé de guillemets, rien à voir avec son attitude décontractée vis-à-vis de Tom et Livia, la façon dont il souriait de toutes ses dents pour Tom et dont il roulait les yeux face aux scènes de Livia. Il est vrai que c'était un homme introverti qui se reposait largement sur la mère de Lana comme sur une sorte d'aide de camp. Peut-être était-ce dû au fait que les jumeaux, étant deux, faisaient plus de bruit, généraient plus de mouvement, créaient plus de camouflage pour lui. Alors que Lana, quand elle entrait dans la pièce en trottinant, ou, plus tard, revenait à la maison seule – eh bien, c'était une enfant intense, qui avait le don de faire le calme dans les pièces où elle pénétrait. « Où étais-tu pendant tout ce temps, Lana ? » lui demandait souvent son père quand elle était petite et s'était tenue seule à l'écart pendant un certain temps. Il posait la question par curiosité, d'une voix douce ou amusée. Mais c'était vraiment, pour peu que l'on y réfléchisse, une drôle de question. Surtout si on s'apercevait qu'à certains égards elle ressemblait plus à son père que les aînés. En fait, le soir de son premier rendez-vous avec Sam, au moment où ils s'étaient si fougueusement embrassés devant sa porte, elle ne pouvait s'arrêter de penser à une seule et même question : Sam Kellogg, où étais-tu pendant tout ce temps ?

Lana scruta l'écran en plissant les yeux, désarçonnée par les nouveaux thèmes qu'abordait Sylvie. Elle quitta le programme, puis rechercha certaines des Cassettes (qui n'écrivaient pas grand-chose, s'avéra-t-il.) Elle termina par « Burton, Lana », et se retint de rire en voyant sa propre liste. Un article : Glinka. Lana savait que cela ne reflétait pas sa véritable production. Ses articles ne figuraient pas sur la liste parce qu'ils paraissaient dans de petits journaux, ou des publications comme le magazine de la United Airlines qui ne tenait pas d'index centralisé. Tout de même, c'était un peu déprimant de ne trouver qu'un article. Elle se retourna vers l'horloge. Il était midi quinze et elle avait faim.

Après avoir filé dehors manger sur le pouce une banane et un yaourt (elle avait failli s'acheter un hot dog), Lana retourna à son martyre, en grignotant des sablés dont elle avait fait provision dans ses poches, en se disant qu'elle travaillerait jusqu'à trois heures, puis elle irait chez Bergdorf, vingt minutes à pied de la bibliothèque de Lincoln Center. Elle commençait à maîtriser son sujet, à voir ce qu'elle en ferait. « Celui qui plus profondément me blesse, dit Sébastien à l'acte IV, plus profondément m'aime. »

D'après les musicologues, *Le Martyre* de Debussy était redevable, au plan musical et poétique, au *Parsifal* de Wagner. Les deux œuvres s'inscrivaient dans une dimension où vibraient à l'unisson mysticisme chrétien et spiritualité païenne. Et toutes deux comportaient un héros blessé. Voilà le sujet sur lequel Lana se concentrerait, la « blessure sacrée » comme métaphore des révélations de la religion et des aspirations de l'art. C'étaient les lettres de Debussy qui avaient mis Lana sur cette voie. Dans l'une d'elles, une discussion sur la façon de jouer du piano, Debussy disait que les doigts devraient « pénétrer les notes ». Lana adorait cette image, elle était si abstraite et pourtant tellement physique. Les doigts *dans* les notes, comme le son dans les oreilles, les flèches dans le corps, et la transcendance dans l'âme. Elle devait se montrer prudente. Il y avait une dimension sexuelle dans tout cela, et les gens du Philarmonic étaient notoirement conservateurs. Mais pourquoi écrire, se dit Lana, si je dois simplement penser et voir ce qu'on a déjà pensé et vu avant moi. Lana savait – comme beaucoup d'autres choses, sans savoir comment – que c'était la bonne voie à emprunter pour analyser la pièce. Et de toute façon, Debussy lui en avait fourni la clé. Voilà pourquoi elle adorait écrire sur l'art : il y avait toujours une clé.

À quinze heures pile, Lana se leva et sortit, comme au temps de l'école. La journée était claire, frisquette pour un mois d'avril, et Lana descendit Broadway d'un pas vif, traversa à la hauteur de Columbus Circle, et longea le trottoir du côté de Central Park sur la 59e Rue dont la gaieté superficielle évoquait les mauvais tableaux de cafés : colorée, avec ses touristes entraperçus ; chevaux d'attelage avec leurs sacs de nourriture et leurs panaches rouges ; branches printanières qui frémissent au-dessus des têtes.

Chez Bergdorf, Lana ne s'attarda pas au rayon des sacs à main. Peu après son arrivée à New York, elle venait sans cesse faire ses emplettes dans ce magasin. Plus maintenant. L'aveu était douloureux, mais elle ne pouvait plus se le permettre sauf pendant les soldes. Les prix des articles de luxe s'étaient envolés, alors que les augmentations annuelles de Lana couvraient à peine les hausses du coût de la vie. Ainsi en va-t-il des arts, du journalisme, et des dures réalités de la vie (à moins de décrocher un contrat chez *Vogue*). Lana examina les vitrines, demanda à voir deux fourre-tout en particulier, les deux plus simples, dont aucun ne coûtait moins de cinq cents dollars. Il lui faudrait aller chez Bloomies ou chez Saks. D'ailleurs elle avait beaucoup trop d'autres grosses dépenses en perspective, l'anniversaire de Sam pour commencer. Il y avait cette nouvelle pièce d'Alan Ayckbourn qu'il avait envie de voir. Elle pourrait sans doute obtenir des billets gratuits. Mais il y avait l'invitation à dîner après cela (une centaine de dollars). Plus un cadeau.

Une partie de Lana avait envie de rentrer chez elle – il régnait une telle frénésie dans les magasins de la Cinquième Avenue le samedi, tous ces gens énervés et bizarrement pressés, cette impression de fuite du temps

–, mais une autre partie d'elle-même disait : tu es là, alors vas donc chez Bergdorf Men de l'autre côté de la rue et cherche un cadeau pour Sam. Peut-être un lainage en cashmere. Un chapeau. Sam avait toujours l'air d'avoir oublié son chapeau.

Le magasin pour hommes fut un soulagement, espace et calme vous laissaient trouver votre propre rythme. Lana déambula au hasard entre les vitrines, de celle qui contenait de coûteux portefeuilles en croco et en cuir d'autruche à celle qui renfermait des boutons de manchettes en émail rayés ou mouchetés comme des casaques de jockeys. Elle compara des écharpes en cashmere – une grise à losanges et une caramel à carreaux – et se dit que l'achat de la grise pour 275 dollars était envisageable. Sauf qu'une écharpe au printemps, c'était un peu tard. Une casquette en tricot bleu ferait un joli cadeau, mais perdue au fond d'un paquet, elle aurait l'air minuscule. Elle allait jeter un coup d'œil aux chemises et aux pulls. Elle descendit une marche de l'escalier et s'arrêta. À quelques mètres de là, dos tourné, se dressait la silhouette en tour de phare caractéristique de Sylvie, dont la chevelure blanche tranchait au-dessus du manteau de loup en mohair noir. Lana embraya rapidement la marche arrière et revint se cacher derrière les rayonnages, avec l'impression de se retrouver sous le feu des projecteurs.

Voilà qui n'était que trop typique de New York. Vous vous dites que vous n'avez pas vu quelqu'un depuis une éternité et l'instant d'après, vous tombez nez à nez avec cette personne, comme si vous l'aviez fait sortir d'un chapeau. Lana resta plantée là toute raide, puis avança de quelques centimètres. Sylvie lui tournait toujours le dos et avait l'air d'examiner une chemise pliée sur le comptoir, ensuite elle se tourna un instant sur la droite. Elle n'avait pas changé, son front et ses mains toujours aussi pâles, mais ses cheveux étaient plus longs, l'effet aile blanche avait disparu, ils étaient rejetés en arrière en une sorte de chignon flottant à la française. Elle était seule au rayon chemises… à part un homme de haute taille qui venait d'entrer dans le champ de vision de Lana, immédiatement à la droite de Sylvie. Super, se dit Lana, tant qu'elle restera là, je ne pourrai pas chercher de chemise pour Sam. Lana vérifia que les vendeurs ne la voyaient pas épier, mais personne ne l'avait remarquée. Peut-être que si j'attends un peu…

Lana jeta un nouveau coup d'œil furtif et cette fois-ci elle remarqua que les dos de Sylvie et de l'homme de grande taille étaient côte à côte devant le comptoir, comme s'ils regardaient la même chemise. Sylvie inclina la tête en arrière, elle riait. Puis, dans un ralenti de statue, elle tourna son visage vers l'homme, elle exhibait son profil de marbre en esquissant son sourire, courbe étincelante.

Ils étaient ensemble.

Ce n'était pas Max.

Un vendeur apparut et l'homme lui adressa un bref signe de tête, tendit deux doigts, puis tira un portefeuille de sous son manteau ajusté et présenta une carte. Tandis qu'on enregistrait l'achat, l'homme se tourna vers Sylvie et, d'un geste très doux, il remit en place une mèche folle (de sa main gauche, dépourvue d'alliance) dans son chignon – comme on remet un oisillon dans son nid. Elle le regarda comme si rien d'autre au monde ne comptait. Puis le vendeur revint muni d'un énorme sac violet et, sur une signature et un échange de remerciements, ils sortirent, sans se toucher, par la porte latérale qui donnait sur la 58e Rue.

À quoi Lana venait-elle d'assister ? Elle attendit quelques minutes de plus avant de se diriger vers le comptoir pour voir la chemise qu'ils avaient achetée en deux exemplaires. Trois cent quatre-vingt-quinze dollars. Pour du coton. Cet homme était assez riche pour payer deux chemises en coton huit cents dollars, cet homme qui n'était pas le mari de Sylvie, n'était certainement pas son père, et ne la touchait pas comme un ami.

Peut-être venaient-ils tous deux de prendre le thé – à l'hôtel Pierre sur la 60e Rue, au St Regis sur la 55e – et était-il parisien, d'où l'article sur Colette, le chignon à la française. Ce pardessus qu'il portait était de coupe européenne. Voilà peut-être la raison pour laquelle tout le monde ignorait ce que faisait Sylvie ces temps-ci. Ou peut-être que Lana n'y était pas du tout et qu'il existait une explication innocente. Par exemple, si cet homme était vraiment européen, eh bien, ces don Juan ne passaient-ils pas le temps à remettre en place des mèches folles, à jouer les amants ? Peut-être faisait-il partie des anciens amis photographes de Sylvie – ils passaient leur temps à se tripoter pour s'arranger.

Il n'empêche… Le regard que Sylvie lui avait lancé.

Quand Lana verrait Sam ce soir-là, elle lui décrirait toute la scène. Ils joueraient ensemble aux détectives amateurs. Il dirait, pour plaisanter : « Mademoiselle West, pourquoi ne les avez-vous pas suivis le long de quelques pâtés de maisons ? » Et elle répondrait : « Oui, oui. Pourquoi ? »

Mais il saurait pourquoi elle ne l'avait pas fait. Voir était une chose et espionner en était une autre. C'était comme un journal intime laissé sur une table. Vous pouviez vous interroger à loisir sur les raisons de son abandon. Vous pouviez le prendre, l'agiter et même presser le bouton qui le verrouillait. Mais en admettant qu'il tombe et s'ouvre ! Vous n'aviez pas le droit d'en profiter pour lire. C'était le code que l'on apprenait quand on était enfant. Il fallait refermer le journal et quitter la pièce.

12

Le Béhémoth

Iris posa la chemise cartonnée sur la table basse. Elle contenait son avis d'imposition, que le comptable venait de lui renvoyer. Elle le regarda encore une fois pour s'assurer que c'était bien vrai, puis referma la chemise. C'était la fin du mois de juin (ils avaient constitué un dossier pour obtenir un délai) et elle devait 2 800 dollars de plus que ce qu'elle avait estimé (de nouvelles lois fiscales, aucune déduction sur son emprunt logement, etc.). Iris restait assise là, abasourdie. Son assurance santé avait augmenté, son loyer augmentait, et maintenant cela. Certes, elle avait cet argent en épargne, mais il était destiné à d'autres choses, une nouvelle robe du soir, des vacances, un cas de force majeur (mais pas de ce genre-là). Iris pensait avoir une avance confortable. Et voilà qu'elle était prise à la gorge. Elle resta à regarder par terre, puis leva les yeux. Il lui faisait face de l'autre côté de la pièce, impassible. Le moment était peut-être venu de le vendre.

Elle l'avait trouvé dans un entrepôt de meubles sur Market Street, non loin du campus de l'université de Pennsylvanie. Coincé entre des coiffeuses couleur glaise de style Empire et des bureaux années cinquante au vernis écaillé. Il dominait les reproductions qui se pressaient autour de lui non seulement parce qu'il était posé sur le côté (pour gagner de la place), mais parce que, quel qu'il fût (Iris avait dû pencher la tête sur le côté pour voir), ce meuble était authentique. L'acajou en était de toute beauté, il avait l'adorable patine du taffetas. Les poignées étaient en verre, une sorte de fleurs stylisées, et elles y étaient toutes, les quatorze. À chaque extrémité du meuble se dressait une colonne en acajou, élégante, de style ionique – et sous les colonnes, des pattes de lion aux énormes orteils rebondis. Et qu'est-ce que c'était que ces deux casiers verticaux, disposés symétriquement de chaque côté des trois tiroirs horizontaux, au milieu ? Des casiers à vin lui avait-on expliqué. Des casiers à vin s'était-elle dit, Erich va être si content ! Le buffet sortait tout juste du camion de livraison et valait quatre cents dollars.

« Pourquoi si peu ? » avait demandé Iris à C. B., l'employé obèse à la flaccidité malsaine (il ressemblait à une bouillie de pain de mie) qui avait réponse à tout.

« Parce qu'il est trop gros. » Le buffet mesurait deux mètres dix de long, un mètre de haut et soixante-six centimètres de profondeur. Il était *vraiment* trop gros. D'où venait-il ?

« C'est un vieux meuble de Philadelphie. Acajou et merisier – du solide. Il a dû être fabriqué sur mesure pour un emplacement de deux mètres dans une de ces anciennes maisons de ville. Comme celles de Rittenhouse Square. »

Iris n'eut pas besoin de réfléchir. Elle sortit deux billets de vingt dollars – pour réserver le meuble – et promit de revenir avec le restant de l'argent le lendemain. Elle voyait très bien l'endroit qui lui conviendrait dans leur petit salon sur Society Hill.

Et puis n'avait-elle pas toujours dit à Erich, quand elle le retrouvait après le travail les soirs de printemps où elle prenait le bus sur dix pâtés de maisons depuis son travail à la société de commissaires-priseurs pour qu'ils puissent rentrer ensemble à la maison – déambuler à travers le campus en humant le mimosa, traverser la rivière Schuylkill silencieuse et couper par

Walnut sur la 19e Rue pour traverser Rittenhouse Square, toute de pelouses en velours vert et demeures en pierres grises –, ne lui avait-elle pas toujours dit, rêveuse à son bras : « Un jour quand tu seras directeur du département, nous pourrions vivre ici. » Cela n'appelait pas de réponse. Ils savaient l'un comme l'autre qu'Erich était intervenant à Rockefeller University, New York, à Mill Hill, Londres, et que Princeton commençait aussi à lui faire de prudentes avances. Mais le « nous » était si doux au côté d'un compagnon haut perché qui voyait loin et exhalait la fumée de sa cigarette, tout en éloignant la clameur encore forte des calculs et des données informatiques de la journée. Il pouvait aussi répondre sur le même ton, l'éternelle réplique, taquine : « Il faut bien habiter quelque part ! »

Quand les déménageurs eurent déposé le mastodonte dans la maison de Society Hill – hissé sur les marches du perron, penché juste assez pour franchir la porte d'entrée, puis redressé de toute sa hauteur sur un côté, dangereusement incliné de façon à pouvoir pivoter entre les rampes d'escaliers et les chambranles de portes, avec force sueur et grognements, poussé dans le salon où il avait trouvé sa place contre le mur du fond –, le meuble donna l'impression de s'y trouver depuis toujours. Tout le monde avait un commentaire pour ce buffet, sur sa taille d'abord, puis sur sa beauté.

« On pourrait y cacher un corps ! » observa Zack Sarnoff, un microbiologiste qui s'essayait à l'écriture de romans policiers médico-légaux comme à-côté et qui détenait le record du nombre aux concours de buveurs de bière du labo.

« *Deux corps.*

– Erich l'appelle le Béhémoth », répondit Iris, en suivant du regard Erich qui apportait une Coors à Zack et deux Martini Tanqueray, avec des olives. « Je l'avais prévenu qu'il était énorme, mais Erich ne s'est jamais déplacé jusqu'à l'entrepôt pour aller y jeter un œil. Il disait faire confiance à mon jugement. » Elle lui adressa un de ces sourires d'épouse en adoration. « Mais quand il est entré dans cette pièce et s'est retrouvé en face du buffet…

– Mets-toi à ma place, Zack, intervint Erich en se laissant tomber dans son fauteuil club en cuir. Tu aurais imaginé que quatre cents dollars puissent acheter quelque chose d'aussi massif ? ! Je m'attendais, je ne sais pas, à un petit meuble style Old Philadelphia. Et en rentrant à la maison je me retrouve nez à nez avec Moby Dick.

– La vache ! dit Zack en caressant les finitions satinées. Ça fait une sacré quantité de bois. »

Leurs amis ne savaient tout simplement que dire du Béhémoth. Son échelle était impressionnante, seigneuriale, son isolement stoïque, bien loin des miroirs anciens, guéridons, lambrequins, glands de passementerie, des sauces riches et lourdes et des soubrettes guindées en tabliers. Il troublait ceux qui avaient toujours des vieilleries cachées, et bien cachées dans un coin, et qui commençaient tout juste à remplacer les meubles crasseux achetés après la thèse par des meubles de chez Crate & Barrel et Wanamakers. Le Béhémoth était un gros morceau d'histoire, trop consistant pour la position dans laquelle ils se trouvaient dans la vie : au labo en quête d'épiphanies invisibles. Quand ils auraient fait leurs découvertes, prouvé leurs théories, ils auraient peut-être envie d'un morceau d'histoire sous leur propre toit. Mais pour l'instant, c'était l'avenir qu'ils poursuivaient.

« Voyons les choses sous un autre angle, conclut Erich, la tête inclinée dans une posture philosophique, si jamais on se retrouve à la rue, on pourra enlever les tiroirs et vivre dans ce buffet. » À ces mots, Iris mimait à Erich de l'autre bout de la pièce : « Il faut bien vivre quelque part ! »

Au fond, Erich aimait le Béhémoth. Il trouvait les casiers à vin très chouettes. Et les colonnes classiques. Et il l'aimait parce que Iris l'aimait, parce qu'elle se montrait si enthousiaste au sujet de sa découverte, trouvait le buffet si approprié à l'endroit qu'ils habitaient.

Mais amener ce meuble à New York avait été une épreuve. Le divorce lui-même n'avait jamais été porté devant les juges. Erich avait tout couché par écrit dans une lettre envoyée de Tanzanie aux avocats. Il donnait à Iris tout ce qu'il lui était possible de céder. Tout sauf deux choses : son fauteuil club et le microscope ancien qui les avait rapprochés (cela consolait Iris qu'il veuille le garder). Sa famille avait été bouleversée et compatissante, néanmoins ils réduisirent les legs inclus dans le règlement du divorce et Iris – témoin impuissant dans un de ces cauchemars répétitifs et inextricables, ces rêves d'avant le réveil, en fin de nuit – les avait laissé faire. Elle s'était sentie toute drôle d'accepter une pension alimentaire alors qu'il n'y avait pas encore d'enfants. C'est ainsi que la procédure du divorce s'était déroulée dans un brouillard, flot de documents et de décrets. Iris se sentait vide, mais elle restait assise bien droite tout en signant, signant et signant encore. Erich était resté absent d'un bout à l'autre. Sauf dans la lettre qu'il lui avait envoyée. Elle disait : « Pardonne-moi. »

En épousant Erich, Iris savait qu'il n'était pas comme les autres. Un tombeur totalement fidèle. (Elle adorait ça.) Un homme cultivé, déchiré entre la littérature et la science à l'université – comme un naturaliste du XIXe siècle ! –, ce qui leur permettait d'avoir d'interminables discussions sur la poésie, l'art, et *Les Carnets de Léonard de Vinci* pour œuvre favorite (« le désir naturel des hommes de bien est la connaissance »). Cela aussi lui plaisait beaucoup. Et son sourire, fossettes d'un romantisme quasi mythologique – un sourire plein de chaleur qui donnait un sens au monde. Mais ses humeurs – qu'il appelait « études en brun » – apparaissaient cependant à Iris comme des expéditions vers l'intérieur des terres, des descentes dans la vallée des ombres. Ses airs vagues, qu'il appelait « réfléchir », « gagner sa vie » et « la science », mais qu'elle appelait « être ailleurs » et « absent de son corps ». Et la boisson, qu'elle avait prise pour une façon de décompresser, une habitude universitaire qu'il laisserait derrière lui avec le mariage. Cet homme que son corps épousait la nuit, os de la tempe pressé contre sa tempe, leurs bras comme des pieds de vigne, et les baisers vertigineux qui semblaient les retrancher dans l'obscurité – il pouvait se trouver à portée de main à une soirée et pourtant elle l'observait de loin. Quand il lui revenait des confins de ses profondes retraites, cette main sculptée cherchant la courbe de la tête d'Iris derrière l'oreille, un je-ne-sais-quoi brillait dans son regard, une lueur fugace qui ressemblait à la culpabilité, comme s'il savait qu'un jour il ne pourrait pas revenir. Et un jour il n'était pas revenu. Il avait fini par se retrouver littéralement effacé de la carte, et les pièces de la maison de Society Hill, vides elles aussi, leur contenu emballé dans un gros camion, sauf le Béhémoth, qui se dressait seul dans l'espace plein d'échos, les déménageurs l'ayant gardé pour la fin.

Le buffet refusa de monter les marches de la maison de ville de Gramercy Park. C'était une bâtisse en briques rouges construite en 1860 avec un escalier élancé aux virages en épingles à cheveux dont le plafond était inexplicablement bas sur le premier palier. Iris avait mesuré cet étage-là avec un mètre de couturière, mais elle n'avait jamais été douée en géométrie et elle n'avait pas compté les centimètres qui s'ajoutaient quand on inclinait le buffet en diagonale, ni prévu qu'il puisse se retrouver bloqué dans un espace grand comme une cabine téléphonique. Les déménageurs l'avaient ramené dans l'entrée de la maison de ville, où il était resté pendant cinq jours, à énerver Iris, car il avait l'apparence d'une extravagance démesurée et effrayante.

Cette masse de bois coincée dans une entrée étroite, une entrée qui appartenait à d'autres, c'était la goutte d'eau qui fait déborder le vase. Le meuble semblait narguer toutes les certitudes des sept dernières années. Iris restait impuissante face au buffet, frémissante d'angoisse, et désormais irrémédiablement redevable à ses propriétaires (qui se montraient en fait très décontractés face à cette situation). Elle avait honte d'elle-même. Elle s'y prenait mal. Elle s'y était toujours mal prise pour tout. Rien d'étonnant à ce qu'il n'ait pas pu l'aimer encore plus fort, plus fort, plus fort.

Le quatrième jour, hébétée de n'avoir rien mangé, entourée de cartons qu'elle était incapable de commencer à déballer, aussi coincée en haut que le Béhémoth l'était en bas, elle avait composé le premier numéro qu'elle avait trouvé dans les pages jaunes. Deux hommes étaient arrivés, respectivement grand et petit, laconique et volubile, confus et bizarre, manifestement louches mais à la hauteur de la tâche. Ils avaient décrété qu'il fallait démonter les montants latéraux à colonnes. Iris savait qu'elle n'aurait pas dû confier le buffet à ces mains douteuses. Mais comme elle en avait vraiment par-dessus la tête, elle régla l'avance de deux cents dollars et tandis que les deux hommes sortaient leurs tournevis et leurs maillets, elle les laissa maltraiter l'œuvre d'art seuls. Vingt-quatre heures plus tard, quand il fut remonté dans le nouveau salon d'Iris, le Béhémoth avait deux éraflures sur le côté gauche et une longue fissure. Tout cela, évidemment, sur la face apparente.

Une fois le Béhémoth installé dans le coin repas de l'appartement, Iris avait tâté ses meurtrissures et éprouvé du remord. Le buffet était majestueux sous ses trois mètres de hauteur sous plafond. Et seigneur, quelle capacité de rangement ! On aurait dit une maison – il était encore plus grand à l'intérieur qu'il n'y paraissait à l'extérieur. Pas plus tard qu'au printemps dernier, quand Justin Howard, nouveau décorateur sur la scène new-yorkaise et nouveau client, était passé chez elle confirmer sa première commande – un abat-jour en parapluie qu'il voulait décoré de rayures blanches et ivoire partant *en zigzag* (le genre de tour de force pour lequel Iris était réputée) – il s'était dirigé droit sur le Béhémoth.

« Mais *où donc* avez-vous trouvé ceci ? s'était-il écrié comme si on lui avait volé quelque chose sous le nez.

– Dans un entrepôt de Philadelphie. Vers 1986.

– Combien vous l'avez payé ? » C'était une question hasardeuse entre décorateurs, mais comme Iris n'était pas décoratrice, il pouvait le lui demander et elle pouvait répondre. Et de fait, elle savait que le chiffre allait lui donner le tournis.

« Oh, Iris ! avait-il dit, comme s'il avait le cœur brisé, vous pourriez en obtenir dix mille dollars aujourd'hui. Avec tous ces millionnaires qui inondent le marché… les jeunes meurent d'envie de posséder des meubles comme celui-ci. De bons gros comptes en banque pour aller avec leur bon gros ego. Une filiation instantanée. J'ai un jeune couple en ce moment, bourrés à craquer de fric, avec un loft de mille deux cents mètres carrés, deux David Salles affreux, et des meubles Art Déco tout beaux tout brillants dans leur chambre à coucher que j'ai enfin réussi à leur faire acheter, vous voyez, quand ils y sont allés de la formule consacrée : “Juste quelques bons meubles.” Dix mille dollars. Ils en donneraient vingt pour ce buffet.

– Même avec les éraflures ?

– Cela fait partie de sa personnalité. Inventez une histoire. Dites-leur que c'est un Biddle de la troisième génération. Ils en seront bleus. » Iris ne voyait pas au juste ce qu'il voulait dire par là.

« Justin, vous êtes terrible ! Sans parler de votre manque d'éthique. » Mais Iris adorait déjà Justin, qui haussait les épaules avec légèreté, complètement imperturbable. Il s'agissait d'une affinité aussi ancienne que les montagnes. Les personnes de goût s'uniraient toujours contre celles qui n'avaient que de l'argent.

C'était étrange, pourtant. Quand le Béhémoth était bloqué au rez-de-chaussée, elle était prête à le vendre pour un sou. Mais dans les années suivantes, malgré ses finances toujours sur la corde raide, elle ne fut pas du tout tentée. Pas parce que les plaisanteries avaient cessé depuis qu'elle habitait Manhattan. Même ici, les gens le trouvaient intimidant. Comme Mark. Le Béhémoth n'était pas le genre de meuble qui mettait à l'aise un homme avare. Ces pattes royales, cette patine brunie et cette rousseur de l'acajou – le buffet évoquait des moyens illimités, le plaisir d'acheter d'un magnat. Aussi Mark avait-il choisi d'en rire, il y faisait constamment référence comme au « sarcophage », ce qu'Iris était censée prendre pour une taquinerie.

C'était précisément un sentiment de ridicule qu'il voulait susciter chez Iris. Si elle était d'une certaine façon au-dessus de ses moyens, il voulait s'assurer qu'elle ait l'impression de vivre au-dessus de ses propres moyens, elle aussi, à s'accrocher à un objet trop vaste pour la vie qu'elle menait désormais. Il essayait d'égaliser. Et comme les femmes le font si souvent au début, elle avait fermé les yeux. Elle riait et passait à autre chose (en évitant de discuter des années à Philadelphie).

Mais rire d'elle-même ne suffisait pas. Mark donnait parfois l'impression d'être en concurrence avec elle, attitude qu'Iris ne comprenait pas. Et quand il avait un jour fait remarquer très joyeusement, sans le moindre nuage à l'horizon, que c'était « très prétentieux » de la part d'Iris d'avoir conservé le nom de Biddle, elle en était restée sans voix. Il s'était empressé de faire marche arrière en ajoutant « mais je *plaisante* » et « ce n'est pas à moi de juger ce que renferme un nom de famille ». Oui, avait pensé Iris, *pour qui tu te prends* ? Il avait adoré surenchérir sur le terme de Béhémoth avec un mot encore plus long, « sarcophage ». Il aimait cette évocation de cercueils de pierre et de monuments dédiés à soi-même. Il raillait Erich, jouait avec ce souvenir. Et il n'était rien comparé à Erich. Le Béhémoth n'était pas seulement un morceau d'histoire, c'était son histoire à elle. Elle refusait d'en rire. Il était trop important. Il contenait trop de choses. Elle l'avait laissé se fissurer. Comment pourrait-elle le laisser partir un jour ?

13

Ultimatum

Voilà, elle y était arrivée. Le lendemain de leur deuxième anniversaire, un dimanche matin de mai, Lana avait fait asseoir Sam. Les six mois s'étaient écoulés, six mois durant lesquels Lana avait espéré que Sam lui épargnerait ce moment en prenant lui-même l'initiative. En février, quand ils avaient passé trois jours dans une auberge rustique du Vermont – longues promenades sous les arbres squelettiques, scones tièdes devant un brasier rougeoyant, la vie ensemble dans une seule chambre comme mari et femme –, elle n'avait cessé de croire qu'il allait poser la question, *n'importe quelle question*. Mais il ne l'avait pas fait. En avril, quand ils avaient pris le train pour aller voir les Orioles de Baltimore disputer un match de base-ball – un après-midi à les acclamer, à boire de la bière et à manger des hamburgers – avant de rentrer tranquillement à la maison, elle s'était dit maintenant peut-être, là dans le train. Mais il ne l'avait pas fait. Cet imbécile était parfaitement satisfait de la situation actuelle, parfaitement insensible aux attentes de Lana (et, bien évidemment, il ne se doutait pas du drame qui couvait : le petit ballet onirique de Lana).

Aussi quand mai arriva, Lana s'était confrontée au moment de vérité si souvent qu'elle n'en pouvait plus. Voilà pourquoi elle s'était tant entraînée. C'était devenu inévitable. Se défiler ne serait pas seulement faire preuve de la pire lâcheté personnelle, cela pourrait commencer à affecter son attitude vis-à-vis de Sam. Elle ne voulait pas devenir une mégère qui lance des piques, qui fait comme si tout allait bien alors que ce n'est pas le cas. Elle n'allait pas lui reprocher de ne pas lui donner ce qu'elle n'avait pas demandé. Il était temps de demander.

Aussi l'avait-elle fait asseoir sur le confident orange. Elle avait tout arrangé pour qu'il se trouve chez elle, sur son terrain. Ils étaient allés voir la reprise d'une pièce de Pinter, puis avaient pris un dîner tardif au Film Center Café (un endroit à la Sam Spade que Sam adorait), ensuite ils avaient remonté la Neuvième Avenue jusqu'à son studio sur la 55e Rue. Elle avait nettoyé comme une furie, et posé un gros bouquet d'iris pourpres et de tulipes jaunes sur la table devant la baie vitrée. On ne les voyait pas vraiment de nuit, mais le matin, quand Lana était allée à pas de loup entrouvrir les rideaux de quelques centimètres – un simple entrebâillement, sur un quart de la largeur, pour qu'il règne une pénombre langoureuse –, la lumière était tombée sur les fleurs dans une explosion de joie visible du lit.

Une fois habillés et prêts pour sortir prendre le brunch, Lana l'avait fait asseoir. Il avait cette expression sur le visage qu'ont tous les hommes quand une femme annonce : « Il faut qu'on parle. » Un air de condamné qui signifie mais qu'est-ce-que-j'ai-fait ? Et comment-en-suis-je-arrivé-là ? Et y-a-t-il-une-issue-de-secours ? Tout à la fois. Lana procéda comme prévu, sans se préoccuper de savoir si elle avait l'air sentimentale, sans ruser pour épargner sa fierté, sans monter sur ses grands chevaux, rien qu'un aveu nu : « Je t'aime. C'est toi que je veux. Plus que tout autre chose au monde. Et je crois qu'il est temps pour nous d'aller plus loin et de vivre ensemble. »

Il eut l'air abasourdi.

Elle poursuivit : « Si tu ne peux pas aller plus loin avec moi, il faut que je le sache. Parce que j'ai envie qu'on vive ensemble, je veux toutes les choses dont les autres femmes ont envie, et si tu ne peux pas me donner ça, il faudra que je trouve quelqu'un qui le fasse.

– Mais personne, balbutia-t-il, ne vit ensemble à New York. » Entendre ça d'un homme de loi doué d'un esprit à la logique implacable !

Lana ne roula pas les yeux comme elle aurait voulu le faire. Au lieu de cela, elle garda le sourire et dit : « Beaucoup de gens vivent ensemble à New York.

– Je ne crois pas que je serais très doué pour vivre avec quelqu'un, dit-il, j'aime vivre seul. Je ne sais pas si Spiffy… – sa sale chatte ! – … saurait accepter quelqu'un d'autre.

– Elle le fait bien quand je dors chez toi », dit Lana. C'étaient des excuses d'écolier.

« Je ne sais pas. »

Il secouait la tête, mais ce qui était bizarre, c'est qu'il avait l'air heureux. Il n'y avait aucune mauvaise vibration dans l'air, aucun « non ». Il n'y avait qu'un sentiment d'épanouissement, comme si la vie venait de s'agrandir autour d'eux, et de les rapprocher.

« Tu n'es pas obligé de répondre maintenant, dit Lana, tu peux y réfléchir. Mais ne me fais pas attendre trop longtemps. »

Et ce fut tout. Le moment crucial avait eu lieu. Ils sortirent prendre leur brunch main dans la main. Ils se tenaient toujours la main dans la rue, mais ce jour-là, quand il la lui saisit, cela ressembla à un pacte – scellé par le soleil de mai et la brise tiède. Devant ses œufs bénédictines, il plissa les yeux en la regardant, comme s'il la jaugeait, la voyait sous un jour nouveau. Lana était tellement excitée d'avoir réussi à cracher le morceau, d'y être arrivée, qu'elle se sentait toute tremblante et ravie, comme si elle venait de courir le marathon. C'était un des grands moments de son existence, quelle que soit la réponse de Sam, même si au fond d'elle-même elle sentait qu'elle avait déjà gagné.

Ils firent une longue promenade dans Central Park, ses allées grises fermées aux voitures et pleines de promeneurs en rollers qui tissaient leur route, de cyclistes semblables à des torpilles humaines et de coureurs qui avançaient poussivement loin derrière. Lana et Sam parlèrent de choses et d'autres, mais pas de l'ultimatum. Ils laissèrent cette question en suspens entre eux, intacte. Et ils terminèrent ce dimanche comme n'importe quel autre, Sam rentra à son appartement et Lana retrouva le sien, car ils devaient tous deux se préparer au lundi ; ils se quittèrent sur une étreinte et sur un baiser devant le taxi, et Lana tendit ses lèvres pour un autre dernier baiser.

D'habitude, cependant, c'était Lana qui remontait vers le nord de la ville depuis chez Sam, la fin de leur week-end était marquée par la promenade vers l'ouest le long de la 12ᵉ Rue, six pâtés de maisons jusqu'au coin de la Sixième Avenue, où Sam la mettait dans un taxi. Lana en était venu à détester cette promenade – la promenade de la peur, comme elle l'appelait à part soi. Cela se passait toujours en fin d'après-midi, quand l'ennui ordinaire du dimanche se faisait soudain plus profond, comme une crise d'hypoglycémie, parce qu'il était temps que Lana rentre chez elle. Ils étaient revenus du brunch ou de leurs allées et venues dans le quartier – tournées des nouvelles boutiques, petites descentes dans Chinatown, flâneries dans les librairies. Sam s'affairait parfois avec un de ses appareils photo, s'efforçait d'enclencher une pellicule dans son cher vieux Leica, en coupant le film avec des ciseaux pour qu'il s'encastre dans la bobine (Lana entendait les couinements de souris suivis des soupirs de Sam). Parfois elle lisait, avachie sur son divan en cuir, ou restait les yeux rivés sur les stucs du plafond, où il lui arrivait de voir des silhouettes. Mais tandis que la petite aiguille approchait du quatre, Lana sentait venir le moment fatidique – « comme une araignée invisible », avait-elle raconté à Megan.

Il arrivait à Sam de la regarder et de dire : « Il se fait tard… » ou bien « J'ai une grosse journée demain » (et elle avait alors envie de répondre : « Mais moi aussi ! »). Parfois, Lana encaissait en silence, se levait en disant : « Je crois qu'il est temps que je rentre » (et Sam ne répondait jamais : « Oh ! reste encore un peu », parce que pour lui, ils passaient plein de temps ensemble). Ils sortaient et Lana se sentait devenir plus calme à mesure qu'ils approchaient du taxi. D'une certaine façon, cela annonçait toujours la fin – la coïncidence entre cette promenade vers l'ouest et le crépuscule du dimanche soir, qui correspondait à leur « au revoir ». C'était irrationnel. Un sentiment de perpétuité. Lana avait confiance en Sam, mais luttait contre la morosité sur cette étendue de trottoir. Et chose étrange, le temps de rentrer chez elle (seulement dix minutes à cahoter le long de la Sixième Avenue), elle allait mieux, contente d'avoir sa soirée à elle. En fait, c'était la séparation elle-même qui la bouleversait. Et aussi la peur, la peur que plus cela durait, plus difficile serait l'entreprise de secouer Sam pour aller plus loin.

Et cela n'arrangea rien à l'affaire de voir que durant les mois qui précédèrent mai, les femmes autour de Lana, famille et amies, avaient commencé à s'en mêler, comme si un signal d'alarme s'était déclenché. Lana n'avait soufflé mot de sa stratégie à personne, même pas à Megan, parce que comme d'habitude elle ne voulait pas d'yeux qui l'observent, qui attendent. Ni de commentaires. Ni de conseils. Mais ce n'est pas parce qu'on n'en veut pas qu'on n'en reçoit pas !

Livia : « Tu as trente-cinq ans, ma petite. Je sais que tu trouves que c'est le type le plus génial au monde, mais l'amour, c'est agir au bon moment, alors s'il est incapable de s'engager maintenant, peut-être qu'il n'est pas si génial que ça pour toi. »

Maman : « Chérie, n'attends pas trop longtemps. Nous avons envie de voir des petites Lana courir partout. Des petites espionnes. »

Deena : « Sam abuse de la situation, et on ne peut pas dire qu'il soit Matt Lauer ou quelqu'un dans le genre. À ta place, je le rendrais jaloux. Commence à sortir avec tout ce qui bouge. Ça l'obligera à se remettre en jeu. »

Fernanda : « Tu as des projets de mariage avec Sam ? Tu ne m'en as jamais parlé, je crois. »

Quant à Sylvie, Lana n'imaginait que trop bien ce qu'elle dirait : « Je n'arrive pas à croire que Sam n'ait pas envie de t'épouser. Tu es tellement géniale ! Tous les hommes devraient avoir envie de t'épouser. »

Megan : « À sa façon de te regarder… – Megan avait rencontré Sam à l'occasion d'une visite à New York – … il est évident qu'il t'adore. Ce n'est pas pour autant que tu ne vas pas être obligée de prendre les choses en main. »

Le conseil de Megan était le meilleur, comme d'habitude, parce que c'était le plus proche de la vérité (celui de Livia venait en deuxième position, mais il était trop déchirant pour qu'elle s'y tienne). Quant à Deena et à Fernanda, elles n'étaient pas des puits de sagesse s'agissant des hommes. Le conseil de Deena était fondamentalement insultant, mais c'était tout Deena.

Aussi, après ce dimanche de mai, Lana eut l'impression que la balle n'était plus dans son camp. Il ne lui restait plus qu'à attendre.

Et attendre encore. Car au bout d'un mois où Sam n'avait pas pipé mot sur ce sujet, Lana s'aperçut qu'elle était revenue à la case départ. Et cela ressemblait à tout sauf à une négociation réussie. En tout cas, elle n'avait aucune envie de remettre le sujet sur le tapis. C'était au tour de Sam. Son boulot. Maintenant elle était en rogne. Mais surtout elle commençait à ne plus y voir clair. Que se passait-il ?

Lana s'efforçait de rester calme, de garder son équilibre. Elle travaillait dur au bureau et sur ses articles. Le magazine trimestriel pour lequel elle écrivait sur la danse adora sa première critique, un succès très exaltant. Entre-temps il y avait eu une escarmouche autour de son essai sur saint Sébastien. La responsable des relations publiques au Philarmonic, comme Lana l'avait craint, l'avait descendu : « Je me fiche de ce qu'a dit Debussy, nous n'imprimerons pas le mot *pénétrer*. » N'ayant rien à perdre, Lana avait envoyé une copie de son article au jeune chef d'orchestre invité qui avait mis *Le Martyre* au programme, un Britannique plein d'avenir. Il avait trouvé que l'essai avait un certain punch et avait insisté pour qu'on en insère une photocopie dans chaque programme sans exception. Un triomphe rare dans l'univers lisse-et-aseptisé de la musique classique new-yorkaise. C'était aussi un petit coup de projecteur qui propulsait Lana sur la scène, surtout quand son essai fut cité dans la section musique du *Times* : « Des thèmes explorés de manière provocante par Lana Burton… » Lana et Sam avaient assisté à la dernière de l'opéra, Sam avait pressé le genou de sa « petite-amie provocante » puis ils étaient allés au Café Luxembourg prendre une collation festive. Lana s'était dit qu'il pourrait rendre l'occasion encore plus exceptionnelle en lui disant enfin oui. Mais non. La seule décision qu'ils aient prise était de dormir chez elle ce soir-là, c'était plus près.

Lana s'était dit qu'un mois correspondait tout à fait à ce qu'elle était prête à attendre. Mais le mois était révolu depuis trois semaines déjà. On était à présent à la mi-juillet, un mois étouffant, mort, et août approchait – les jours de canicule, comme sa mère disait toujours. Rapport à la polio et à la nécessité de ne pas se baigner.

L'absence de réponse était aussi une réponse.

Lana ne pouvait plus nier la possibilité que Sam, si heureux qu'il eût été ce jour de mai, n'ait pas le cran d'aller plus loin. Elle approchait de plus en plus de ce moment qu'elle avait tant répété – comme on se prépare à recevoir un vaccin – dans l'espoir que cela ne serait jamais : « La dignité simple d'un au revoir. » Elle se sentait triste pour Sam, quelle désolation d'être si proches et qu'il reste tout de même incapable de s'engager. Mais quant à elle, eh bien, elle ne parvenait pas à croire que leur histoire se termine déjà : cela creuserait un abîme en elle. Aussi revenait-elle à l'idée qu'il brouillait les cartes et à l'espoir qu'il leur restait encore une chance. D'un moment à l'autre, elle passait du noir à la lumière puis à l'obscurité, les larmes lui montaient aux yeux dans des endroits improbables, comme au Coliseum Books où ils s'étaient parlé pour la première fois, ou en longeant la vieille église près de Lincoln Center, où ils s'étaient embrassés à l'abri d'une pluie battante sous une arche gothique. S'imaginer sans lui, ne plus l'avoir, une rupture par cet été suffocant dans Manhattan, avec le bourdonnement de l'air conditionné comme commentaire sur sa vie sans amour…

Leurs tout derniers rendez-vous n'avaient pas été faciles, elle s'était efforcée de se montrer légère, dynamique et drôle alors qu'elle avait le cœur lourd, se sentait déprimée, vaincue. Ce soir, au moins, ils restaient à la maison, elle n'aurait donc pas besoin de paraître charmante au restaurant. Sam avait loué des cassettes et ils allaient commander un repas chinois. Lana resta plantée l'esprit ailleurs devant sa penderie à scruter ses vêtements. Elle était affreusement nerveuse, au bord des larmes. Quel était le sens de ces deux années, si elles devaient se terminer ainsi ? Pourquoi s'était-elle donné tant de mal pour être jolie ? Elle vérifia son apparence dans la glace – elle était jolie malgré tout, ses yeux bruns étaient grands et brillants, comme ceux d'une tuberculeuse ! *Très tragique*. De fait, la plupart des femmes seraient d'accord, c'est souvent quand votre moral est au plus bas que votre look est au top. Comment cela se fait-il ?

D'habitude, Lana se dépêchait d'aller chez Sam le samedi soir. Maintenant, comme un 45 tours qui tourne à la vitesse d'un 33 tours, elle se déplaçait au ralenti, ses réactions étaient un peu somnolentes. Elle alla dans la salle de bains, s'aspergea le visage d'eau froide. Elle inspira un grand coup devant le miroir de la salle de bains et se redressa – « Il faut que tu sois gaie pour ton dernier soir. Tu ne veux pas qu'il garde le souvenir d'une Lana en train de pleurer comme un veau », ce qui acheva de la démolir, et la fit pleurer pour de bon. Nouvelles ablutions, puis elle enfila un chemisier blanc tout frais sur un caleçon en coton, bleu pervenche, et des sandales en cuir neuves que Sam n'avait jamais vues – elles mettraient en valeur les chevilles fines qu'il allait bientôt perdre.

Tout avait un goût de dernière fois ce soir. Lana avait l'habitude de prendre le métro, mais comme elle n'avait pas envie d'arriver défraîchie par la chaleur, elle prit un taxi, et ne s'assit pas à droite du siège arrière mais solennellement au milieu. Debout devant la porte de Sam, elle l'écouta passer l'aspirateur à la dernière minute comme toujours, rugissement familier qu'elle avait toujours trouvé si adorable. Elle le laissa terminer avant de sonner. Ils commandèrent leur repas habituel : poulet aux pignons pour Sam, *moo goo gaï* sauté pour Lana. Il avait loué *La Horde sauvage* et *Les Enchaînés*. Excellent choix, pensa-t-elle, l'un sur la fin d'une époque, l'autre un drame romantique à vous tirer les larmes des yeux.

« Regardons *Les Enchaînés* ! », dit Lana. Cela lui ferait de nombreuses et longues nuits à pleurer sur Ingrid Bergman et Cary Grant.

Sam remarqua qu'elle n'était pas aussi pétillante qu'à l'accoutumée.

« Ça va ? » demanda-t-il.

Était-il vraiment si stupide ? Mais ce n'était pas encore le bon moment. Elle ne pouvait pas encore parler.

« Je crois que je suis fatiguée », dit-elle.

Alors il lui massa les pieds pendant une bonne demi-heure. Et au lit ce soir-là, il faisait presque froid dans la chambre, car l'air conditionné était réglé sur le maximum, il lui caressa le front, ce qui ne manquait jamais de la bercer et provoquait de longs baisers langoureux, puis à un jeu de ficelles sous les draps, le corps de Sam, liane pleine d'ardeur, noué au sien, et à l'idée de le perdre, lui et tout cela, une larme brûlante lui glissa du coin de l'œil vers l'oreille.

Le brunch du dimanche – dans le café où ils s'étaient donné leur premier rendez-vous, celui où ils ne manquaient jamais d'aller quand elle dormait chez lui – fut littéralement difficile à avaler. Tout dans la description du cliché du cœur brisé est juste, songea Lana, même quand on vieillit.

Il faisait vraiment trop chaud pour entreprendre quoi que ce soit d'ambitieux, aussi retournèrent-ils chez Sam après le brunch. De toute façon, on jouait un film noir que Sam avait envie de voir. Le plus long film au monde, du moins pour Lana.

« Les feutres à larges bords et les ombres portées y étaient, commenta Lana.

– Mais le film n'arrive jamais à son dénouement », ajouta Sam en finissant la phrase de Lana. Ils faisaient toujours cela. « Mais comme on l'a regardé jusqu'ici, on peut aussi bien attendre la fin.

– *S'il* y a une fin. » Mais plus le film se prolongeait, plus cela laissait de temps à Lana.

Puis il fut dix-sept heures et ils se retrouvèrent dans l'ascenseur qui descendait vers la promenade de la peur. Ils sortirent dans la rue estivale. Et revoilà ce trottoir qui s'étendait devant elle. Lana ne tint même pas jusqu'au bout du pâté de maisons.

« Je ne peux pas », dit-elle en s'arrêtant, et bien sûr son nez fut instantanément bouché et ses yeux pleins de larmes. Les hautes maisons de ville se dressaient, témoins muets. Sam eut l'air inquiet.

« Qu'est-ce qui ne va pas ? » demanda-t-il.

Elle contempla ses yeux bleu ardoise qu'elle aimait tant et pensa : sommes-nous si proches que ça si tu dois me poser cette question ?

« Je n'en peux plus de ce trajet... Je le hais. Je croyais que tu étais heureux le matin où nous avons discuté, mais tu n'en as plus parlé depuis. » Les larmes tombèrent de ses cils. « Si tu ne veux pas qu'on s'installe ensemble, il faut que tu le dises », puis elle se tut pour contrôler son menton agité d'un tremblement enfantin, en vain, et s'écria : « *Pour que je puisse avancer !* »

Ensuite elle renifla. Adieu, dignité simple. Lana ne se souvenait pas d'avoir été si vulnérable. Mais elle ne pouvait plus s'arrêter de regarder Sam à travers ses larmes et Dieu, qu'il avait l'air désolé !

« Je veux vivre avec toi », dit-il très vite, comme s'il essayait de marcher devant un objet en mouvement, pour l'empêcher de s'éloigner. « On va s'installer ensemble. » Il la regardait bien en face, sans lâcher ses yeux du regard, pour la rassurer. « On va commencer tout de suite. Le journal est en haut. »

Et il lui fit tourner les talons, la reconduisit dans l'ascenseur pour remonter à l'appartement, il ne dit plus rien et elle non plus, elle en était incapable. Il avait passé son bras autour de ses épaules et ne cessait de la serrer contre lui – c'était sa façon à lui de dire « ne pleure pas, je suis désolé, je t'aime ». Les larmes continuaient de couler sans bruit, Lana n'arrivait vraiment pas à les arrêter. Mais l'heure était à ce calme étrange et silencieux que l'on ressent quand une peur tenace s'éloigne. Il avait réussi à dire oui. Ils revivraient ce moment plus tard, pas ce soir, mais dans quelques jours ou dans quelques semaines, ils entendraient le point de vue de Sam, les raisons qui l'avaient poussé à attendre, ce qu'il avait pensé. C'était bien lui, lent à la détente, mais capable de passer la vitesse supérieure. Ils s'enlacèrent impétueusement juste avant que la porte de l'ascenseur ne s'ouvre – puis ils longèrent le couloir jusqu'à sa porte. Lana se dit qu'elle était peut-être capable de parler.

« Septembre ? demanda-t-elle.

– Septembre », acquiesça-t-il.

14

Le sapin

Iris décorait son sapin de Noël. Il était superbe cette année – plus de deux mètres, élégant, des branches très aérées. Elle le trouvait renversant tel qu'en lui-même : nu dans son salon. Elle adorait la façon dont les branches se dressaient en silhouette, leurs aiguilles d'un vert bleuté peignant le ciel d'un bleu pâle derrière la fenêtre. Elle fut tentée de préserver la nudité du sapin, de le laisser être cette créature venue d'ailleurs, fragment de forêt nordique. Mais deux grosses boîtes l'appelaient depuis l'étagère du placard. Chaque année au moment d'en soulever les couvercles, Iris découvrait si elle avait bien ou mal emballé les décorations l'année précédente. L'an dernier, elle s'était montrée méticuleuse.

On était en début de soirée. Iris s'était excusée auprès des amis avec qui elle devait dîner. Le sapin était un de ses rituels et il ne souffrait pas d'être expédié. Avant de pouvoir commencer, il fallait ranger le salon. L'ordre, selon Iris, engendre l'ordre. Elle mettait toujours de la musique, *Casse-Noisette* le plus souvent – qui semblait bénir cette occasion. Puis elle se servait un bon verre de vin rouge. Voilà, elle pouvait commencer. D'abord – la tâche la plus fastidieuse –, il fallait disposer les lumières, en spirale descendante. Puis les guirlandes. Enfin, les décorations.

Iris était toujours choquée du manque d'inspiration de la plupart des sapins de Noël. Combien de fois avait-elle été invitée à prendre un thé ou un apéritif à Noël avec cet argument incitatif : « Comme ça tu verras notre sapin de Noël ! » On en déduisait que le sapin valait le détour. Mais Dieu qu'elle en avait vu des sapins invraisemblables ! Il y avait les sapins buissons, touffus et informes, où les décorations sont logées comme des détritus que le vent a accrochés à une haie. Le sapin étouffant dont chaque centimètre carré est couvert de décorations, anciennes, nouvelles, empruntées, bleues, plus les babioles style pâte à sel fabriquées, très certainement, à la maternelle (l'art scolaire, les œuvres des neveux envoyées à Iris par sa sœur, était déposé dans des couronnes sur la cheminée, à bonne distance de l'arbre de Noël). Iris se souvenait d'un sapin incroyable conçu par un voisin, rien que des lampions rouges et des guirlandes – une version tout feu, tout flamme du cousin dans la famille Adams. « Quel éclat ! » s'était exclamé Iris avec un enthousiasme un peu forcé. Quant aux sapins de décorateurs, eh bien c'étaient souvent les pires : Iris se rappelait l'année du nœud magenta, l'année de la pomme de pin dorée à la feuille de bronze. « Très astucieux ! » disait-elle toujours au fier propriétaire du sapin.

Iris adorait l'instant où elle soulevait le couvercle de sa propre boîte de décorations. Elle n'avait jamais été une collectionneuse. Enfant, elle avait amassé deux étagères pleines de babioles équestres – statuettes et livres favoris – parce que c'est ce que font les petites fans de chevaux, mais elle voyait bien que les collections de ses amies étaient motivées par un zèle qui manquait à la sienne. Elle avait fini par apprendre qu'elle préférait un seul objet parfait à des séries de choses similaires. Pourtant, Iris collectionnait bel et bien les décorations de Noël. Cela avait commencé au moment de son mariage avec Erich. Leur salon de Society Hill avait de si hauts plafonds qu'il leur fallait un sapin immense, et quoi de plus chic sur un sapin de plus de trois mètres que ces formes biologiques hypertrophiées fabriquées dans les années cinquante ? Elles n'étaient plus en vogue, donc encore bon marché, et c'était un thème cohérent, puisque Erich était un scientifique. Elle avait dévalisé les rayons de Philadelphie pour trouver ces décorations qui donnaient l'impression d'avoir été conçues par Kandinsky – ou George Jetson –, des décorations aux formes d'oignons et de paramécies aussi grosses que d'énormes verres à cognac. Mais pour leur troisième Noël, leur sapin avait été le clou du spectacle – il ne ressemblait à aucun autre – et la soirée de Noël des Biddle fut l'événement du Département.

Plusieurs jours avant la fête, Erich observait les décorations depuis son fauteuil club en buvant scotch sur scotch, il regardait Iris monter et descendre sur son escabeau en dévidant guirlande sur guirlande, et il l'écoutait raconter comment son père avait fait de Noël une occasion très spéciale, que c'était lui, avec ses enfants pour partenaires, qui supervisait le choix du sapin, chacun d'eux occupait une section de la pépinière, cinquante mètres carrés couverts de neige qui crissait, et présentait ses finalistes, puis le comité de décision retenait le meilleur. Iris se souvenait de ses galopades à travers ces rangées arctiques de sapins aux branches inclinées et au clocher pointu pour retrouver son père et ses sœurs dans ce dédale, puis des débats sur la hauteur et la forme et la droiture pendant qu'il tirait un arbre après l'autre de sa main gantée au soleil givré, et tout le monde soufflait une vapeur blanche de glacière. Puis venait la décoration du sapin qui amenait sa propre cohorte de débats (on prend l'étoile ou la flèche pour le faîte ?). Le matin de Noël, il y avait quatre cadeaux pour chaque enfant, chacun choisi conjointement par leur père et leur mère. Iris se les rappelait encore. Ce gros livre de contes de fées. Sa première selle (oh, cette odeur de cuir !). Les boucles d'oreilles lac d'amour en saphir. Et en première année de faculté, ces superbes bottines Yves Saint Laurent. Iris ne pouvait pas trop entrer dans les détails sinon Erich risquait de se sentir comparé à son père et aurait le sentiment de ne pas être à la hauteur – assis là avec ses verres d'alcool *on the rocks*, à suggérer « un peu à gauche » ou « plus haut », et les glaçons qui tintaient quand il désignait l'endroit. Non, Iris n'avait jamais rencontré d'homme aussi généreux que son père. À leur sixième Noël, Erich lisait pendant qu'elle travaillait au sapin, il levait à peine les yeux, acquiesçait vaguement de temps à autre. Elle s'efforçait de redonner quelque intérêt aux festivités en lui préparant un vin chaud exotique, en servant du caviar ou en ouvrant des bouteilles de champagne, mais à ses yeux ce sapin de noël, c'était du réchauffé. Elle avait cessé de raconter ses histoires du haut de son escabeau. Elle avait cessé d'utiliser le mot « père ».

En quittant Philadelphie, Iris avait emporté les décorations de Noël, même si elle se doutait qu'elle n'aurait plus trois mètres cinquante de hauteur sous plafond à New York. D'ailleurs, elle s'était mise à collectionner les guirlandes victoriennes, sphères et bogues en verre soufflé, certaines rayées comme du sucre candi, enfilées sur des ficelles lubrifiées à la cire. Elles étaient presque impossibles à trouver, et devenaient très chères, mais elles étaient si jolies, elles avaient tant de personnalité ! Iris appréciait tout particulièrement les guirlandes dont la pellicule dorée ou les fils d'argent s'effritaient comme du sucre glace, découvrant une finesse presque vénitienne. Lors de ses premiers mois de décembre seule à New York, elle avait passé des dimanches après-midi entiers à renfiler des guirlandes en s'extasiant sur la finesse du verre, fragile état intermédiaire entre le givre et la glace. Elle s'étonnait des décennies que ces bulles scintillantes avaient traversées

– dans des caves, des greniers – et quand elle en brisait une par mégarde, elle éprouvait la fêlure fugace de la perte.

À regret, elle abandonnait son sapin pour quelques jours, car elle passait à nouveau les fêtes en famille à Barrington, Illinois, où elle arrivait dans les limbes solitaires de celle qui appartient au cercle familial tout en y restant une étrangère. Chaque année, en franchissant les portes coulissantes de l'aéroport de O'Hare dans le froid venteux de Chicago, une gifle glacée lui rappelait qu'elle était de retour (à New York, on oubliait à quel point il faisait froid en réalité). Chaque année, tandis que la voiture s'engageait sur la Kennedy Expressway vers le nord-ouest (autrefois, sa maman venait la chercher, mais à présent elle avait recours à la location de limousines), les immeubles de bureaux construits durant son adolescence, immenses bâtiments tout neufs à l'époque, semblaient plus petits, comme si le vaste ciel du Midwest les écrasait de tout son poids. Pénétrer dans la maison par la porte de derrière dont les marches du seuil s'affaissaient – une maison trop grande depuis que les cinq enfants l'avaient quittée, et d'autant que leur mère ne s'était jamais remariée – était toujours étrange, décalé. Avant même qu'Iris ait pu poser son sac, sa mère était devant le Frigidaire, impatiente de réchauffer des restes dans de nouvelles casseroles tout droit sorties du catalogue de la bonne ménagère, mais Iris n'avait qu'une envie : une tasse de café bien chaud et du temps pour regarder ce qui était comme avant et ce qui avait changé.

D'ordinaire, il y avait moins de nouveautés que l'année précédente. Lasse des choses matérielles et sensible à l'air du temps, maman avait réorganisé ces festivités en quelque chose de plus décontracté, de moins exigeant et de plus pratique. Elle ne mettait plus d'ampoules rouges et vertes aux éclairages extérieurs, tradition associée à son père. Il fallait la cajoler pour obtenir qu'elle vienne à l'office de vingt-trois heures le soir de Noël (pourtant elle était toujours contente une fois qu'ils y étaient). Et le sapin de Noël artificiel qui avait fait son apparition dans le foyer : tout simplement un coup porté au bon goût, surtout quand Iris avait vu sa mère le décorer avec des pommes en papier mâché achetées au bazar du coin. « Oh, *s'il te plaît*, Iris, laisse ce sapin tranquille ! avait dit sa mère d'un ton plaintif. C'est trop de tracas de monter cette vieille boîte du sous-sol. Et puis je trouve ces pommes adorables. »

L'atmosphère de la maison sonnait faux jusqu'à ce que le premier de ses frères et sœurs y revienne avec son épouse, son enfant ou son chien. Alors Iris était noyée dans le bruit, la kyrielle sans fin des projets, qui irait ici ou là en voiture, qui voulait du café de chez Dunkin'Donuts, quel était le programme pour le jour de Noël, emmènerait-on les enfants au bowling le lendemain ? Etc. À ce stade, Iris (Tata Iris pour les enfants) se retrouvait embarquée dans la promenade en voiture, la ronde des potins et des fous rires, ou invitée à passer la nuit chez l'une de ses sœurs, la suivante chez une autre – chacune d'entre elles, se prenant pour la meilleure des hôtesses, voulait qu'Iris le lui confirme – et le téléphone que l'on faisait tourner pour que chacun souhaite « Joyeux Noël ! » à la sœur numéro quatre restée dans le Minnesota, enfouie sous la neige avec un mari, trois enfants et un colley qui jouait les chiens de berger avec tout le monde. Et à chaque année son drame : les rebondissements de la relation de son frère avec sa petite amie un peu dingue ; leur mère qui refusait de faire de l'exercice (Oh, les enfants, vous ne pouvez pas le faire pour moi ?) ; le jeu de l'amour qui s'achevait en scandale quand l'une des sœurs mettait la clé sous la porte pour la troisième fois de suite. Iris s'accordait de petites escapades et comme elle était l'aînée, et célibataire, personne ne disait rien. Pendant une partie de Monopoly qui durait tout l'après-midi (un jeu fastidieux où l'on gagne tout bêtement par chance et auquel Iris refusait de jouer), sachant que sa mère n'y verrait aucun inconvénient, elle était partie à la recherche de la vieille boîte de Noël dans le sous-sol. Elle l'avait trouvée sur une étagère couverte de poussière granuleuse dans le local à chaudière et avait pris la décoration qu'elle chérissait enfant.

Il fallait la déballer avec précaution. C'était une nativité sertie dans une coquille d'œuf : la mère, le père et l'enfant en fil de rotin flottaient sur un minuscule nuage en fibre de verre. La couleur de l'œuf était d'un vert très pâle – la teinte du paradis sur terre, dans l'imagination d'Iris. Elle se rappelait le jour où ses parents l'avaient ramené de Chicago, ils l'avaient sans doute trouvé chez Marshall Field dans le quartier du Loop. Ils ramenaient toujours des objets magnifiques de chez Field. Elle avait été enchantée par cet œuf, par son contenu magique, création dans la création, et déjà à l'époque elle avait déclaré : « Cet œuf m'appartiendra un jour. » À Noël, elle devait avoir treize ans, elle avait déballé l'œuf, l'avait levé bien haut et en se trouvant très spirituelle avait demandé : « Eh, papa, qui est venu d'abord, l'œuf ou le chrétien ? » Il avait trouvé cela spirituel lui aussi, elle l'avait deviné à la lueur qui avait palpité dans son regard, et à cet infime tressaillement aux commissures de ses lèvres, ce mouvement qu'il esquissait avant qu'un grand sourire ne les étire, et il lui avait donné la réplique : « Puisque tu es capable de faire cette plaisanterie, donne-moi *ton* avis sur la question. » C'est ainsi qu'à l'âge de trente-cinq ans, alors que personne ne regardait ni ne s'en souciait probablement, car trois générations étaient distraites par les cartes Chance et la case Parc gratuit du Monopoly, Iris avait mis cette décoration dans sa valise.

Le chrétien ou l'œuf. Oui, c'était *très* spirituel, et son cœur était endolori par une nuance de gris qui ne voilait pas la pièce jusqu'alors.

À la fin d'un jour de Noël comme les autres – Iris était revenue à la maison, de son premier hiver à New York –, Iris, ses sœurs et leur jeune frère furent réunis dans le salon familial pour « parler des choses de la vie » et avaient appris la maladie de leur père. Une semaine plus tard, Iris avait regardé ses parents accueillir leurs meilleurs amis pour le réveillon de nouvel an, une de ces soirées élégantes et intimes qu'ils savaient si bien organiser. Sur le coup de minuit, Iris était seule dans la cuisine, elle essuyait des verres en cristal à la lumière du plan de travail, le dos plongé dans l'obscurité. Elle avait entendu les acclamations de la nouvelle année provenant de la salle à manger, clameurs et inflexions rassurantes d'amis de toujours. Puis son père avait fait son apparition dans la cuisine. Si souriant, vigoureux et bel homme, sa maturité grisonnante si soignée dans son smoking – c'était elle qu'il cherchait, sa fille aînée. Il était venu à elle, bras ouverts, et sans un mot ils s'étaient enlacés. Il l'avait simplement enveloppée dans ses bras et dans sa veste noire ajustée, une étreinte qui signifiait : je t'aime, je suis fier de toi, pour toujours. Un long moment, toute leur existence de père et de fille ainsi rassemblée, le cœur d'Iris allait éclater tant elle s'efforçait de se montrer courageuse et de ne pas s'effondrer. Puis il était retourné à la fête. Tant d'années après, Iris se sentait encore sous l'emprise de ce souvenir. Son père tout proche dans l'obscurité. Sa grâce. Le début de son au revoir.

« Où es-tu ? » demanda Iris à voix basse, puis elle secoua la tête.

Elle se dirigea vers la fenêtre et la souleva, laissant le froid de Manhattan venir à la rencontre du sapin tiède. Encore de la musique ! se dit-elle, et elle mit son CD des arias de Mozart, cadeau récent d'une de ses sœurs. Iris fit quelques pas en arrière, but une gorgée de vin rouge et examina l'arbre de Noël, scintillant comme une dame habillée pour l'opéra. À cet instant, Elisabeth Soderstorm se lança dans « *Porgi amor* » d'une voix semblable à l'argent ancien, assez proche des guirlandes qui frémissaient sur le sapin. Iris fit coulisser la fenêtre de la maison de ville de quelques centimètres vers le bas.

Il lui restait la dernière série de décorations à déballer, sa collection la plus récente, un choix qu'elle ne parvenait pas vraiment à s'expliquer à elle-même : les oiseaux en verre soufflé. Elle les gardait dans une boîte à biscottes en étain, chaque oiseau emballé dans du papier de soie blanc. Le premier d'entre eux avait été acheté par accident, il faisait partie d'une série de quatre décorations dans un petit coffret qu'elle avait acheté pendant un week-end à Newport. Le vendeur lui avait dit que l'oiseau était la décoration la plus ancienne du coffret et qu'il s'agissait vraiment de la meilleure pièce du lot. Aux yeux d'Iris, il ressemblait à un sous-marin assez grossier d'un rose argenté avec un trou à la place de la queue, une petite ligne ondulée pour la tête et le bec, et deux petits paquets de guirlandes à franges en lieu et place d'ailes. Une fois rentrée à la maison, cependant, plus elle avait regardé l'oiseau, plus elle avait été frappée par son élégance. Bientôt, Iris n'avait plus acheté que des oiseaux. C'était logique, après tout, d'avoir un arbre de noël rempli d'oiseaux. Elle en avait trouvé avec des queues de paon en fibres de verre et, en guise de pattes, des pinces métalliques qui leur permettaient de tenir sur les branches comme s'ils venaient de s'y poser. Elle avait trouvé des cygnes royaux d'un vert opalisé avec une huppe à trois pointes, et des paons couleur diamant, huppés eux aussi (le nom de jeune fille de sa mère, en hongrois, signifiait paon). Tandis qu'elle déballait chaque oiseau, elle l'évaluait à nouveau, se disant : celui-ci est plus joli que je ne le pensais, ou celui-là semble trop fantaisiste maintenant, je vais le laisser de côté. Les oiseaux qu'elle préférait avaient des formes abstraites comme le premier, aussi stylisés que des hiéroglyphes, ils flottaient dans des entrelacs de guirlandes qui pouvaient figurer soit les ailes soit le nid, comme si les deux pouvaient ne faire qu'un. Était-ce possible ? La vie n'imposait-elle pas un choix entre le nid et l'envol ? Était-elle terrée au nid ? Ou en plein vol ?

Iris se força à commencer à placer les oiseaux, mais même avec la musique dont elle avait monté le volume, la pièce restait figée. Ses oiseaux ne lui donnaient pas des ailes comme l'année précédente. Même en montant sur l'escabeau avec son premier oiseau chéri, elle se dit : « Je suis comme vous, coincée au milieu de vieilles guirlandes », puis elle fut obligée de sourire d'une telle morosité. La musique s'arrêta, laissant Iris complètement seule sur l'escabeau. Elle tendit la main vers une branche parfaite, et au moment où elle se penchait pour y déposer l'oiseau, l'odeur de baume traversa des décennies enneigées, un parfum qui renfermait l'hiver du Midwest, le réveillon de Noël, et le sommeil habité des rêves du lendemain matin – et l'ensemble des lumières colorées du sapin rétrécit en étoiles minuscules, puis se brouilla. Iris sentit les larmes sur ses joues, elle qui ne pleurait jamais.

Cet œuf m'appartiendra un jour.

Ce « un jour » l'appelait. Et elle ne savait vraiment pas comment y répondre.

15

Rang J

Lana parcourut des yeux la longue rangée jusqu'à son fauteuil de presse, J-128, juste au milieu. Fernanda y était déjà assise, tête rejetée en arrière dans cet angle agressif et inquisiteur si familier. Il était 19 h 56 et Lana devait aller de l'avant, des gens attendaient, impatients, derrière elle. Elle sentait son cœur battre la chamade dans sa poitrine. Tu ne dois pas fuir, décréta-t-elle en son for intérieur, alors que sa consternation se transformait en panique. Oh, pourquoi fallait-il qu'elles soient assises côte à côte ?

Elles ne s'étaient pas parlé depuis deux semaines. Pas depuis ce fameux soir, le dimanche soir où Lana était rentrée chez elle après un week-end avec Megan.

L'idée était venue de Megan, une décision prise sous l'impulsion du moment : se retrouver pour ce premier week-end si morne après le nouvel an – là-haut dans les neiges du Berkshire, à mi-chemin entre Boston et New York. Ce fut amusant, rien qu'elles deux à fureter dans les petites boutiques, à boire des cappuccinos l'après-midi, à disséquer les vacances de Noël : les éternels beaux-parents de Megan, le premier sapin de Lana et Sam, Livia qui devenait très prétentieuse à Kenilworth. Et elles avaient beaucoup parlé de Fernanda, quelle ironie ! Tout revenait à une lutte émotionnelle pour elle, et Lana, bien que lasse de ce *Sturm und Drang*, admirait le courage avec lequel Fernanda livrait ses batailles et la façon dont elle faisait face aux becs de vautour façon Bosch de ses propres démons. Peut-être Lana s'était-elle montrée trop fière de son rôle d'ange gardien. Car, du jour au lendemain, elle était un ange déchu.

Lana était rentrée du Massachusetts vers dix-sept heures le dimanche après-midi. Sam et elle louaient désormais un adorable appartement d'avant-guerre en bas de la Cinquième Avenue à hauteur de la 11e Rue (finie la promenade de la peur), mais elle n'aimait toujours pas cette heure-là, le week-end qui filait comme les derniers grains de sable dans un sablier, la semaine de travail à venir qui se dressait lentement comme un énorme iceberg. Spiffy, la chatte de Sam, fit le gros dos contre sa cheville quand Lana laissa glisser son sac sur le sol, et l'animal se mit à le renifler. Où était Sam ? Lana le trouva en train de faire un somme dans la chambre à coucher qui s'assombrissait. Elle alla se nicher contre lui – il lui donna un baiser ensommeillé – et se sentit heureuse et triste à la fois, heureuse d'avoir Sam et triste parce que, eh bien, elle s'était toujours sentie toute petite le dimanche.

Mais la sieste eut un effet émoussant sur la tristesse, et sembla étirer la transition tout velours entre le jour et la nuit. Quand Sam s'était réveillé, ils n'avaient pas fait l'amour, ils s'étaient contenté de bavarder à voix basse, la tête de Lana sur son épaule, et ils avaient décidé de préparer des spaghettis pour dîner. Quand ils firent le tour de l'appartement pour allumer les lumières, il devint festif, douillet et mordoré. Après dîner, Sam alla dans son bureau pour y faire Dieu sait quoi (avoir un bureau avait été son unique condition à ce qu'ils emménagent ensemble), et Lana s'installa pour regarder *Masterpiece Theatre*. C'est alors que survint le coup de téléphone.

Il était environ vingt et une heures trente et la voix de Fernanda s'envolait dans les aigus, avec cette note métallique qu'elle pouvait prendre quand elle était mécontente.

« J'étais au ballet aujourd'hui, dit-elle d'une voix cassante, et René m'a montré ton article dans *The Atlantic*, j'ai toujours trouvé bizarre que tu ne me l'aies pas montré *toi-même* pendant tout le mois de décembre. Maintenant je vois pourquoi. »

Adieu, doux giron de la chaîne PBS et de l'Angleterre d'Édouard VII. Il était loin, le salon qui l'entourait.

« Ce *long article*. »

La bouche de Lana devint toute sèche.

« Et toi qui m'avais dit qu'il ne s'agissait que de quelques centaines de mots. »

C'était vrai. Lana avait réduit la portée de l'article et, d'accord, sa longueur, à ce qu'elle avait écrit au moment où elles en avaient parlé, oui, elle avait menti (« l'entourloupe à la vérité » de son père lui faisait tinter les oreilles). Elle avait craint d'avouer à Fernanda que c'était un article important, elle avait craint pour leur amitié, parce qu'elle savait que Fernanda lui tiendrait rigueur d'être celle qui avait décroché la commande prestigieuse. Tout allait bien tant que Lana restait en deuxième position. Lana était la fille très sensée. Elle ne faisait pas d'ombre à ses aînées, ou, ainsi que Fernanda le pensait sans doute, à ses supérieures. À présent, Lana comprenait qu'elle n'avait fait que repousser l'inévitable. Dans sa tentative de paraître rationnelle vis-à-vis des sentiments de Fernanda, elle s'était montrée cachottière. Elle aurait dû dire toute la vérité.

Mais pourquoi aurait-elle dû écrire cet article sous un voile d'opprobre ? Et depuis quand devait-elle rendre des comptes à Fernanda ou à quiconque ? Lana n'avait épargné ni son temps ni sa peine ces dernières années, et elle avait du talent elle aussi. Il se trouvait simplement que son talent était plus facilement apprécié que celui de Fernanda. C'était une des réalités de New York auxquelles on s'initiait au fil des mois : ce ne sont pas toujours les plus doués qui l'emportent. Ils sont parfois trop complexes pour le marché, ou trop tendres ; ou leurs talents ne sont pas mis en valeur de façon adéquate, ou mal maîtrisés. Fernanda avait eu son lot de chances durant ses premières années à New York. Et elle s'était saboté dans le plus pur style Fernanda, en se lançant dans d'interminables polémiques qu'elle n'aurait pas publiées dans sa propre revue. Maintenant, c'était au tour de Lana de saisir sa chance.

« Mais ce n'est rien comparé à la *trahison majeure*, poursuivit Fernanda. Venant de toi, Lana, toi entre tous.

– *Mais qu'est-ce que j'ai fait* ? » s'écria Lana sans pouvoir s'empêcher d'avoir l'air sur la défensive. On ne gagne jamais, jamais, sur le mode défensif, on semble faible, c'est tout, et Dieu qu'elle semblait faible à cet instant précis ! Flairant la peur, Fernanda bondit sur sa proie.

« Tu as volé mon idée. Tu as utilisé mon idée – tu *m'as* utilisée ! Tu m'as volé mon idée et tu l'as vendue pour de *l'argent*. » Elle donna au mot argent la résonance du péché. Lana eut un spasme dû à l'adrénaline. Elle tremblait.

« Quoi ? ? ? fut tout ce qu'elle trouva à dire.

– *Plagiat* ! » Le mot transperça Lana, un mot qu'elle n'aurait jamais imaginé appliqué à elle-même. « Tu sais de quelle formule je parle, tonna Fernanda, celle sur *Casse-Noisette* comme psychodrame de Noël.

– Fernanda, plaida Lana, je sais que c'est toi qui as parlé de psychodrame, mais dans mon article, je cherche *de quel type* de psychodrame il s'agit. J'ai développé l'idée. Ce que tu n'as jamais fait. C'est moi qui suis allée voir dans les journaux et lettres de Tchaïkovski. Et j'ai…

– C'était ma formule et tu me l'as prise. »

Une formule ? Ce n'était même pas une formule, c'était une remarque, une des considérations qu'elle lâchait en passant (« Oh, encore un psychodrame à la Tchaïkovski ! »). Lana avait menti sur la longueur de l'article, mais elle n'avait jamais fait mystère de son sujet. Elle l'avait évoqué avec Fernanda à deux reprises au moins.

« Et même si tu m'avais demandé la permission, je ne te l'aurais pas donnée.

– Mais je t'ai demandé la permission », insista Lana – l'avait-elle fait ? Ou est-ce que mentionner l'idée lui avait semblé faire office de demande ?

« Et en ce qui me concerne, tu as obtenu l'article sur la foi de cette formule. Ma formule. »

Voilà qui était prétentieux. Fernanda savait qu'on ne commandait pas d'article sur la foi d'une formule. Si tant est que quelque chose lui ait valu cet article, c'était son texte sur saint Sébastien qui avait impressionné le rédacteur en chef parce qu'il montrait que Lana savait mener l'analyse méthodique d'une grande œuvre d'art.

« Ce n'est même pas une formule, dit Lana, consciente que cela allait irriter, elle continua néanmoins, tout le monde sait que *Casse-Noisette* est un inconscient regardé à la loupe. Tu devrais entendre Dwight en parler !

– Je suis docteur ès lettres et je n'ai pas besoin de toi – ni de Dwight Davis – pour m'expliquer ce qu'est une formule. J'ai l'impression d'être le compositeur du *Chausson rouge*. Celui à qui on arrache sa symphonie. »

Le choc de cette attaque était déjà bien assez dur, mais qu'on lui jette ainsi un de ses films préférés à la figure ! Du moins, en tout cas, le tremblement s'était-il arrêté. Elle était maintenant en proie à un désespoir froid et immobile. En traversant la pièce pour aller à la cuisine, Sam lança un regard interrogateur à Lana, auquel elle répondit en secouant la tête d'un air tragique. Il lui serra l'épaule.

Lana cessa de se défendre et se mit à s'excuser. « Je regrette que tu aies le sentiment que je t'ai pris cette idée », dit-elle, cela ne fit qu'enflammer Fernanda, qui voulait un aveu de culpabilité, pas une offre de sympathie. Le côté rationnel de Lana, engourdi par l'attaque, commença à lancer des ruades.

La vérité était que Fernanda culpabilisait Lana depuis des mois : de ne pas l'appeler assez souvent, de ne pas être disponible le samedi soir, d'avoir emménagé avec Sam. Surtout à cause de Sam. Fernanda avait changé depuis le déménagement de septembre, comme si on venait de lui retendre les nerfs et qu'elle ne pouvait plus fermer les yeux sur les vétilles : un message resté sans réponse jusqu'au lendemain, une opinion contraire à la sienne, si innocente fût-elle. Lana sentait qu'elle encaissait les contrecoups de la colère de Fernanda. Et aujourd'hui ce coup de javelot. Comme si toutes les revendications de Fernanda liées à la possession et au pouvoir se concentraient dans ce puissant soulèvement, et au terme de plagiat. Au milieu d'un de ces longs silences où l'on perçoit la noirceur de l'univers, Lana entendit ses propres paroles lui revenir. Avec une bravoure incongrue, elle avait déclaré à Megan : « Je sais que mon tour viendra de tomber en disgrâce un jour. » Qui aurait deviné que ce jour serait le lendemain : AUJOURD'HUI ?

Une heure passa, et cette conversation – qui tournait en rond, s'interrompait, s'enflammait – s'acheva enfin sur l'initiative de Fernanda qui proclama une trêve, en disant qu'elle attendait de voir ce qu'allait faire Lana. Épuisée et écœurée, celle-ci alla se décharger du problème sur Sam, qui jugea la dispute « digne de deux lycéennes » et l'accusation absurde. « Quand bien même tu n'aurais pas demandé, dit-il, les bavardages d'entracte ne sont pas soumis aux lois de la propriété intellectuelle. » En s'endormant, il caressa la main de Lana et son cœur qui battait lourdement – ai-je eu tort d'utiliser ses propres termes ? Fernanda aurait-elle raison ? – finit par ralentir son rythme.

Le lendemain matin, Lana se réveilla en sursaut, la lumière du jour éclaboussait les murs, pour retomber sur-le-champ dans sa spirale d'angoisse : Fernanda me traîne devant les tribunaux, je vais être considérée comme plagiaire, Lana Prynne, le P de *la Lettre écarlate*. Il n'existait pas de pire accusation contre un écrivain – cela pouvait vous suivre toute une vie. Lana était effrayée, elle sentait que Fernanda avait attendu une occasion comme celle-ci, guetté le moment de bondir. Bon voilà, se dit-elle, la vérité, c'est que je dois agir.

Lana arriva au bureau très tôt, vers huit heures. Elle avait envie d'appeler Dwight. C'était la pire des situations où l'appeler, car elle savait ce qu'il dirait : « Tu l'as vue aux prises avec d'autres. Tu croyais vraiment que ça ne t'arriverait pas ? » Elle l'entendrait exhaler sa fumée – « Pour un psychodrame de Noël, c'en est un ! ». Elle savait qu'il se montrerait blasé parce qu'elle avait déjà laissé entendre que les relations avec Fernanda devenaient de plus en plus délicates et il en avait poussé des hululements réjouis. Ils étaient en train de manger dans le restaurant près du Lincoln Center et il n'avait pas l'air très en forme – plus mince, fatigué –, mais les nouvelles qu'elle lui avait données l'avaient tout de suite ragaillardi. Dwight avait une conception pessimiste de l'amitié entre femmes. En fait, il avait une conception pessimiste de tout. « Je hais les hétéros, je hais les homos et je déteste les nanas », avait-il déclaré un jour à Lana qui n'avait rien trouvé d'autre à répondre que « D-w-i-g-h-t ! » en y mettant au moins dix syllabes. Elle savait qu'il lui était attaché, mais elle ne l'appela pas ce matin-là parce que comme il le lui avait dit bien souvent : « Sur les pentes glissantes, on se retrouve tout seul. » Et Lana n'appela pas Megan non plus. Il était trop tôt – elle appellerait Megan ce soir – et d'ailleurs, cela semblerait peut-être mesquin à Megan. Lana s'était mise dans ce pétrin, à elle de s'en tirer.

Au lieu d'appeler quiconque, Lana répéta ce qu'elle allait dire, puis à neuf heures elle appela Fernanda.

« Je pense que tu as raison, je ne t'ai pas explicitement demandé la permission pour "psychodrame", dit Lana, je me suis contentée de dire que j'allais l'utiliser. Je suis partie du principe que c'était d'accord, puisque tu n'avais rien dit, mais je n'aurais pas dû le tenir pour acquis. Peut-être que tu t'es sentie trop gênée pour dire quoi que ce soit. Si c'est le cas, j'ai eu tort.

– Merci, dit Fernanda, j'apprécie. »

Puis Fernanda admit qu'elle se souvenait bien avoir entendu Lana en parler (ce que cette dernière entendit avec un profond soulagement, et elle en remercia Fernanda à son tour). Mais tout de même, Fernanda n'était pas sûre que cela suffisait. « Il vaut mieux que tu ne m'appelles plus. Je dois réfléchir à pas mal de choses. »

Et elles se retrouvaient ici, dans le théâtre où elles s'étaient rencontrées un an plus tôt, sur leurs gardes d'abord, puis inséparables, et maintenant… quoi ? En marche vers l'échafaud. Lana avança courageusement vers le cortège de genoux qui menaient vers le milieu de la rangée. Fernanda baissa la tête vers son programme et le noir se fit à l'instant où Lana prenait place, les épargnant toutes deux. Le ballet n'était que pirouettes roses, mais Lana, oppressée par ce profil à sa gauche, était tellement crispée, la tête tellement immobile, qu'elle ne perçut aucune continuité dans ce qu'elle voyait : rien qu'une tempête de tutus. À l'instant où les bis s'achevaient, Fernanda se leva et sortit. Un ballet terminé, encore deux rounds.

Lana minuta parfaitement le premier entracte, elle revint de nouveau en retard. Mais l'une comme l'autre se trompèrent dans le calcul de la durée du deuxième, car elles revinrent en même temps de deux directions opposées du théâtre, s'aperçurent au même instant de part et d'autre de l'allée et refusèrent de perdre la face en tournant les talons.

« Bonsoir Lana.

– Fernanda » dit-elle en hochant la tête. Silence au moment où elles s'installaient à leurs places. Lana regarda le rideau droit devant elle – un rideau incroyablement ennuyeux. Si elle n'était pas censée appeler Fernanda, elle n'allait certainement pas engager la conversation avec elle. Elle laissa ses yeux errer jusqu'au plafond. Il était treillissé comme un œuf de Fabergé.

« Tu sais, Lana… » Nous y voilà, devina Lana au ton de Fernanda, et elle tourna la tête, mais pas le buste, vers cette dernière. « … J'ai réfléchi à ce que tu m'as dit et ça ne suffit pas. Tu n'as pas admis avoir volé quoi que ce soit. » Fernanda était lancée en pleine attaque, pourtant elle restait contenue. « Je veux t'entendre le dire. Notre amitié ne peut pas continuer sans cela. »

Mais de quelle amitié s'agirait-il, dans ce cas ? eut envie de demander Lana, mais au lieu de cela elle dit : « Encore ça ? Je pensais que nous étions parvenues à une entente au téléphone, et nous revoici à la case départ. Je sais que j'aurais dû t'annoncer d'entrée de jeu qu'il s'agissait d'un article important. J'ai eu tort de ne pas le faire. Mais si tu me demandes de ramper… je ne le ferai pas. Ce n'est pas ça l'amitié.

– Et en quoi consiste l'amitié ? Me voler des idées pour faire avancer ta… » Elle esquissa des guillemets dans le vide autour du mot « …"carrière" ? ».

Lana lui lança un regard appuyé. « Je n'ai pas l'intention de revenir sur toute cette histoire de psychodrame. »

Fernanda leva le nez en l'air : « Tu aurais dû deviner que je ne voulais pas que tu l'utilises.

– Oui. » Le sang de Lana commençait à bouillir. « Une fois de plus j'étais censée lire dans tes pensées. J'en ai tellement *maaarre* de devoir lire dans tes pensées !

– Mais pas marre de piller mes idées. Tu sais, tu n'en es pas à ton premier larcin. »

Lana ouvrit de grands yeux.

« *Buffy et les Vampires*. C'est moi qui l'ai découverte, et puis voilà que tu t'apprêtes à écrire un article sur elle. »

Lana en resta bouche bée, puis ses lèvres s'étirèrent en un sourire stupéfait. « Tu as vu deux épisodes avant moi – et ça suffit pour que Buffy soit à toi ? Elle t'appartient ? Je ne comprends pas. En quoi t'appartient-elle ? »

Fernanda se tint bien droite sur son siège, sans daigner répondre tandis qu'on les enjambait – une jupe violette devant leurs visages, suivie d'un sac à main brun qui tressautait. Cela ramena brutalement Lana au monde qui les entourait, aux fauteuils qui se remplissaient. Les gens les entendaient-ils ? À quoi cela ressemblait-il ? Et si on les apercevait du haut du premier balcon, pouvait-on deviner qu'il s'agissait d'une dispute ? Lana se redressa, puis poursuivit en baissant d'un ton.

« Tu as vraiment bien préparé ton coup, hein ? Pour me mettre en tort. Je n'imaginais pas que tu puisses être si… jalouse. »

Fernanda agita les mains en l'air dans une alarme feinte. « Jalouse ! Vraiment je serais jalouse de quelqu'un qui croit que *Piers Plowman* parle d'agriculture ? Qui est obligée de demander où se trouve la Bosnie. » Lana n'avait jamais prétendu être un as de la géographie. « Ou est-ce que tu me poses ces questions pour ne pas avoir à les poser à Sam ? Il serait très impressionné ! » Elle imita la scène de façon mignarde : « *Quand la Seconde Guerre mondiale s'est-elle terminée ? C'était en 44 ou en 45 ?* » Puis sa voix retomba comme une hache : « Va piller les idées d'une autre, Lana ! »

Il n'y avait aucun retour possible après cela. Il était temps de lâcher prise.

« Le fait est, dit Lana très vite à voix basse, que tu cherchais un moyen de mettre fin à notre amitié et que tu l'as trouvé. Il ne s'est toujours agi que de toi. Ma loyauté, la loyauté de tout le monde, vis-à-vis de toi. Eh bien, je refuse de continuer à me laisser tyranniser !

– Écoute-toi, dit Fernanda, comme tu es en colère ! Tu crois que non, mais tu l'es.

– Et toi, *tu es si petite* ! »

C'était une remarque très méchante mais Lana s'en fichait, elle en avait assez des ménagements. Le noir s'était à nouveau fait, l'ouverture du troisième ballet allait commencer, et elles n'étaient plus que deux têtes au milieu de centaines d'autres. Voilà donc comment cela se terminait. Colère et bassesse. Sans même savoir ce qu'elle faisait, Lana se pencha et chuchota : « Je suis désolée. Je n'ai pas voulu en arriver là.

– Je ne suis pas désolée, lâcha Fernanda d'un air hautain, je me sens mieux maintenant. »

Et c'était vrai. Non seulement Fernanda se sentait revivre dans le combat, mais elle était à son aise dans les ruines, ce paysage d'amertume et de terres brûlées que craignent la plupart des gens. Ce n'était pour elle rien qu'un autre salon plein de vaisselle brisée. À présent elle attendait avec reconnaissance la prochaine amie qui s'enticherait d'elle, et ensemble elles referaient la décoration.

« Oh, Fernanda… » Lana ne le savait que trop bien : « … tu te sens toujours mieux dans le conflit ! »

16

f(light)

Iris en avait plus qu'assez de la fille de la galerie. Elle savait qu'il n'était pas politiquement correct de penser à elle comme à une fille. Après tout, cette femme était propriétaire de la galerie. Elle était fluette et cérébrale, ses cheveux noirs lissés et tirés en arrière en un chignon aussi serré qu'une balle de tennis (chignon qui ne manquait jamais d'impressionner Iris). Elle parlait avec des inflexions fluettes, chuchotées, voilées – comme une étudiante de Bennington à la projection d'un film français – et portait de fins cashemeres aux tons discrets, voilés. Elle était convaincante, elle savait toujours vous convaincre de son goût, de son ardeur, de son ambition à faire preuve d'un sens esthétique pénétrant et infaillible. Sa galerie – « fluide » – était le nouvel endroit branché à l'ouest de Chelsea (bien à l'ouest, quasiment dans l'Hudson River). Elle s'était propulsée sur le devant de la scène grâce à l'émission *Charlie Rose*, dans laquelle elle avait déclaré : « Le postmodernisme, c'est puéril ! C'est un bébé qui tend la main vers tout ce qui se présente. » Et, ce qui n'avait rien gâché, elle était aussi brillante physiquement qu'intellectuellement, avec sa figure de poupée chinoise. Charlie ne s'était jamais penché aussi loin au-dessus de sa table ronde. Elle avait dit : « Ma galerie s'appelle "fluide" parce que c'est l'état auquel nous aspirons tous. Je montre des œuvres qui ont atteint un équilibre intense, un état d'incandescence à mi-chemin entre innocence et expérience, esprit et muscle. » C'est alors qu'elle avait posé ses longs doigts ivoire sur la grosse main de Charlie. « Le sublime, Charlie, et aux heures de bureau. » Il lui était tout acquis. « En d'autres termes, Charlie, je suis obsédée par l'instant où l'artisanat devient fluorescent, et se transcende. Je suis hantée par les arts des guildes – tailleurs de pierre, métallurgie, même le travail sur plâtre – qui risquent tant de disparaître. Vous savez, quand tant de choses dans l'art ne sont que faux-semblants et carriérisme, nous devons prêter l'oreille à la musique de l'atelier. Avez-vous jamais remarqué, Charlie, la *beauté* des couvercles des bouches d'égout de Manhattan ? » Elle s'appelait Emily Edwards, mais pour Iris c'était la fille de la galerie. Une façon pour elle de tenir cette incroyable pression à distance.

Tout était arrivé si vite. Enfin, lentement, puis très vite. Voilà plus d'un an que cela avait commencé, ce jour de mars où Iris était allée courir dans Gramercy Park et avait décidé de fabriquer un abat-jour avec des branchages. Non qu'elle fût lasse des soieries. Elle ne se lasserait jamais de la soie. Cette étoffe lui avait donné un gagne-pain. Mais les branches nues dans le parc ce jour-là avaient semblé indiquer la voie, un chemin vers un autre monde.

Elle ne s'était pas immédiatement attaquée aux branchages. Elle en était encore au stade de la réflexion et ne savait que trop bien que des débuts trop impulsifs peuvent tuer un projet. Elle avait mis un frein à son impatience, canalisé cette énergie en l'investissant dans les huit appliques qu'elle venait tout juste d'achever et qu'elle avait livrées par colis contre remboursement, pour la coquette rémunération de trois mille dollars (mille pour les impôts, mille pour la galerie Keogh, et mille dollars de véritables économies, la nouvelle robe noire devrait attendre). Elle avait acheté un guide

Peterson – *Les Arbres d'Amérique du Nord* – qui ne lui avait été d'aucune aide. Puis elle s'en était allée à Central Park très tôt le matin du dimanche suivant, où elle avait été frappée comme toujours par l'élégance de la nature, sa palette hivernale argent terne et noir de suie, les lichens d'un vert délavé et la mousse couleur de péridot, les fougères rousses et empesées, et les flaques brunes opalisées par le gel. Elle s'était promenée, en ramassant des branches et des brindilles tombées des arbres, en éprouvant leur souplesse (pas très flexibles), elle avait mis les plus intéressantes dans un grand sac en papier lavande de chez Bergdorf. En raison du froid, le parc était désert, à l'exception de joggers qui avançaient en soufflant, petites motrices opiniâtres emmitouflées dans des lainages aux couleurs de boules de gomme. Ils donnaient à Iris le sentiment d'être lente et excentrique : un manteau de laine qui ramasse du bois. Malgré tout, quand elle avait aperçu une petite éclaboussure bleutée près d'une racine, elle s'était jetée dessus comme une gamine, s'était redressée avec une plume dans sa main gantée, d'un bleu crépusculaire rayé de noir – un geai bleu ? – et avait décidé que c'était un bon présage, qu'elle pouvait rentrer. De plus, elle avait les orteils gelés.

Elle commença petit – l'abat-jour d'une applique sur lequel elle colla les brindilles de Central Park, les disposant avec art, jusqu'à tenir devant elle la hutte d'un troll fou à lier. Cela ne correspondait pas à ce qu'elle avait en tête. Iris devait repenser l'armature métallique – soit disposer les brindilles dans le prolongement de cette structure rigide soit s'en débarrasser complètement, ce qui impliquait de fabriquer elle-même ses armatures (sinon comment relier l'abat-jour à la lampe ?). Je vais encore tenter une dernière expérience aujourd'hui, se dit Iris, consciente qu'elle avait parfois besoin de temps pour savoir ce qu'elle faisait. Du film étirable ? Non. Elle ouvrit le tiroir du bas, en sortit un morceau de film bulles et en enveloppa une seconde applique en laissant juste assez de jeu pour que l'abat-jour puisse coulisser à l'intérieur. Cette fois-ci, elle allait coller les brindilles les unes aux autres, ce seraient *elles* qui constitueraient la structure de l'abat-jour, sans armature. Mais par où commencer ?

Avec le pouce elle mit une brindille en place – une petite branche qui ressemblait à une main minuscule – sur la housse en film bulles, puis elle la laissa retomber. Elle partit chercher du fil et une aiguille. Dieu que je déteste avoir à me lever et à me rasseoir à chaque instant ! Elle cousit la main sur le film bulles (et qu'importe si elle en creva deux), puis plaça la deuxième brindille par-dessus la première, une touche de colle à chaque point de contact entre les deux, et les maintint avec les doigts. Les lèvres pincées, elle laissa l'incurvation et les ramifications de chaque brindille suggérer sa position, les espaçant un peu plus, pour obtenir un effet toile d'araignée, mais pas trop, sinon l'ampoule projetterait une lumière aveuglante. Le travail avançait lentement, brindille par brindille, avec les intervalles imposés par le collage, des minutes pendant lesquelles Iris configurait la position de la brindille suivante. Elle savait que l'abat-jour aurait besoin d'une nuit pour sécher, mais elle ne pouvait pas attendre, il faudrait qu'une heure fasse l'affaire. Elle alla au coin salon, où elle feuilleta nerveusement un vieux numéro de *Elle Décoration*, lasse de tout ce qui existait déjà.

Iris s'était préparée à la déception, parce qu'il arrivait si souvent qu'une idée ne puisse aboutir à une réalité cohérente, mais quand elle retourna à l'abat-jour pour couper les fils, l'armature puis la housse en film bulles coulissèrent comme les sections d'une capsule spatiale, la laissant face à un étrange entrelacs de branchages dans sa main, un objet qui ressemblait à ces cages en sucre caramélisé très prisées par les grands chefs français. « Un bois près d'Athènes », se récita Iris en pensant au décor du *Songe d'une nuit d'été*. Elle suspendit l'abat-jour au-dessus d'une ampoule torpille transparente de quarante watts et ce petit objet projeta des ombres immenses au plafond et alentour. Il laissait peut-être passer trop de lumière. Une discrète épaisseur de gaze pourrait se révéler nécessaire. Mais l'abat-jour était… expressif. C'était un début. Iris l'appela Oberon. Quant à la hutte de troll – si rustique –, Iris décida qu'elle l'offrirait à Deena, pour le simple plaisir de l'entendre bafouiller un « Oh, merci ! ». C'était, tout de même, un authentique Iris Biddle.

Dans les semaines qui suivirent, Iris consacra une tranche horaire matinale à ses abat-jour en brindilles, de huit à onze heures. Au printemps elle était une cliente habituelle chez le fleuriste, d'où elle ramenait des bouquets de forsythias, de saule pleureur frisé et toute nouveauté intéressante fraîchement arrivée, et où elle discutait de l'art délicat de faire sécher, d'entrelacer à un étai (elle s'essayait maintenant à des abat-jour plus grands) et des problèmes d'inflammabilité avec un jeune vendeur loquace qui avait l'air fait en feuilles de saule frisé, lui aussi. Et pourtant, elle se retrouva attirée par les parcs, la chasse aux brindilles lui manquait. Traînant Deena à sa suite, elle alla au Ramble de Central Park (où Deena faillit tomber d'une falaise, dans son avidité à lui montrer un rat dans un fossé. « Un rat, regarde, un rat ! », à quoi Iris répondit en tirant Deena en arrière par le col, en lui tendant le sac à brindilles et en disant : « Mais malheureusement ce n'est pas ton bon gros rat. Maintenant, cherche-moi des branches noueuses ! »). Iris fit des excursions dans Riverside Park, où en remontant vers le nord dans la direction de Columbia elle avait furtivement sectionné de fins rameaux au sommet des buissons. Elle qui n'avait jamais pratiqué – et ne pratiquerait jamais – la colocation de villégiatures dans les Hamptons (la promiscuité était un peu trop grande, les bruits des autres traversaient les portes) ne put résister à un séjour du mardi au jeudi à Sag Harbor, fin août, une maison à louer entre deux week-ends. Là, elle avait passé une heure chaque matin, pantalon enfoncé dans les chaussettes, manches descendues sur les poignets, dans le terrain vague voisin, une clairière qui se transformait en forêt. Elle avait bravé les tiques et les araignées dans sa chasse au trésor : la tache sur des plumes de pintades victimes d'une attaque de chiens, gousses d'asclépiade qui déversaient leurs graines, fleurs si minuscules et méticuleuses qu'elles semblaient conçues sous un microscope.

Dans son atelier, cependant, Iris se montrait sans pitié avec ses trouvailles. Le culte des fleurs des champs séchées, des cendres de roses, toute cette sentimentalité surannée, ce confort coquet à la Toad Hall, en somme, il appartenait à, comment dire, un style de vie d'un autre ordre ? Kitsch ? Elle cherchait autre chose, invisible mais pas hors de portée, dans ce monde mais au-delà de ce monde. Elle en revenait toujours aux branches dénudées.

Au mois de novembre, elle avait une suite d'abat-jour qui ne ressemblaient à rien de ce qu'elle connût. Chacun était distinct des autres. Chacun reçut un nom. Il y avait Titania, une sorte de tulipe renversée dans laquelle Iris avait construit une armature classique à rayons, avec huit branches semblables à des dentelles, les filigranes qui terminaient chaque rameau formant huit festons sur le pourtour inférieur. Elle avait ourlé cette bordure avec plusieurs épaisseurs de tulle gris, étirées et tordues comme de vieilles toiles d'araignées.

Desdémone était faite de branches de saule pleureur dépouillées de leurs feuilles qu'Iris avait enroulées en spirale autour d'une armature en forme d'oignon allongé. Elle avait laissé l'extrémité des rameaux pendiller sur le bas, comme des cheveux lâchés, à la manière des branches de saules pleureurs.

Rusalka : Iris avait dû battre le pavé de SoHo à la recherche de bouleau argenté pour Rusalka la Russe.

Raiponce était faite de branches d'aubépine entrelacées à la verticale tout autour d'un long et fin cylindre, une forme proche de celles en vogue dans les années soixante, comme une tour. Iris avait incliné les épines, de façon à ce que la lumière les heurte de biais et que leurs silhouettes suggèrent des briques ou des marches – que le prince devait escalader. Raiponce avait une doublure en taffetas vert, le vert d'une feuille d'épinard, assombri par des fils de chaîne noirs.

Merlin avait emprunté sa forme conique au chapeau pointu du sorcier. Il était fait de sarments noueux et osseux, branches de noyer collées ensemble comme un puzzle – exploit non négligeable – avec une doublure en fine maille de cuivre scintillante. En effet, la confection de Merlin avait ressemblé à l'élaboration d'un sort assez puissant pour le retenir prisonnier. Iris aimait particulièrement cet abat-jour, parce qu'il lui avait demandé deux fois plus de temps que les autres, et parce qu'elle aimait les vers de Tennyson qui le lui avaient inspiré, ceux où Viviane prend Merlin au piège dans un arbre :

Et, en un instant, elle jeta le charme
Foulées sinueuses et signes des mains,
Au creux du chêne il gisait comme mort
Sans vie, mouvement, nom ni renommée.

Lit-on encore Tennyson ? se demanda Iris. En se délectant, elle récita : « Foulées sinueuses et signes de mains. » Oh, quelle magie dans ces mots ! Aurai-je été, songea Iris, un peu Viviane pour Erich ? Elle s'imagina en train de faire les cent pas autour de lui dans leur salon de Society Hill, en faisant le vœu de le rendre plus conventionnel – ce qui revenait pour lui à être « comme mort ». Ou peut-être, soupira-t-elle, nous piégeons-nous tous mutuellement.

Iris ne pouvait pas garder ces abat-jour dans son atelier. Ce serait folie que de laisser des brindilles et des épines côtoyer ses étoffes précieuses. Non, Iris « s'occupait de ses branches » sur la table du séjour, puis les suspendait ou les rangeait dans un petit dressing qui jouxtait sa porte d'entrée. C'était un espace miteux où elle avait entreposé les objets qu'elle gardait « pour la maison de campagne » : une vieille table à pâtisserie dangereusement coincée de biais, deux chaises en fer forgé d'aspect vieillot, un petit tabouret carré qui perdait son rembourrage. Mais vraiment ! La *maison de campagne* ? ! Iris n'était même pas propriétaire de cet appartement. Mais à quoi pensait-elle ? Elle appela l'Armée du salut, fit don de tous les objets sauf le tabouret (il serait très chic une fois retapissé dans un tissu à rayures), et l'espace nouvellement vidé se transforma en petite galerie avec une seule personne pour tout public : Iris. Il n'empêche, déplacer et ranger tout ce matériel chaque matin était fastidieux. Un jour, dans la période de travail intense qui précédait Thanksgiving, Merlin, qu'elle avait sorti pour lui faire prendre l'air, fut accidentellement oublié.

« Mais qu'est-ce que c'est ? » s'exclama Kiki Pollard avec un intérêt croissant, après avoir déambulé dans la pièce pendant qu'Iris emballait une commande. Vous n'êtes qu'une meute de chiens ! se dit Iris. Elle revint au salon en toute hâte, vit Kiki rôder au-dessus de Merlin, et s'avança vers lui dans un élan protecteur.

« Je fais des expériences sur de nouveaux matériaux.

– Il y en a d'autres ? Parce que si c'est le cas, j'aimerais bien les voir. Je fais une étude pour l'université : la rencontre de l'artisanat et de l'art moderne. Je cherche un objet, une suspension qui flotterait entre le bureau et les étagères. Ce luminaire en brindilles pourrait justement faire l'affaire, au bout d'une chaîne en cuivre. »

Kiki avait raison. Il faudrait suspendre Merlin.

« C'est extraordinaire ! « Kiki s'enthousiasmait. » Non, vraiment. Je crois qu'il me le faut. »

Iris expliqua : « Il m'a demandé un mois de travail. Il est unique en son genre. »

Kiki Pollard, qui attirait tous les regards avec ses superbes yeux gris et ses cheveux cannelle pâle (d'une teinte si pâle qu'ils étaient presque roses), pouvait être emmerdante, elle cherchait toujours à vous soutirer des extra, répétait toujours, d'une voix chantante : « Je suis une très bonne cliente, après tout ! » Mais elle pouvait aussi être attachante, elle n'arrêtait pas d'envoyer des invitations à Iris, concerts à vocation caritative au Philarmonic et autres. Iris regarda Merlin – si beau qu'elle avait du mal à croire qu'elle l'avait fabriqué – qui attendait avec une telle patience. Elle ne voulait pas s'en séparer. Il était à elle. Mais Kiki insistait, et quel mal y avait-il à faire un petit test ? Elle fixa les yeux magnifiques de Kiki de ses yeux noisette et dit prudemment, avec détermination : « Il s'appelle Merlin. C'est le sorcier pris au piège de son propre sort. » Elle doubla le prix de son abat-jour en forme de pagode : « Il vaut huit mille dollars. »

En observant un silence sérieux, Kiki concentra son âme sur Merlin. Elle fit un pas vers l'abat-jour, puis demanda : « Je peux regarder ça… le regarder de plus près ? » Elles retournèrent le luminaire ensemble, les mains d'Iris le soutenaient par en dessous ; et après quelques légers hochements de tête, Kiki demanda :

« Je peux le voir allumé ? » Iris posa Merlin sur une ampoule nue, et actionna l'interrupteur. Kiki répondit par un soupir emphatique.

« Il me jette un sort au moment où je vous parle ! » Elle avait sorti son chéquier. « Cet argent, c'est un investissement en stock-options. Toute la pièce sera en orbite autour de cet abat-jour. Je veux l'emporter aujourd'hui. Mais pas de TVA. Il est signé ? »

Il l'était – un nouveau symbole qu'Iris avait inventé en achevant Merlin : un I majuscule dans un œil, comme le mauvais œil. Iris resta plantée là un instant, sans bouger, en essayant de s'habituer à cette idée : son Merlin, ce cône de cuivre, son cerveau flamboyant, ne serait plus sien. Kiki posa la main sur le bras d'Iris.

« C'est le destin des artistes, Iris. Ils laissent partir leur œuvre. »

Le lendemain, en se rendant à la banque, Iris avait peine à croire que le chèque se trouvait dans sa poche. Elle le divisa mentalement : trois mille pour les impôts, deux mille pour Keogh, mille cinq cents d'épargne (le loyer était une perte d'argent, elle devait *acheter* un appartement) – et *mille cinq cents dollars à dépenser sans compter* ! Le fourreau noir de chez Beene ! Les escarpins à bride Walter Steiger ! Ou peut-être cette montre enchâssée dans un globe en cristal de roche qu'elle avait vue sur la 25e Rue et qu'elle n'arrivait pas à oublier – environ 1910, quinze carats, la circonférence d'une pièce de cinq cents ! Bien sûr, elle devrait attendre que le chèque soit encaissé, mais c'était un don du ciel. Une vraie petite aubaine. Qui suffisait tout de même à déstabiliser Iris, à lui donner l'impression d'être prédestinée, étrangement plus vulnérable, pas moins.

Et la perte de Merlin était étrange elle aussi. Quand Iris acheta la montre en cristal – sa face fantomatique et blafarde scintillait derrière le dôme en cristal d'un côté et de l'autre côté un minuscule jeu de rouages infinis, engrenages dorés et argentés, enfermés et cliquetant sous le dôme de cristal –, elle se dit que la montre lui rappellerait toujours l'abat-jour qui avait servi à la payer. Mais elle se trompait. Cette montre lui rappelait son père. C'était le genre d'objet qu'il aurait adoré. Le genre de chose qu'il lui aurait offert.

Iris avait commencé Aurora début décembre. Quelques jours après le soir où elle avait décoré son sapin de Noël, ce soir désespérément triste où elle s'était mise à pleurer sous le plafond, rendant la descente de l'escabeau difficile (et pourquoi s'en donner la peine ? Qui se souciait de la voir en redescendre ?). Les fêtes ne l'avaient jamais ravagée comme cela avant, et si adorable que fût son sapin, elle n'arrivait pas à en profiter, elle pouvait à peine le regarder. Pourtant il était bien là, avec ses deux mètres quarante de haut, ses oiseaux de verre immobiles, il emplissait la pièce d'un calme immense. Aurora, un abat-jour évoquant la *Belle au bois dormant* – il devait se composer d'un rideau magique de sarments de vigne et de lilas – fut en butte à de faux départs, des sarments trop friables, la forme n'était pas bonne, la soie lilas n'était que jolie, son charme insipide, laid, mauve et vieillot, rien à voir avec le printemps, Iris le prit en grippe, elle le fourra dans la poubelle. De toute façon, Iris n'avait aucune prédilection pour le printemps – lumière crue, glace qui craque, torrents de boue et de neige fondue –, elle n'avait jamais aimé le printemps et à ce moment précis, elle le détestait. Le sapin de Noël, témoin sévère de toute cette scène, lui adressa lui aussi des remontrances. Pourquoi travailler sur un thème printanier, semblait demander sa présence en hiver ? Iris sortit le sac rempli des sarments de vigne épais et hérissés d'épines qui n'avaient pas servi pour Raiponce. Elle se mit à les tordre et à les tresser, en proie à la lente possession des vignes – ou prenaient-elles possession d'elles-mêmes ? –, se piquant les doigts à leurs épines, et les sarments se transformèrent – le processus demanda deux journées entières – en entrelacs dense et veiné devant ses yeux, un nœud furieux qui se passait de doublure, capable de durer cent ans. Elle s'aperçut qu'elle avait fabriqué une sorte de nid. Sauf qu'il n'avait pas de fond. Elle l'appela Ronce. Sous les rameaux bleu-vert de son sapin de noël, Iris commença, fiévreusement, à fabriquer des nids.

À la fin février, un lundi matin, Iris reçut un coup de téléphone.

« Emily Edwards à l'appareil. Je cherche à joindre Iris Biddle.

– C'est elle-même.

– Madame Biddle, je suis la propriétaire de la galerie « fluide ». J'étais chez Joel Skelly samedi soir et j'y ai vu une de vos suspensions. En branches de noyer. Je voudrais savoir si vous en avez d'autres ?

– Oh, mademoiselle Edwards, je suis vraiment désolée ! Je ne prends aucune nouvelle commande avant le mois de juin. Mais si vous voulez…

– Pardon madame (la voix se fit tranchante), je crois que je me suis mal fait comprendre. Je ne veux pas acheter une de vos lampes. Je veux les vendre. Celle que j'ai vue chez Joel était une vraie prouesse technique. Je n'ai jamais rien vu de pareil ! Elle débordait d'une telle… » La voix s'interrompit pour produire tout son effet : « … *sensibilité* !

– Oh ! » fit Iris, sans paraître aussi surprise qu'elle aurait peut-être dû. Elle savait que Merlin était magique.

« Votre lampe incarne tout ce que représente ma galerie. L'instant où l'artisanat se transcende et devient art. J'utilise toujours le terme “incandescence”, et voilà justement ce qu'est votre art, littéralement *incandescent.* »

Emily Edwards poursuivit, expliquant quel type d'œuvres avait été exposé dans sa galerie, l'extraordinaire couverture médiatique et les ventes, l'ascension de ses artistes, et elle laissa sa voix plonger dans les graves : « Voudriez-vous me faire l'honneur de me montrer d'autres luminaires ? »

Comment Iris aurait-elle pu refuser ? Elles prirent rendez-vous pour le premier vendredi de mars – presque un an depuis ses débuts avec les branches d'arbres ! Quand Emily Edwards parut sur le pas de la porte, extrêmement soignée et très mince, cashmere chocolat, chignon brillant, aux pieds des Blahnik en daim chocolat aussi pointues que le nez d'un caniche (Iris adorait ces chiens, mais elle n'avait jamais aimé les caniches marron). Elles se serrèrent la main puis Iris conduisit Emily, qui avait sûrement moins de trente ans, au salon où elle avait préparé un petit escabeau, ainsi qu'une rallonge électrique.

« Je vais tous les tenir au-dessus de votre tête, annonça Iris, parce qu'il faut les voir suspendus. Comme des lustres. »

Elle sortit un abat-jour après l'autre, par ordre de fabrication, elle ne disait leur nom qu'une fois sur l'escabeau, puis elle allumait la lumière.

« Chaque abat-jour a deux vies, expliqua Iris, une dans la lumière et une sans lumière. »

Emily Edwards ne dit rien. Quand Iris sortit Ronce, elle en resta bouche bée.

« Une œuvre inédite », dit-elle comme à elle-même.

Elle a su voir, se dit Iris.

Quand les nids parurent à leur tour, puits de ronces sans fond, entrelacs bruissants et hystériques, fourrés hérissés de courtes brindilles et éclaboussés de tâches de grenades, de mûres ; et ensuite les nids avec des œufs de cailles mouchetés, des œufs de grives d'un turquoise délavé, posés au milieu de nœuds, suspendus et capturés dans des murailles de branchages, de sarments ; et puis les nids à petites plumes de pintades, et le duvet prélevé sur la poitrine endeuillée d'une colombe qu'Iris avait trouvée morte sur le trottoir, des plumes vernies sur les rameaux comme des empreintes digitales, comme des ombres : Emily resta aussi immobile qu'une statue, une main manucurée portée, poing fermé, à ses lèvres.

« Ils sont impitoyables, dit-elle enfin, n'est-ce pas ? »

Iris acquiesça.

« Ce sont des pièges : une autopossession, une autoabsorption. Naissance, copulation, et mort, toutes emprisonnées et… » Elle chercha le mot juste : « … comprimées. Ils ont des titres ? »

Iris secoua la tête en signe de dénégation.

« Bien sûr que non. Ils ressemblent aux poèmes d'Emily Dickinson, si elle utilisait des morceaux de bois au lieu de mots. »

Emily Edwards se leva.

« Donc, dit-elle, nous allons devoir nous montrer impitoyables nous aussi. Quand je suis venue ici, je pensais exposer des Merlins, mais les nids font exploser tout le reste. Les premiers abat-jour "parlent" d'art. Ils sont décoratifs. Les nids sont la vie et la mort. Je pourrais mettre les deux dans la galerie, mais le contraste désorienterait les gens. Donc l'exposition sera sur les nids. Et Ronce : je vois Ronce suspendue au centre de la pièce, dans un rai de lumière, et le reste tout autour. » Elle se tut un instant, réfléchit. « Quant aux abat-jour artistiques, nous les photographierons pour faire un book de vos premières œuvres. Ils se vendront comme des petits pains, à ceux que les nids effraieront mais qui voudront quelque chose de vous. »

Puis tout alla très vite. Une fois le contrat signé, Iris eut l'impression de passer son temps à noter des rendez-vous avec l'équipe des concepteurs, à parler au type des relations publiques, à se rendre dans l'ouest de la ville en taxi, et elle parvint tout juste à garder la cadence pour ses commandes d'abat-jour en soie. Emily voulait qu'Iris rédige une biographie et un curriculum vitae détaillés, ce qui ne se faisait pas en un tour de main quand c'était la première fois.

Et Emily voulait qu'Iris fabrique un autre Merlin, juste au cas où Skelly déciderait de refuser que Merlin figure dans l'exposition.

« Mais je croyais que vous ne vouliez pas exposer les abat-jour décoratifs ? » dit Iris, qui se rappelait et prévoyait toute la difficulté qu'il y avait à concevoir Merlin.

« Je sais que j'ai dit ça, mais Merlin est un cas à part. Je veux le voir près de l'entrée, comme exemple de vos premières œuvres, pour montrer d'où les nids sont issus.

– Mais je ne peux pas fabriquer un second Merlin. Il n'y en a qu'un. »

Emily lui fit les gros yeux : « Et Mondrian, il n'a fait qu'une seule grille ? Monet un seul nénuphar ? » Puis elle ajouta d'un ton apaisant : « On l'appellera Merlin II. Voyez-le comme le maître qui se métamorphose en apprenti sorcier. »

Il n'était pas facile de circonvenir Emily. Non seulement elle savait vous contrôler tout en douceur (et Iris se défendait plutôt bien face à ce genre de manipulation), mais elle percevait d'instinct votre sensibilité, son doigt sur votre pouls, ce qui était vraiment irritant. Donc une nouvelle excursion dans Central Park attendait Iris et Deena.

Puis Emily voulut qu'Iris rédige une liste – convoque tous les juges compétents – de tous les gens qu'elle connaissait dans les cercles mondains, artistiques et médiatiques. Une proposition horrifiante.

Et Emily, un lundi soir à dix-neuf heures, alors même qu'Iris partait pour l'opéra, lui demanda de jeter un œil au fax qu'elle venait d'envoyer, pour qu'elles puissent donner un accord écrit au titre de l'exposition : *(f)light* ou *f(light)* ? À ce stade, Iris, en ingrate, commença à penser à Emily comme à la F. G. (la fille de la galerie aux chaussures caniches).

« Je ne vois pas pourquoi vous voudriez ajouter des parenthèses autour du f, objecta Iris, pourquoi insister sur la lettre f ?

– Tom (le chef de projet hargneux de la F. G.) dit que les parenthèses sont comme l'ampoule autour du filament.

– N'est-ce pas un peu tiré par les cheveux ? demanda Iris. J'aime bien le second. Si les parenthèses sont une ampoule, alors "*light*" doit se trouver à l'intérieur. C'est plus logique. » Mais cette remarque lui sembla très scolaire.

« Tom est convaincu, et je suis d'accord avec lui, que le premier titre est plus cinétique, qu'il évoque mieux la fulgurance de la lumière qu'on allume : *ffff-light.* Il le trouve plus percutant. »

Iris détestait être en retard au Metropolitan. Elle détestait s'asseoir dans cette horrible pièce semblable à une salle d'attente de gare avec un écran vidéo où les retardataires attendaient le premier entracte. Iris se sentit devenir « plus percutante » à chaque seconde.

« Emily, il faut vraiment que j'y aille. Je n'aurais jamais pensé mettre des parenthèses au départ. Mais si c'est l'un ou l'autre, j'estime que ce devrait être le second titre. Dites à Tom que je respecte son point de vue, mais *ffff-light*, c'est plus lui que moi. Et c'est moi qu'on expose. Non ? »

Ce serait une exposition d'automne, elle débuterait en septembre, et Iris fut étonnée de se sentir tout excitée. Les nids pouvaient-ils vraiment se vendre à de tels prix ? Les gens les comprendraient-ils ? Ou bien penseraient-ils qu'elle était zinzin ?

Iris termina Merlin II fin avril. Elle savait exactement ce qu'elle faisait cette fois-ci, aussi le travail fut-il plus aisé et plus rapide. Il était techniquement meilleur que le premier, un peu plus haut, et les nœuds des branches de noyer plus étroitement imbriqués. Mais c'était un Merlin plus jeune, pas un ancien qui attendait comme le premier. Le sortilège n'était jamais le même la seconde fois. Quand Iris livra Merlin II le premier jour de mai, Emily – semblable à une impératrice d'ivoire derrière son comptoir noir laqué – lui annonça que *Town & Country* et *Vanity Fair* lui consacraient de courts articles, aussi faudrait-il organiser des interviews et deux séances de photos dans les semaines à venir.

« Il y aura tout un essaim de stylistes, la prévint Emily, mais c'est plutôt amusant, toutes ces mains qui s'agitent autour de votre personne. » Puis elle ajouta : « Habillez-vous pour l'automne, pas de couleurs vives. Il faut quelque chose de net, de sérieux et moderne. Ils chercheront à exploiter le thème majeur, la famille Biddle. J'essaierai d'être là. Mais si je n'y suis pas, évitez les toilettes théâtrales. Ni perles ni gants. »

L'idée des gants blancs ne déplaisait pas à Iris – mais elle voyait où Emily voulait en venir.

« Et ne laissez pas ces stylistes vous habiller à la mode non plus. Pas de Prada. Rien de japonais. Enfin, Yoghi est très bien. Mais aucun vêtement bizarre de chez Rei ! »

Oui, oui, pensa Iris, qui savait très bien comment se présenter, merci !

« Ce collier que vous portez. » La montre sphérique d'Iris était attachée à une chaîne en argent, pas très longue, comme ce type de montres se portaient en leur temps, mais plus haut, sur le cœur. « C'est tellement surréaliste. Du Magritte.

– Oui, acquiesça Iris, en baissant les yeux du haut de son nez long et fin pour admirer la montre à son tour. Elle est fantastique, n'est-ce pas ?

– Elle pourrait bien rendre en photo, répondit Emily, si c'est un gros plan. *Town & Country* fait des gros plans. Cela pourrait faire très Horst. » Satisfaite à cette simple idée, Emily se leva et se pencha par-dessus le comptoir pour mieux voir la montre. « Elle est tellement à part. Où l'avez-vous trouvée ? »

Iris baissa à nouveau les yeux sur la boule de cristal. « C'est un cadeau, dit-elle en la retournant pour montrer les rouages internes à l'arrière, elle me vient de mon père. »

17

Une heure de votre temps

Quand Lana reçut cette commande, elle appela Deena. Cela lui sembla étrange. Elles ne s'étaient pas parlé depuis des lustres, deux fois peut-être depuis que Deena les avait aidés, elle et Sam, à trouver l'appartement à l'angle de la Cinquième Avenue et de la 11e Rue. Deena s'était plongée dans une thérapie des vies passées, des séances mystiques et mélodramatiques qui se déroulaient dans d'autres dimensions, et sa conversation revenait sans cesse à des époques lointaines (le moment présent était trop ennuyeux). Mais cet article était une bonne raison de l'appeler. Cela fournirait à Deena une occasion de donner des conseils, tout le monde aime cela – et Lana avait besoin de conseils, cela va sans dire.

Elle composa le numéro.

« Lana que je croyais disparue ! fit Deena, incisive.

– Oui, je sais, dit Lana. Je suis nulle. Mais j'ai perdu le contact avec tout le monde. C'est en partie dû à l'emménagement avec Sam – je n'ai pas encore vraiment trouvé le bon équilibre. Tu acceptes mes excuses ? »

Lana essayait d'échapper au « désolée », elle le disait si souvent et de façon si automatique qu'il n'avait presque plus rien de sincère. On n'entendait presque plus jamais le mot « excuses ». Il était devenu trop abject à une époque où personne ne voulait jamais admettre ses torts. Mais il semblait plus juste.

« D'*aaaccord*, acquiesça Deena avec plus de chaleur dans ses inflexions du Sud. Quoi de neuf ? Comment est l'appartement ?

– Génial ! On l'adore. Mais écoute, tu te rappelles que tu voulais toujours me faire rencontrer Iris Biddle ?

– Oui. Pourquoi est-ce qu'on n'a toujours pas arrangé ça ? Vous avez grandi dans des maisons pratiquement voisines.

– Deena. Evanston et Barrington sont au moins à une heure l'un de l'autre. Enfin bref, devine qui je vais interviewer pour mon premier article dans *Vanity Fair* ?

– *Enfin* ! s'exclama Deena. Enfin un vrai magazine. »

C'était typiquement féminin, faire passer une chicane pour une accolade approbatrice. Lana fit comme si elle n'avait rien entendu.

« Mais devine qui ?

– Qui ? »

Exaspérée, Lana dit : « *Iris Biddle* ! Sa première exposition à la galerie "*fluide*". »

Deena poussa un cri aigu, puis fut toute effervescence : « Je peux assister à l'interview ? Je ferai la soubrette. Je servirai le thé. »

Lana cherchait un moyen de dire non gentiment.

« Mais je plaisante ! fit Deena. Et au fait, j'y suis pour quelque chose.

– Vraiment ? » Lana était dubitative.

« J'ai aidé au ramassage des branches, tâche moins facile qu'elle n'en a l'air.

– Alors rappelle-moi comment est Iris ? Comment dois-je m'y prendre ? Donne-moi des tuyaux. »

Quand on arrivait à concentrer Deena sur son sujet – *enfin* ! –, elle se montrait assez perspicace. Elle déclara qu'Iris serait adorable, « … mais deux choses. Accepte tout ce qu'elle te servira : thé, boissons. Elle a vraiment une dent contre les gens qui viennent chez elle et ne veulent que de l'eau ». (Oui, pensa Lana, tu m'as fait ce coup-là à moi aussi, Deena.) « Et puis elle est très sensible sur la question de son divorce. Son mari est parti en Afrique – il l'a quittée comme ça – chercher des émeraudes ou quelque chose comme ça : *tu imagines un peu* ? Je crois qu'il fait partie des Peace Corps maintenant. Elle n'est pas très claire à propos de la famille Biddle. Elle en rit, mais lui, elle le prend très au sérieux. Alors évite ce sujet. »

Lana devait aborder ce sujet. Son rédacteur en chef avait dit explicitement : « On veut savoir à quoi ressemble la vie d'une Biddle, la famille, le mariage, a-t-elle connu Sydney, la Dame du Mayflower ? Et cætera. » Sur le seuil de la maison de ville sur la 19e Rue Est, Lana était anxieuse et pressée d'en finir. Elle n'aimait pas les interviews – l'inévitable flagornerie, les réponses arrachées, les éternelles inquiétudes créées par le magnétophone et le bouton « pause » sur lequel on pouvait appuyer par erreur. Lana sonna et le bourdonnement de l'interphone l'autorisa immédiatement à entrer. Elle sortit son carnet et écrivit : « Ponctualité irréprochable », avant de monter l'escalier jusqu'au deuxième étage.

La porte s'ouvrit : grands sourires et échange de bonjours timides quand Lana serra la main d'Iris, sans savoir au juste quel était leur degré de familiarité, car chacune connaissait l'autre par l'intermédiaire de Deena – en fait, elles en savaient plus qu'elles n'étaient censées savoir, des bribes d'informations accumulées au fil des ans, qu'il avait fallu une éternité à Iris pour acheter un nouveau miroir pour sa salle de bains de la 19e Rue. « Il y avait ce vieux truc rayé, l'argent partait par plaques, avait raconté Deena, moi, je lui ai dit : "*Iris, ce miroir ! !*" et elle me répond : "J'aime avoir un miroir où me cacher." C'est bizarre, comme réponse, non ? » Ou encore comment les propriétaires et voisins du dessus d'Iris lui demandaient toujours de garder leur chat juste avant de partir pour l'aéroport, si bien qu'elle ne pouvait pas refuser, cela exaspérait Iris mais amusait Deena, qui avait imité Iris : « Et si je devais aller quelque part, *moi aussi* ? Qu'est-ce qu'ils feraient, hein ? » « La vérité, avait conclu Deena, c'est qu'Iris ne part jamais nulle part. Elle a épousé ses abat-jour. »

Chose étrange, tout cela s'évaporait dès qu'on se trouvait face à face avec la personne. Lana s'était représenté Iris comme une dame du manoir, peu amène, de taille imposante, à cause de Barrington et Biddle au procès de Nuremberg, et parce que Deena l'avait décrite comme autoritaire. Celle qui vint à la porte, cependant, portait bien ses quarante et un ans (la biographie ne mentionnait pas l'âge d'Iris, mais Deena en avait parlé) et son maintien la faisait paraître grande (Lana se redressa), elle avait de grands yeux noisette qui vous embrassaient tout entière. Son ossature était hautaine, certes, un peu comme les portraits de Babe Paley, surtout le nez et une aura… lointaine et réservée ? Non. De réticence ? Non. De la retenue ! Elle était vêtue d'une blouse blanche aérienne, col remonté, taillée dans une soie fine et curieusement empesée (« de la gaze de soie », comme le lui apprit Iris par la suite) et d'un pantalon cigarette noir bien taillé. Aux pieds, un genre d'escarpin à motif cashemere en lamé bronze (« des Vivier d'époque », lui expliquerait Iris). Lana prit la parole.

« Je suis très heureuse que vous ayez suggéré d'organiser l'interview ici. Vous n'imaginez pas à quel point on est à cran quand cela se passe dans des restaurants. Même les plus calmes sont bruyants : les couverts qui tintent, les interruptions. C'est tellement mieux ici. » Elle promena un regard circulaire sur le salon. « Et tellement beau ! » C'était une pièce imposante – trois mètres de hauteur sous plafond, trois immenses fenêtres –, impression encore accentuée par de longues tentures aux murs, de part et d'autre de la cheminée, des soieries anciennes qui se déroulaient du plafond jusque par terre, motifs animés d'arabesques et de papillons, fils argentés sur fond bleu ciel, et fils d'or sur un vert céladon, le tout ressortant sur des murs couleur de saule pleureur. « Wouah ! » dit Lana en pensant : « Fière de son intérieur. »

Iris esquissa un geste vers une causeuse et un fauteuil à oreilles dans le coin près de la fenêtre. Sur une table roulante aux lignes Art Déco était disposé un service à thé complet pour deux, sans oublier les canapés.

« Où avez-vous trouvé ça ? » laissa échapper Lana, consciente que la question était inhabituelle, le cœur serré à l'idée que son propre appartement était tellement inachevé, la chambre à coucher encore dans les cartons. Sam et elle ne s'y étaient pas encore mis.

« Je l'ai dessiné, répondit Iris, et je l'ai fait fabriquer. C'est une des choses incroyables à New York. On peut trouver quelqu'un pour fabriquer tout et n'importe quoi dans cette ville. »

Elles s'assirent.

Lana s'affaira avec son magnétophone – « un, deux, trois, un, deux, trois » – puis elle installa son carnet à côté d'elle et y griffonna : « B. Paley/yeux noisette/tourbillons de brocarts. » Iris apporta l'eau chaude pour le thé.

« Il y a de l'Earl Grey, du thé aux mûres et de la camomille.

– Les mûres, dit Lana, pour aller avec vos branchages. »

Lana survola les années de formation. (« C'est barbant, les récits d'enfance », disait toujours Sam. Il avait lu beaucoup de biographies.) Elle avait appris à poser des questions concises.

« Quel effet ça fait de devenir “une Artiste” tout à coup ? »

Iris était en train de leur resservir du thé avec la précision d'une Edith Wharton. En l'observant – et en gribouillant sans regarder le carnet : « Thé à la E. Wharton/ Ellen Olenska ? ? » –, Lana remarqua de minuscules coupures couleur corail sur les mains d'Iris, comme des éclats. Les ongles étaient courts ; polis, pas vernis. Iris surprit le regard de Lana sur ses mains et en leva une entre elles deux, comme les chirurgiens tendent la main pour recevoir le gant :

« Ce sont des coupures d'épines. » Elle laissa retomber sa main. « On croit faire très attention et on se pique à une épine qu'on n'avait même pas vue. On ne peut pourtant pas dire que je n'ai pas l'habitude. Avec les abat-jour en soie ce sont les épingles et les aiguilles qui vous jouent des tours. J'ai essayé de porter des gants, mais ça ne fait vraiment pas l'affaire : on ne sent rien. Le bon côté des choses, c'est qu'avec les branches on peut saigner sans les abîmer. »

Je tiens mon accroche, se dit Lana.

« Mais pour répondre à votre question, c'est agréable. Enfin, on aime tous retenir l'attention. Tout de même, j'ai toujours pensé que mes abat-jour en soie étaient de l'art. Pourtant la plupart des gens y verraient de l'artisanat.

– Art ou artisanat, cela fait partie de ces distinctions floues. Mais vous avez sauté le pas à un certain moment.

– Je suis passé à d'autres matériaux. Mais ne fait-on pas toujours ainsi ? On laisse parler les matériaux. C'est comme ce que je lisais sur Mozart – je viens d'acheter un CD de *Cosi fan tutte* –, il avait un soprano qui arrivait à chanter des notes vraiment très graves, alors il a écrit des arias qui descendent très bas dans les graves, ce qu'il n'avait pas fait jusqu'alors. »

Lana acquiesça. « C'est un opéra vraiment extraordinaire.

– Oui, dit Iris. Je suis allée l'écouter au Met à la dernière saison : je ne l'avais encore jamais entendu en concert.

– Vous alliez au Lyric à Chicago ?

– Pas pour l'opéra. Mes parents nous y emmenaient lorsque le ballet venait à Chicago, mais ensuite il n'y est plus venu. Je me rappelle que mon père nous conduisait jusqu'à Milwaukee pour voir l'American Ballet Theatre. Il fonçait sur cette longue autoroute. » Elle prenait plaisir à ce souvenir. « C'était à l'époque où il avait sa Mercedes, il adorait cette voiture. Il disait qu'il la sortait pour qu'elle fasse de l'exercice. Nous étions terrifiés : je crois qu'il montait jusqu'à 170 kilomètres à l'heure. Et puis il a quand même fini par avoir une amende. Nous étions ravis.

– Mais revenons au grand saut. D'où vous est venue cette idée ?

– J'avais acheté un livre de photographies de Josef Sudek, elles sont pleines d'arbres et de branchages. Je peux vous le montrer. »

Elle se leva, disparut au fond du couloir et revint avec le livre. Elle le posa sur les genoux de Lana.

« Vous pouvez l'ouvrir à n'importe quelle page, dit-elle. Ce que j'adore, c'est surtout son sens de l'attente dans les choses. Un monde en sommeil. »

En sommeil, pensa Lana, quelle belle expression. Elle ouvrit le livre sur une photographie intitulée *Saint Vitus Cathedral, 1924-1928*. Pierre, immobilité, trois voûtes se dressaient et à travers chacune, des rais de lumière tombaient de biais des cieux. La lumière était aussi raide qu'un voile de mariée, si féminine, et si violente.

« Et un jour, c'était en hiver, je contemplais le sommet des arbres, et je me suis dit, et si j'utilisais des branches, moi aussi ? Alors j'ai décidé d'essayer. »

Lana continua à tourner les pages et trouva les photos d'arbres. Elles semblaient receler un secret, une sagesse cachée.

« Donc Sudek a été la pierre de touche ?

– Eh bien, cela a plutôt été une sorte de leitmotiv. D'aussi loin que je me souvienne – et je suppose que beaucoup de gens ressentent cela –, les branchages nus me rendaient si… triste. J'ai voulu essayer d'utiliser cela. »

Lana aimait la façon dont les cheveux courts et sombres d'Iris lui frôlaient les tempes en vagues qui semblaient taillées au millimètre près.

« Et vous avez toujours été obsédée par les nids ? »

Iris réfléchit un instant.

« Je ne dirais pas que je suis obsédée par les nids. C'est un aboutissement. Pour moi, un abat-jour autour d'une ampoule est comme un nid abritant un œuf.

– Alors vous n'avez jamais étudié les nids d'oiseaux ? » Lana ne voulait pas insister lourdement, mais dans les interviews, plus on obtenait de réponses, mieux c'était, aussi cela ne faisait-il jamais de mal de poser la même question deux, voire trois fois.

« Non. Et je n'ai pas consulté d'ouvrages naturalistes parce que je ne voulais pas être influencée. Enfin, je n'essayais pas de surpasser la nature. Je cherchais quelque chose d'autre. L'esprit – le sortilège des branchages.

– Quand je regarde les nids, hasarda Lana, ils me semblent dire, de manière abstraite, que la branche, le nid et la plume ne font qu'un.

– Oui. L'arbre et la branche ne font qu'un.

– Le travail de la soie vous manque-t-il ?

– Je continue à confectionner et à vendre des abat-jour en soie, même si cette activité a été un peu réduite. Donc, non, cela ne me manque pas. Mais je dois l'avouer, il y a une telle liberté dans le travail sur les sarments et les branchages. C'est une sorte d'échappatoire. »

Iris prit un canapé, son troisième. Lana en avait déjà englouti cinq.

« Pourtant Emily Edwards leur donne le nom de pièges, fit remarquer Lana.

– Je ne suis pas en mesure de les analyser. Et à trop discuter de quelque chose, on le tue, vous ne croyez pas ? Quand je les fabrique, je suis entièrement prise par ce que je fais. »

« Discuter, c'est tuer » était une bonne phrase. Lana jeta un coup d'œil au magnétophone pour vérifier que la cassette tournait. Elle reporta son regard sur Iris, qui buvait une gorgée de thé.

« Maintenant, dit Lana sous l'emprise du regret, en espérant se démarquer des prochaines questions, il y a des choses sur lesquelles le magazine veut que je vous interroge. »

Iris la regardait.

« Vous pouvez dire : "Pas de commentaire." »

Iris la regardait toujours.

« Est-il vrai que votre ancien mari, Erich Biddle, a abandonné la science pour se lancer dans l'exploitation d'une mine d'émeraudes et que cela a fait scandale ?

– Non. Il n'y a eu aucun scandale. Mais il est bien parti chercher des émeraudes.

– Pourquoi des émeraudes ? » Lana était perplexe.

« Tout le monde a trouvé cela déroutant, dit Iris, une entreprise si… ridicule. »

Lana ne dit rien. Elle attendit. Une tactique d'interview consacrée par le temps.

« Erich était docteur en neuro-pharmacologie, poursuivit Iris en s'engouffrant dans le silence. Donc on ne pouvait rien lui apprendre sur la chimie du cerveau. En tout cas j'en étais incapable, même si manifestement, à mes yeux, il était tout simplement en train de… se désintégrer. Bref, il y a quelque temps je suis tombée sur un article sur les pierres précieuses, il disait que les émeraudes, dans l'Antiquité, étaient réputées pour calmer l'âme et même guérir la folie. Je n'avais jamais entendu cela. Et je ne pense pas qu'Erich le savait. En dépit de la présence de gemmes dans l'histoire familiale, Bailey Banks & Biddle, vous voyez. »

Bien sûr – la bijouterie –, Lana était fascinée.

« J'y ai vu une sorte de vérité poétique. Cela lui allait bien. Il essayait de sauver son âme. Il a toujours été différent. » Puis Iris s'interrompit, inquiète. « Vous n'écrirez pas cela dans l'article ?

– Non, dit Lana, modulant ses inflexions à l'intention du magnétophone : c'était entre nous. » Elle se redressa. « Bien, alors maintenant, une déclaration publique : êtes-vous toujours en contact avec lui ?

– Oui.

– Ah bon ?

– Il m'envoie des cartes postales très drôles d'Afrique. »

Une bonne journaliste aurait demandé s'il avait jamais envoyé une émeraude, mais qu'importe ! Iris était formidable. Pourquoi courir le risque de la contrarier ?

« Deena a dit qu'il fait partie des Peace Corps.

– Depuis longtemps déjà. Sur le terrain, mais au sommet de la hiérarchie. »

Lana perçut la pointe de fierté dans cette réponse. Elle se demanda si Iris était encore amoureuse de cet homme. N'aurait-elle pas dû se remarier depuis tout ce temps ? Pour ce que Lana en voyait, Iris n'était pas cinglée comme tant de New-Yorkaises, mais cela ne se voyait pas toujours de l'extérieur. Qu'est-ce qui clochait chez elle ? Lana n'aimait pas penser qu'une femme chez qui rien ne clochait pouvait finir sa vie seule. Elle poursuivit comme un bon petit soldat avec sa dernière question minable.

« Avez-vous connu – connaissez-vous – la Dame du Mayflower ?

– *La Vie des gens riches et célèbres* ! railla Iris, les yeux brillants, où le vert l'emportait presque sur le brun. Je ne l'ai jamais rencontrée… mais je n'aurais guère eu de chances de le faire. C'était une tout autre branche de la famille. Et puis Erich et moi vivions notre vie – la vie des universitaires, vous voyez. Mais les vieilles et illustres familles donnent parfois l'impression de receler plus de folie. Elles ont indéniablement plus d'éclat avec cette folie. Cette réponse vous suffit-elle ? »

Lana acquiesça. « Merci. » Elle posa son carnet à côté d'elle. Puis se pencha en avant, ravie d'en avoir terminé. « Alors, vous avez parlé à Deena récemment ?

– L'autre jour, justement : pour savoir qui vous étiez.

– Oh-oh !

– Elle a dit que vous étiez sérieuse. » Iris fit glisser le dernier canapé sur l'assiette de Lana. « Et une journaliste fantastique.

– Wouah ! C'est vraiment très gentil. Je crois que je suis trop dure envers Deena parfois.

– Elle peut être assez pénible. Bien que ses intentions soient toujours généreuses.

– Mais qu'est-ce que vous pensez de cette maladie ? » Lana était sur la corde raide, elle ne savait pas jusqu'où irait Iris, à quel point elle cherchait à protéger Deena.

« C'est un grand mystère, répondit Iris. Elle m'a toujours l'air d'aller parfaitement bien. Enfin, ça demande une telle énergie de courir la ville comme ça !

– Elle m'a dit qu'on l'avait laissée tomber sur la tête quand elle était bébé.

– Nooon ! s'exclama Iris, avec un sourire étonnamment large.

– Si, gazouilla Lana. C'est pour ça qu'elle ne se sent pas dans son assiette, son *chakra* est dérangé.

– Elle ne m'en a jamais parlé, dit Iris. Elle n'a sans doute pas osé. Je suis fille de médecin et elle sait que je me méfie de ses thérapies. Un jour, j'ai traité son médecin de charlatan, c'était une gaffe, et elle a failli me raccrocher au nez.

– En fait... » Lana était un peu étourdie par ces potins. « ... elle est rentrée chez elle pour Noël, c'était il y a un an, pour chercher des noises, rien que pour chercher des noises. Elle a fini par accuser sa mère. Je suis sûre que sa mère en est restée abasourdie. Bref, la maman a tout nié et ça s'est terminé dans les larmes et les récriminations. Il n'en est rien sorti de concret. En plus, maintenant, Deena ne peut pas affirmer qu'elle est tombée sur la tête.

– Cette conversation me donne une envie *dévorante* de Martini, dit Iris, détendue dans son fauteuil à oreilles en soie blanche, si seulement il n'était pas si tôt ! Bon, il faut dire qu'on fait souvent tomber les bébés. Ou ils tombent tout seuls. Et c'est sans conséquence grave. Ma propre sœur a été horrifiée de voir son fils se lever dans sa chaise haute et tomber à pic sur la tête. » Son doigt décrivit un arc dans le vide. « Comme une fusée détraquée. » Elles se mirent à rire de concert. « Mais le fait est que Deena (Iris riait en parlant) a une tête parfaitement ronde. » Le rire la rendait juvénile. « Pas du tout cabossée !

– Oui, dit Lana, en songeant qu'il aurait été amusant de boire du Martini, oublions son crâne. Vous ne trouvez pas cela agaçant de ne pas savoir si elle est vraiment malade ?

– Au début, ça me laissait perplexe, concéda Iris, mais maintenant j'y vois un mécanisme de défense.

Cela demande une ressource incroyable d'être célibataire à New York, je suis sûre que vous en savez quelque chose. Et quand on prend de l'âge, les gens commencent à se poser des questions sur vous, pourquoi vous n'êtes pas mariée, qu'est-ce qui ne tourne pas rond chez vous ? »

Lana cligna des yeux, coupable.

« Je pense que Deena utilise cette maladie comme écran, poursuivit Iris, pour échapper à tout ça. Tant qu'elle reste en quête de guérison, les autres questions restent en suspens. Et au diable les attentes de tout un chacun.

– Et vous ? » Lana ne put résister. « Quel est votre mécanisme de défense ?

– C'est facile, n'est-ce pas – et amusant –, d'analyser ses amis. Je suppose que je me repose sur le passé, moi aussi. J'ai eu une enfance très heureuse. Mais cette chance peut vous rendre, eh bien, un peu passive par la suite. Comme si les revers rencontrés plus tard dans la vie n'étaient qu'un score qui s'égalise, alors on les accepte. On se dit, mais mon enfance a été si merveilleuse !… Mais… » Apparemment, Iris avait réfléchi à tout cela. « … ce n'est peut-être pas la meilleure chose à faire. » La pièce était fraîche, la lumière du nord s'y faisait rare, même si le soleil brillait dehors. « Et vous, Lana ? »

C'est toujours étrangement agréable d'entendre une nouvelle personne prononcer votre prénom.

« Je ne sais pas. Je fais aller. » Le problème, c'est que Lana ne se considérait plus comme célibataire.

« Quant à Deena, reprit Iris en se levant pendant que Lana rangeait ses affaires, même si nous savions précisément ce qu'elle a, est-ce que ça la rendrait plus facile à supporter à haute dose ? »

Sur cette note, une lueur de gaieté dans leurs regards, elles se dirigèrent vers la porte et se serrèrent encore la main. Puis Lana demanda, comme à son habitude : « Si j'ai d'autres questions, verriez-vous un inconvénient à ce que je vous appelle ?

– Bien sûr que vous pouvez m'appeler ! Et je compte bien vous voir à l'inauguration. »

Lana dévala l'escalier. Il était quatorze heures cinquante. Même quand l'interview se passait à merveille, sortir était comme s'évader de prison, retrouver son existence propre. Malheureusement, Lana était attendue chez Dwight à seize heures – à environ six blocs vers l'ouest sur la 18e Rue. Elle n'aimait pas enchaîner ainsi les rendez-vous le samedi, elle préférait se réserver cette journée, mais Iris avait dit treize heures, Dwight seize heures, et voilà, Lana avait une heure à tuer. Elle délibéra pour savoir si elle ne filerait pas à l'appartement de la 11e Rue, mais pourquoi aller vers le bas de la ville un quart d'heure pour en repartir aussitôt ? Elle pourrait aller flâner chez ABC, qui se trouvait sur le chemin pour aller chez Dwight – mais flâner dans les magasins n'est pas drôle quand on doit sans cesse regarder sa montre. En fait, elle n'avait envie que d'une tasse de café (« s'offrir un thé » était une petite gâterie, mais cette boisson en elle-même était fade). Quand Lana arriva sur la Cinquième Avenue, elle s'arrêta dans le premier café qu'elle aperçut et prit place au comptoir.

C'était comme enfiler de vieilles chaussures. Chicago, New York, tous ces cafés se ressemblaient, de leurs gâteaux d'apparence factice dans leur vitrine à leurs feuilletés aux fruits luisants de sucre sous leur dôme en plastique rayé. Avec un exemplaire du *Kenyon*, de l'*Hudson* ou du *Partisan Review*, six kilos en plus, une jupe Brooks Brothers qui le taquinait à la taille, elle se retrouverait à Chicago, après la fac, avant tout le reste. Combien d'heures passées devant un café extra dilué ? Combien de salades du chef sur une assiette ovale, le dernier livre de Saul Bellow calé à côté, ses pages mouchetées de taches de vinaigrette ? Son café préféré, le Carnegie Deli situé dans l'hôtel Drake, n'existait plus. Maintenant, c'était l'Old Chicago, un petit endroit vraiment extraordinaire, niché à l'écart du hall du Drake et de son labyrinthe de boutiques et de restaurants de luxe. Au Carnegie, on avait l'impression de se trouver dans la poche intérieure d'une veste – on sentait la pression exercée par la masse du lac Michigan, dalle aveuglante de ciel et d'eau située à quelques mètres de là, sur les murs. Mais devant vos yeux, les salades au poulet les plus crémeuses, les plus riches en morceaux qui existent, les milk-shakes au chocolat bien glacés encore épaissis par les cristaux de glace. Disparus aujourd'hui.

Elle avait fait tout ce chemin pour, et pourtant elle se trouvait encore dans le même vieux café, devant la même vaisselle d'un blanc terne. Elle venait de terminer sa première interview pour *Vanity Fair*, le magazine le plus prestigieux d'Amérique, et elle se retrouvait à consommer comme un mec au comptoir. C'était quand même génial qu'ils l'aient contactée ! Elle n'aurait jamais osé les appeler. Mais un des rédacteurs en chef avait lu son article dans *The Atlantic* et l'avait trouvé classe. (« Quand on a un regard, avait dit le rédacteur, on peut écrire sur n'importe quel sujet. ») L'article de Lana sur Iris était limité à un feuillet, mais elle en ferait quelque chose de détonnant. Elle jouerait sur le contraste entre la majesté très classique d'Iris et la férocité de ses nids. Il y avait un je-ne-sais-quoi de féerique chez Iris, comme une femme qui tisserait sa propre tour de brindilles, Raiponce aux prises avec les épines. Peut-être Lana pourrait-elle faire quelque chose de l'analogie entre le vert dans les yeux d'Iris et les émeraudes. Ou peut-être pas. Il planait une ombre là-dessus. C'était peut-être la raison de sa solitude. Le mari disparu, et toutes ces piqûres, ces coupures et ces éraflures. Cela ressemblait à un symbole. La blessure sacrée. Les gens ne laissent pas si facilement s'effacer ce genre de cicatrices. Mais Lana n'explorerait pas cette voie-là. Elle s'en tiendrait aux déclarations officielles et aux nids, ce qui suffisait amplement. Cet article allait être amusant à écrire.

Et qu'en penserait Fernanda quand elle le verrait ? *Si* elle le voyait. Cinq mois avaient passé depuis leur dispute du mois de janvier, mais ce souvenir soulevait encore le cœur de Lana. Du moins avait-elle cessé d'imaginer ce que Fernanda pouvait dire d'elle. Et puis il y avait le bon côté de la chose : elle ne se sentait plus obligée d'appeler, de jouer aux devinettes, de flagorner, de finasser. New York était une ville étrange. En un an et demi, Lana avait perdu deux amies – qui pensaient l'une et l'autre avoir été trahies. Était-ce le cas ? Trahies par Lana, la petite Lana d'Evanston, Illinois ? Elle avait compris combien il pouvait être pénible d'avoir une jeune amie et collègue qui n'était pas d'accord avec vous, qui vous rattrapait, voire vous dépassait. Elle avait compris que lorsqu'elle avait emménagé avec Sam, Fernanda avait eu l'impression qu'on la laissait sur le bord de la route. En fait, Sam lui-même avait dit : « Tu as pris quelque chose à Fernanda : toi-même. » Lana avait fait comme si rien n'était changé après le déménagement, elle avait prétendu ne pas être fatiguée de l'exigence et des appels continuels de Fernanda. Mais n'était-ce pas là aussi mentir à Fernanda ? Un mensonge dans lequel Fernanda avait vu clair – et en bonne fille de son père, Lana s'était chargée de consommer la rupture. Elle regrettait d'avoir dit à Fernanda qu'elle était « petite ». Elle l'avait pensé sur le moment, mais ce n'était pas vrai, ou alors seulement au sens où l'est une enfant, avec ce besoin qu'ont les enfants de tester et de rejeter, de maîtriser les choses par ce processus de test et de rejet. Lana aurait voulu retirer ce qu'elle avait dit. Il n'empêche, les attaques de Fernanda, leur *véhémence* ! Lana ne l'oublierait jamais : voilà jusqu'où iraient certains pour ne pas se sentir dépassés. Elle espérait ne jamais devoir éprouver de telles craintes.

À l'époque, Lana avait donné à Livia des comptes rendus au jour le jour de ce qui s'était passé, mais dernièrement, elle avait téléphoné un dimanche où son frère Tom était lui aussi chez Livia, venu déposer des photos de famille.

« On dirait qu'il y a un schéma récurrent, avait dit Lana, quelque chose chez moi excite la colère de ces femmes. Moi qui fais tant d'efforts pour ne susciter la colère de personne.

– Primo, elles ont tendance à être plus vieilles que toi, avait dit Livia. Pas vrai ? Ce qui fait de toi leur vassale dès le départ. Deuzio, corrige-moi si je me trompe, ce sont des divas. Et tu n'es pas une diva. Tu n'as pas le même bagage. »

Livia était la diva de la famille Burton, même si aucun d'eux ne pouvait se résoudre à le lui dire.

« Et on sait tous ce qui arrive quand on n'a pas le même bagage », hurla Tom derrière. Puis Lana entendit des bruits et la grosse voix de son frère se fit entendre à l'autre bout du fil : « Tu finis par leur porter les leurs, de bagages !

– Il a raison ! lança Livia derrière lui.

– Bon, ma puce… » Tom aimait résoudre les problèmes. « … quel retour sur investissement en as-tu tiré ? Voilà la question que tu dois poser. » Haussier dans une entreprise de courtage, Tom était très pragmatique. « Tu te rappelles ce travail que tu avais fait pour le cours de sciences naturelles ? Quand tu avais fait pousser deux plants identiques, un à l'ombre et un au soleil. Tu te souviens comme tu t'étais identifiée à la grande plante toute dégarnie de l'ombre ?

– Tom ! Cette plante est morte.

– Voilà où je veux en venir. Tu n'es pas cette sorte de plante. Tu aimes l'ombre. Tu te rappelles à la maternelle, quand tu t'étais assise sous la table pendant ton récital (une anecdote célèbre dans la famille) pour laisser briller les autres ? Tu as fait ça parce que c'était la bonne lumière pour la photosynthèse à la Lana Burton.

– À t'entendre, on dirait que j'utilise les gens.

– Ce n'est pas moi qui le dis. C'est une symbiose. Mais manifestement c'est fini. Tu es prête pour le soleil. Et pendant que tu y es, ma puce, arrête de te coller l'étiquette de critique. Les gens détestent les critiques. Fais-toi l'honneur de te présenter comme journaliste.

– Tom ?

– Quoi ?

– Qu'est-ce que c'est, ce ronflement derrière toi ?

– Allez, vas-y, change de sujet ! C'est Dickens, notre nouveau chiot, un bouledogue français. Il rote, il pète, il éternue. Les enfants l'adorent. Et maintenant il faut que je le ramène à la maison. Alors je te passe Livia... »

Il y avait un nombre infini de théories et, d'une certaine façon, un nombre infini de vérités. On en élaborait, on les soupesait et puis on passait à une autre. Lana ne cessait de repenser à une chose que Fernanda avait dite lors de leur dernière conversation téléphonique, quand elle avait remercié Lana de ses excuses mais avait dit qu'elle n'était pas sûre que « cela suffise ». Lana avait le sentiment que cela était au cœur de toutes les accusations, de tous les désaccords, de toutes ces piques, colère et douleur : qu'est-ce qui était ou n'était pas suffisant ? Y avait-il deux personnes au monde qui s'accordaient sur ce sujet ? Le trop et le pas assez ?

Lana jeta un œil à sa montre. Elle partirait dans dix minutes. Elle ignorait combien de temps elle passerait chez Dwight, mais ensuite, s'il n'était pas trop tard, elle passerait chez Bed Bath & Beyond. Lana et Sam avaient désespérément besoin de nouvelles serviettes. Quand ils avaient emménagé ensemble, il avait apporté sa serviette bleu marine à rayures rouges – salut, moussaillon ! – et elle ses serviettes jaunes, jadis moelleuses, aujourd'hui élimées par l'usage. L'appartement d'Iris Biddle, les couleurs fraîches et les étoffes chatoyantes avaient donné des envies de luxe à Lana. Elle commencerait par de grandes serviettes blanches et douillettes lavables à l'eau de Javel. Elle les paierait avec leur nouvelle carte de crédit commune, et elle jetterait les serviettes bleues et jaunes.

Lana fit signe pour qu'on la resserve. Elle ajouta de la crème et but à petites gorgées le café léger, pâle, suave et brûlant. Dwight avait fini par lui annoncer qu'il était séropositif, ce qu'elle soupçonnait au vu de ses variations de poids quelque temps auparavant. De nos jours, avec le cocktail de médicaments, on ne savait plus trop qui l'était et qui ne l'était pas. Les gens étaient florissants, et l'ombre sinistre qui avait plané sur eux, pesé sur l'existence de chaque New-Yorkais, qu'ils s'en doutent ou non, s'était éloignée. Depuis dix longues années semblables aux vertes prairies françaises, la section faire-part de décès du *Times* était redevenue la province réservée des personnes âgées. Mais soupçonner la vérité était une chose. Entendre Dwight la dire en était une autre. Lana n'avait pas su se montrer à la hauteur de l'instant : un tunnel noir s'était brutalement creusé autour de la ligne téléphonique qui les reliait l'un à l'autre.

« Oh ! »

Elle qui travaillait chaque jour avec des mots. Il avait attendu à l'autre bout de la ligne, pendant que les yeux de Lana s'adaptaient à cet univers souterrain. « Mais ça va aller, avait-elle dit. Ce n'est plus comme avant. » À quoi il avait répondu : « Je sais. » Puis ils avaient continué à parler, en s'habituant à ce nouveau domaine : médecins, traitements, effets secondaires. Dwight était coriace, c'était indéniable, il en plaisantait déjà. À la fin de la conversation, alors que leur amitié était tout sauf émotive et tactile, Lana lui avait dit : « Nous… je… je t'aime. » Et il avait dit encore une fois : « Je sais. »

Dwight s'en tirait très bien avec la trithérapie, mais elle lui aurait encore mieux réussi s'il avait commencé plus tôt. Têtu, secret, et pour finir tellement seul, il avait nié ses symptômes et reculé le moment d'aller voir un médecin. Aussi traversait-il des hauts et des bas, mais, par bonheur, il reprenait des forces. Et la bonne nouvelle, c'est qu'il venait de décrocher un contrat pour un livre : une avance impressionnante à six chiffres pour une biographie critique de Barychnikov. Il avait un rhume des foins le jour où il avait annoncé la nouvelle à Lana, mais la pensée des Cassettes qui en seraient vertes le fit ricaner entre deux quintes de toux. Lana passait chez lui ce jour-là pour fêter l'événement autour d'une coupe de champagne (fini le bourbon pour Dwight) et l'entendre parler du livre. Il avait besoin de ses impressions. Et elle lui raconterait l'interview d'aujourd'hui, *Vanity Fair*. Il adorait avoir une informatrice de l'intérieur. Il adorait le strass et les paillettes. Et il serait heureux pour elle, heureux que « l'un d'eux » profite de l'occasion. En ce qui le concernait, il ne voyait pas pourquoi ce ne serait pas leur tour d'avoir du pouvoir.

Lana se réjouissait de voir Dwight, mais elle éprouvait cette agréable force d'attraction maintenant, cette envie de rentrer à la maison retrouver Sam. Elle décida de ne pas aller acheter les serviettes, elle le ferait demain. Peut-être emmènerait-elle Sam, il n'y verrait aucun inconvénient, du moment qu'ils y faisaient un petit saut, car dans ce cas il ne se sentirait pas trop domestiqué. Il n'était pas homme à flâner avec plaisir dans les grands magasins. Mais la vie à deux lui plaisait vraiment, Lana pouvait l'affirmer. Et quand ils avaient fini par discuter des raisons pour lesquelles il n'avait rien dit pendant ces deux mois, ces horribles mois de juin et de juillet, il s'était montré penaud. Lana assise sur ses genoux, Sam avait dit : « J'espérais que toute cette histoire serait oubliée.

– Oubliée ? ! Tu savais que j'attendais.

– Eh bien, c'est un peu comme aller chez le médecin, on remet ça à plus tard, jusqu'à ce qu'on ne trouve plus d'excuses.

– Et quand je t'ai mis en face de la question sur le trottoir ? Qu'est-ce que tu as pensé ?

– Oh-oh ! C'est cuit ! » Ils éclatèrent de rire. Elle empoigna les cheveux sur sa nuque.

« Mais tu n'es pas heureux maintenant ? » lui avait-elle demandé, en secouant la main pour que sa tête soit ballottée elle aussi.

« Si, je crois.

– Eh bien, cache ton enthousiasme !

– Je ne veux pas que tu crois que tu mènes la danse, même si c'est le cas. »

Lana voulait plus d'explications.

« Mais tu ne voyais pas comme je devenais triste ?

– Je ne savais pas que c'était à cause de nous. » Et il l'avait attirée contre lui. « Tu ne crois pas que je t'aurais laissée continuer sans moi… ? » Puis il la fit se lever, car cinq minutes sur ses genoux était la limite supportable pour ses jambes.

Dans trois mois, cela ferait un an qu'ils vivaient ensemble. Alors elle parlerait peut-être de mariage en septembre : ils pourraient se fiancer pour Noël et les noces seraient pour le printemps ou l'été suivant. Mais une année, cela semblait trop rond, pas assez romantique. Et Sam avait mis de l'eau dans son vin. Le respect dont elle avait fait preuve face à sa lenteur, le fait qu'elle lui ait accordé tout le temps qu'il lui fallait et même plus, il lui rendait tout cela au centuple. Il s'était assoupli, il suivait Lana dans ses initiatives. Peut-être improviserait-elle tout simplement la suite des événements ; écoutant son cœur, elle attendrait le bon moment. Leur appartement (dans un immeuble où il y avait beaucoup de familles) leur tiendrait trois, quatre ans. Il comprenait un office séparé (avec fenêtre) assez grand pour un berceau. On pourrait aménager cette pièce (Lana n'y voyait pas d'inconvénient) si Sam ne voulait pas renoncer à son bureau. Il avait besoin de son petit espace de célibataire, même si ce n'était qu'une illusion.

Lana but une dernière gorgée de café. Pour l'instant, se dit-elle, tout cela me suffit. J'ai bien aligné mes pions. Et comme elle était seule au comptoir, elle se mit à fredonner à voix basse une chanson que Livia et elle avaient écoutée encore et encore, et encore et encore dans le noir, elles adoraient toutes deux le finale en fanfare avec ses rebondissements sur le titre, tout bourgeonnait en « *roses and daffodils* », tout…

Quoi ? Elle n'arrivait pas à se rappeler. Incapable de continuer, Lana reprit la chanson depuis le début – et ne parvint pas plus à retrouver la fin. Elle posa deux dollars à côté de sa tasse à café et adressa un petit signe d'au revoir au serveur derrière le comptoir. En poussant la porte vitrée, cela lui revint : « *Sunshine and Santa Claus !* »

Voilà, tout cela était là, devant elle.

18

Regardez-y à deux fois

Iris n'avait pas envie de sortir de la voiture. Elle aimait le silence qui planait dans Manhattan au point du jour, la grisaille qui montait, fantomatique sous le noir bleuté de la nuit, encore trop sombre pour que l'on devine quel temps il ferait. Elle était intriguée par les petites maisons de brique qu'elle longeait dans certaines parties du Queens qu'elle n'avait encore jamais vues. Était-elle déjà véritablement allée dans le Queens, à part pour prendre l'avion ? Le chauffeur se dirigeait vers Far Rockaway, un peu après l'aéroport Kennedy, vers un endroit connu sous le nom de Jamaica Bay.

« C'est un truc publicitaire, un impromptu », avait dit la présentatrice et ex-compagne d'association étudiante Victoria Pines quand elle l'avait appelée deux semaines plus tôt. Vicki s'y était retrouvée embringuée du fait de ses reportages passés sur les animaux, et voilà qu'elle y embringuait Iris. « Il y a un projet de piste cyclable à Jamaica Bay, cette réserve naturelle dont la plupart des New-Yorkais n'ont jamais entendu parler. Comme s'il y avait besoin d'un centimètre d'asphalte de plus dans cette ville ! Une poignée d'ornithologues amateurs et d'amis essaient de tuer le projet dans l'œuf. On se retrouve là-bas le 14 octobre, un samedi – et on a besoin de renfort, des personnes en vue. J'aurai une caméra, je ferai des interviews et ensuite on observera quelques oiseaux ou quelque chose comme ça. Retour pour midi. Il *faut absolument* que tu viennes. C'est logique : à cause de tes nids ! »

Iris ne pouvait pas refuser. Vicki avait consacré trois minutes si obligeantes, quoique médiatiques comme il fallait s'y attendre, à l'exposition d'Iris dans la galerie "fluide" (« On est loin des abat-jour de vos grands-mères », « L'artiste a enlevé ses gants blancs » et « Si Sylvia Plath utilisait des bouts de bois au lieu de mots » etc. ; à ces mots, Iris n'avait pu que penser : « Ouh ! »).

« Et puis, poursuivit Vicki, il y aura au moins deux bons partis dans le groupe. Jeff Henderson, le journaliste de Chicago, un blond *encore* beau comme un dieu et entre deux mariages ! Et Chip Parks, famille de Wall Street. Il est un peu rondouillard. Mais si *adorable* – une personnalité adorable. »

Ouille ouille ouille ! Depuis le vernissage en septembre, les douze centimètres et demi d'un enthousiasme troublé publiés dans le *Times*, le minuscule éloge en dix phrases dans *The New Yorker*, le superbe portrait de *Town & Country*, le coup de projecteur lyrique de Lana Burton paru dans *VF* et le mépris malveillant de *The Voice* (« Félicitations, avait dit Emily Edwards avec un sourire radieux, quelqu'un vous hait ! »), Vicki l'appelait à tout bout de champ. Comme si elle avait décidé qu'elle avait sous-estimé Iris, comme si elle la voyait sous un jour nouveau (une « star » elle aussi) et voulait faire d'elle son projet chouchou (la fille qu'elle guiderait de la page six jusqu'au château du prince). Pour Vicki, il était tout simplement inconcevable que l'on puisse rester seule.

Mais monter dans la voiture ce matin-là, la rue endormie dans les ténèbres et la lueur des lampadaires – cette étrange sensation d'entre-deux –, cela avait rappelé à Iris les jours de chasse. Debout avant l'aube, l'agitation silencieuse dans la grange froide, les ampoules nues qui brillaient dans des halos de froidure, les chevaux, crins taillés et tressés, qui attendaient. Et Iris elle-même. À quinze ans elle n'était pas encore jolie, mais avec une bombe noire et une lavallière blanche, son nez long et fin surmontant ses petites lèvres pincées trouvait le contexte qui lui seyait. Et ses longues jambes maigres, éternelle gêne quand elle portait des jupes, devenaient d'une élégance enviable dans des bottes en cuir noir à revers vernis.

La voiture de ville s'arrêta dans un parc de stationnement parsemé d'autres véhicules de ville, de BMW et de certaines de ces voitures de sport. Iris espérait que sa tenue était appropriée. En se dirigeant vers le centre d'accueil et d'information des visiteurs, elle s'approcha de son reflet dans les portes vitrées : chaussures Timberland, pantalon en velours côtelé remonté jusqu'aux chevilles, un épais pull-over à col roulé couleur taupe et la vieille veste de chasse de son père, si belle. Elle l'avait prise dans les premiers jours glacés qui avaient suivi sa mort, l'avait tirée du placard où les vêtements paternels avaient cessé de respirer, pour que sa mère ne l'envoie pas sans réfléchir à un oncle ou aux bonnes œuvres. Un tweed caramel, et la veste étant très large, taille cinquante-deux, Iris serrait la ceinture au maximum, comme une épouse d'Hemingway. Elle pénétra dans le centre d'accueil désert et aperçut des gens rassemblés juste derrière une seconde paire de portes vitrées, dehors, dans une clairière, de l'autre côté du bâtiment. Ils étaient vêtus de microfibre noire, de laine polaire et de Gore Tex. Iris soupira. D'une façon ou d'une autre, je suis toujours à côté de la plaque. Deux New-Yorkaises de l'East Side, la vingtaine, cheveux lustrés, se détachaient particulièrement du groupe dans leurs caleçons ultra moulants taillés dans Dieu sait quelle fibre et dont les ourlets retombaient très bas sur des bottes de cow-boys. Où sont les vaches ? se demanda Iris en observant les filles jeter autour d'elles des regards insolents à la « comment on s'est retrouvées là ? ». Quelques oiseaux de plus, se dit Iris, pour Henderson et Parks.

Iris resta là à regarder à travers la vitre. Je ne suis pas venue ici pour animer la rencontre, je suis venue pour rendre service à cette enquiquineuse de Vicki. Le soleil se levait dans le ciel. La journée s'annonçait magnifique. Vicki repéra Iris et lui tomba dessus comme une tique.

« Biddle. Toi ici !

– Bien sûr que je suis venue », dit-elle en pensant : je suis venue dans la voiture que tu m'as envoyée. Vicki portait un maquillage grand teint, ses cheveux blonds tirés en arrière style safari. Son cameraman n'était nulle part en vue, probablement en train de fumer une cigarette en douce derrière un arbre. « J'ai déjà fait deux mini interviews, il m'en reste deux. Mais je vais te présenter. Je ne veux pas que tu restes toute seule. » Vicki jaugea Iris d'un coup d'œil comme toujours. « Tu es si démodée ! Mais charmante », s'empressa-t-elle d'ajouter.

Tirée par le coude, poussée sous le nez ciselé et les yeux bleus perçants de Jeff Henderson, contrainte de bavarder avec l'adorable Chip (pur produit de la lignée des wasps pauvres mais dignes), Iris fit de son mieux pour se montrer sociable, répondant oui, que c'est merveilleux d'être exposée dans une galerie et non, malgré ses abat-jour en nids, elle n'avait pas pour habitude d'aller observer les oiseaux, mais c'était très agréable de participer à cette sortie matinale. Quand elle finit par s'arracher à l'emprise de Vicki, elle déambula vers un carnet posé sur un chevalet en bois brut. La liste des oiseaux aperçus ces derniers temps.

100 foulques d'Amérique
busard du Nord
17 hérons de nuit à crête noire
Pluvier doré ! ! ! !

Non loin, un beau jeune homme qui avait l'air d'être le guide installait un télescope, dont il redressait les tréteaux tout en parlant à deux hommes plus âgés tout droit sortis du catalogue L. L. Bean (plus dans le style d'Iris). Non qu'Iris trouvât quoi que ce soit à redire à la prestance hollywoodienne de Jeff Henderson ni à ses yeux si perçants (il n'en était pas responsable). Il était indéniablement un bon parti, un enfant chéri qui aurait atteint l'âge adulte, un homme accompli. Seulement toutes les femmes qu'il avait épousées étaient riches. Et quant à celles qu'il fréquentait, si elles n'étaient pas riches, elles avaient été liées à des hommes riches. Iris trouvait cela louche, ces histoires d'argent. Et puis il y avait Chip. Iris ne voyait aucun inconvénient à ce qu'il soit rondouillard (même si Erich était un grand échalas), mais il faisait vraiment très jeune. (« Trente-huit ans, avait insisté Vicki, ce n'est pas trop jeune. ») Et même s'il avait été assez vieux, il correspondait si précisément à son personnage : Top-Siders en été, Belgian Shoes en hiver, des parents sur la Cinquième Avenue, un bateau à voile dans le Maine, des boutons de manchettes de chez Schlumberger, du jarret d'agneau de chez Lobel. Il était né pour une vie de luxe au sens le plus étroit du terme. La femme qu'il lui fallait devrait partager cette éducation : une épouse qui achèterait peut-être un abat-jour Iris Biddle, mais jamais un de ses nids.

Iris savait qu'elle était atypique. Socialement sophistiquée mais solitaire. D'apparence fortunée mais toujours en train de faire durer chacun des chèques qu'elle recevait (même si cela allait mieux depuis l'exposition). Et maintenant, était-elle artisan en confection d'abat-jour ou artiste ? Les hommes avaient du mal à l'appréhender. Aucune femme de la quarantaine n'était facile à vendre, mais on pouvait toujours avoir le sens du marketing. Iris ne l'avait pas. Elle était trop réticente, trop intérieure, ses attentes trop grandes. Enfin, l'amour courtois qu'elle attendait n'était pas excessif au début des années quatre-vingt, à ses vingt ans, mais les hommes avaient cessé de se montrer chevaleresques. Pire encore, sa piété filiale, cette religion, remontait à la surface qu'elle le veuille ou non, comme une plante qui prend un rai de lumière pour le soleil – cruelle erreur s'agissant des hommes d'aujourd'hui, et d'une femme de son âge. Elle la réprimait, guettant ses sursauts, mais elle était bien là, en elle, cette foi qui résumait Iris.

Pendant qu'Iris examinait la liste, les voix des trois hommes se rapprochèrent : « Qu'est-ce qu'il y a dans la mare Est ? L'avocette est partie. Moi non plus je ne l'ai pas trouvée. Mais il y a un oiseau de la baie d'Hudson et deux pics verts. Et les foulques, toujours là ? Une cinquantaine. Une jeune pérégrine aussi. Vous descendez jusqu'à l'observatoire des faucons ? Après. Vents nord-est. Ça va être génial. Ils ont vu deux faucons dorés, hier. J'aimerais bien y aller. »

Et il y a eu un pluvier doré ici même, se dit Iris, mais elle se tint coite. Elle pêcha ses jumelles dans sa poche, enfin, à vrai dire, il s'agissait de jumelles d'opéra. Mais des bonnes. Des Leica. Elle les avait achetées l'an dernier après sa énième migraine causée par les vieilles jumelles en nacre. Cependant que le groupe, en attendant que Vicki ait terminé ses prises de vues, frayait et bavardait, comparait leurs projets pour après la promenade, Iris fit la mise au point sur les branches au-dessus d'elle – un sycomore – en faisant jouer l'oculaire droit de ses jumelles. Elle vit un mouvement sur une branche et pivota dans cette direction pour s'entraîner, ne repéra qu'une tache floue. Elle continua d'essayer, sans rien trouver. Ces jumelles faisaient très bien l'affaire à l'opéra, mais ici elles étaient risibles, lilliputiennes. Quelle novice elle faisait ! Pour les activités en plein air, rien n'était plus ridicule qu'un mauvais équipement. Elle sentit qu'on lui tapotait l'épaule et se retourna.

« Je pense que vous devriez utiliser celles-ci, dit un des trois ornithologues amateurs, en lui tendant une paire de jumelles de marque Zeiss, celles-là sont de jolies petites Leica (il inclina la tête vers ses mini-jumelles) pour Wagner.

– Mais je ne peux pas vous prendre vos jumelles ! » protesta Iris en s'apercevant qu'il en portait une autre paire autour du cou, et en remarquant ses yeux tirant sur le bleu-vert. Il avait un je-ne-sais-quoi, un air familier.

« C'est une paire de secours, dit-il. Gardez-les attachées à votre cou. » Elle se passa la bride autour du cou.

« Vous allez voir des choses que vous n'avez encore jamais vues. » Puis en tirant sur la manche en tweed de sa veste, il se détourna en ajoutant : « Mais il est interdit de leur tirer dessus », puis il s'éloigna. Il avait cette démarche lente et fluide des hommes qui passent beaucoup de temps seuls dehors.

Elle baissa les yeux sur les Zeiss, qui pesaient sur sa poitrine. Elle les souleva, fit la mise au point. Ô splendide nouveau monde, qui compte pareilles visions ! Elle distinguait les veines ratatinées d'une feuille morte, elle pouvait compter les aiguilles au sommet d'un conifère et quand elle se tourna vers un moineau posé par terre, elle le repéra d'emblée. Il avait des pattes roses.

Le groupe des ornithologues amateurs se rassemblait. Le guide y allait de son baratin. Au départ, il était prévu de décrire une boucle, qui faisait environ un kilomètre six cents, la baie se trouvant sur l'extérieur et une mare sur l'intérieur. Mais comme ils partaient tard, et que de nombreuses personnes du groupe devaient ensuite aller à la campagne, ils marcheraient seulement jusqu'à la piste Terrapin et retour. Il leur parla de l'habitat, leur expliqua pourquoi les vélos seraient une mauvaise idée (les tortues de mer faisaient leurs nids près de la route, et le ciment chauffe beaucoup plus que le sable). Il distribua des jumelles à tous ceux qui en avaient besoin et encouragea vivement tout le monde à faire usage des longues-vues. Tandis que le groupe s'éloignait, une vingtaine de personnes en tout, les deux nanas s'approchèrent insensiblement d'Henderson. Il discutait politique à voix basse avec un journaliste du *Time* qui portait une longue-vue – leurs têtes inclinées décrivant exactement le même angle. Chip Parks avait l'air réjoui, de temps à autre il chuchotait à l'oreille d'une brune un peu débraillée avec un petit sac à dos Louis Vuitton. Vicki avait trois hommes à sa suite, clients et amis de son mari, tous équipés de pied en cap. Elle ne cessait de s'appuyer en riant sur l'un d'eux – justement le plus séduisant des trois – qui la laissait faire.

La matinée était éblouissante, une lumière cinglante, l'air était froid, mais pas trop froid, transpercé de soleil. À cette heure, environ huit heures et demie, par un matin de chasse ils se trouvaient tous au point de ralliement, à seller leurs chevaux dans une clairière à l'herbe tout hérissée de gelée, ils quittaient leurs salopettes, enfilaient des manteaux de chasse noirs, lustraient leurs bottes une dernière fois, tout excités, Dieu quelle excitation au moment de monter à cheval pour faire partie des grands et des tout-puissants, pour communier avec l'histoire de la chasse, lignée de sang d'un sport sanguinaire. Iris leva le menton au vent. Le groupe, assemblage de postures variées, scrutait les joncs de la mare. On ne pouvait pas dire qu'observer les oiseaux n'était qu'élégance !

Mais le calme, le calme sous couvert, tandis que la meute flairait une piste, ressemblait à cela. L'attente, yeux et oreilles aux aguets, le lointain qui basculait dans le gros plan. Le lointain cri de canard émis par les cors et votre cheval qui piétinait entre vos jambes. Le noir croassement des corbeaux au-dessus des cimes, le claquement des rênes quand les chevaux secouaient leur lourde encolure, agacés par les tresses tissées la veille dans leur crin. L'étiquette propre au terrain de chasse commandait le silence. Alors le moindre son devenait audible.

« I-ris ! » héla Vicki en rompant le charme et des têtes se tournèrent. Iris garda le visage tourné vers les joncs, mais n'entendit que trop bien les pieds qui foulaient le gravier quand Vicki s'approcha. Iris articula, aussi gentiment qu'elle le put :

« Quoi ?

– Qu'est-ce que tu fais par ici ? interrogea Vicki d'un ton rauque, mais à voix basse au moins. Je veux que tu restes près de moi pour pouvoir te placer au bon endroit le moment venu. » Ses doigts se fermèrent en crochet autour de la ceinture d'Iris.

« Je veux que tu parles à Jeff Henderson.

– Je lui ai déjà parlé, lui répondit Iris en chuchotant. Maintenant je cherche des oiseaux. » Ces paroles eurent l'air bizarre. Iris n'était pas sûre de savoir comment chercher les oiseaux (elle savait mieux s'y prendre avec les branches), sauf qu'il fallait scruter le lointain de toutes ses forces, et suivre tout ce qui bougeait. Le guide parlait de canards, ce qui surprit Iris. Les canards pouvaient-ils être intéressants ? La fille au sac à dos Louis Vuitton regarda dans une longue-vue, puis se redressa en disant : « Mais je ne vois pas de canard à l'orange ! » Il y eut une onde de rire et un hochement de tête empreint d'une patience à toute épreuve de la part du guide.

« Qui est-ce ? chuchota Iris.

– Elle joue dans une production des *Oiseaux*, dans le off-Broadway, c'est tout ce qu'il y a à en dire. »

Pendant ce temps, les deux hommes plus mûrs, qui marchaient devant comme agacés par les bavardages stupides, se penchaient vers leurs longues-vues.

« Trouvé quelque chose ? leur lança le guide.

– Des harles huppés. »

Le groupe entama sa transhumance.

Iris voyait bien que Vicki essayait de se rendre utile, sincèrement. Mais elle en avait assez d'être poussée en avant.

« Vicki, tu es une entremetteuse adorable, mais ce n'est ni l'heure ni le lieu. » Et puis Iris avait envie de voir le harle huppé. Elle s'éloigna d'un pas pressé, se dirigeant droit sur la longue-vue de l'homme qui lui avait prêté les jumelles.

Il recula immédiatement pour la laisser regarder.

« La mise au point se fait ici », dit-il, en désignant une bande circulaire au milieu de l'objectif. Elle la tourna. Quand le brouillard fit place à une clarté de cristal, elle retint son souffle puis poussa un « *ohhhh !* ».

Le canard avait le corps muscade, non, couleur noix de pécan, avec une poitrine noire et blanche – des couleurs Regency ! – et une crête blanche en éventail sur la tête. Pendant qu'Iris regardait l'oiseau, l'éventail s'ouvrit, de midi à trois heures.

« C'est ça, la huppe ? demanda-t-elle.

– Oui, répondit l'homme. Le plumage qui attire l'autre sexe. Sa crête. »

Iris ne se lassait pas de regarder la jolie petite créature, les rayures près de la queue, son petit bec en aiguille, sa minuscule crête aussi majestueuse qu'un chevalier aux échecs, mais soudain elle eut le sentiment qu'elle avait passé trop de temps devant le télescope avec cet homme qui l'observait. Elle recula pour laisser la place à quelqu'un, mais vit que les autres faisaient la queue aux autres longues-vues et qu'elle se trouvait seule avec lui. Il s'approcha, réajusta la position de l'objectif.

« Voilà la femelle à crête. Elle n'a rien du dandy qu'est le mâle. » Iris observa l'animal brun roussâtre en essayant d'apprécier les différences, mais elle n'avait qu'une envie : revoir le mâle.

« On peut voir le mâle encore une fois ?

– Il vous plaît. » Une affirmation qui avait presque l'air d'une question. Il déplaça la longue-vue.

Iris se pencha encore une fois, et en tournant la bague de mise au point, elle demanda d'une voix taquine : « Vous êtes myope ou presbyte ?

– Dites donc ! » fit-il. Mais quand il revint vers le télescope, il avoua : « Je suis myope. Enfin, pas tant que ça ! »

Il balayait très lentement le paysage du regard. Pendant qu'il cherchait, Iris examina son profil, attentive aux rides apparentes et séduisantes près de l'œil. Où et quand ? Elle revint sur les années new-yorkaises. Plus loin en arrière sur les années avec Erich, la science, l'université de Pennsylvanie – c'était comme chercher quelque chose au fond de la poche d'un vieux manteau, comme essayer de distinguer quelque chose dans le noir, comme faire la mise au point…

Le lieu ! Et les circonstances ! Iris devina au moment même où il tourna la tête et surprit son regard.

Elle rougit. Une bouffée rose de sang, même ses oreilles brûlaient. Le sourire de l'homme s'élargit et creusa ses rides.

« Iris Biddle, dit-il. Nous nous sommes déjà rencontrés. Vous avez sans doute oublié. »

Iris le laissa continuer.

« C'était à l'université de Pennsylvanie. En 1989. Le dîner en l'honneur de Briansky.

– Cette grosse allocation de recherche qu'il avait obtenue, dit Iris. Il y a onze ans.

– Oui. Financée par mon entreprise. Vous accompagniez votre mari. »

Erich s'était mal comporté ce soir-là. Aucune scène, mais le début de l'amertume, son tourment et son obstination, son éloignement. Ned Briansky était quelqu'un de très liant, de conciliant, qui savait obtenir ce qu'il voulait, à la fois praticien et docteur ès sciences, ce qui lui permettait de mener des études cliniques – qui rapportent gros. Erich n'avait pas besoin de cette allocation, mais il était fou de rage de voir des médecins à qui l'on octroyait de l'argent pour des projets répétitifs (« de quoi s'occuper » raillait-il), pendant que des scientifiques devaient quémander des fonds pour faire des découvertes capitales. De toute façon, Iris refusait d'entendre la moindre critique sur Erich.

« Donc vous devez être Bill Warren », dit-elle. Alias Monsieur Millions, pour Erich. Il avait fondé les produits pharmaceutiques Z-Tech. Une petite entreprise, qui s'était soudain retrouvée détentrice de trois brevets stratégiques au début des années quatre-vingt. Il avait moins de cheveux aujourd'hui, plus courts, argentés, il s'était un peu épaissi. Le vieux pantalon de treillis complétait le camouflage. Mais ce soir-là, il jouait le rôle du bienfaiteur, raffiné dans son costume bleu foncé et une chemise à plastron un peu trop digne, une stature condensée d'un mètre soixante-quinze, un concentré de dynamisme derrière un sourire facile et des yeux auxquels rien n'échappait. Elle se souvenait du moment où ils avaient été présentés, de la zone de froid entre Erich et lui quand ils s'étaient serré la main, de l'allant un peu excessif de leur bref échange de propos, et puis de ce regard sur elle qui s'était immédiatement redressée. Elle avait remarqué le contraste avec Erich, tout ébouriffé, maigre et élancé, sa veste ouverte qui flottait de part et d'autre, et elle avait préféré sa grâce. Parce qu'il était sien. Mais la tension vigoureuse de Warren, son énergie débordante, étaient indéniables – sa réussite, alors qu'il n'avait pas quarante-cinq ans, commandait le respect – et d'avoir entendu Erich s'en plaindre pour finalement le rencontrer, ce fut un de ces moments que connaît toute épouse qui s'aperçoit en voyant un homme que leur mari déteste qu'elle ne se rallie pas à ce sentiment, et s'entend penser : « Il n'est pas si mal ! »

« Erich était un homme brillant, dit Bill Warren. Qui avait une femme très protectrice. Je me rappelle encore ce regard glacé que vous m'avez lancé ce soir-là. Dans votre robe bleue. »

Iris n'en revenait pas. Cette robe bleue, presque lavande, fourreau sans manches en velours de soie : cet homme s'en souvenait !

« Je ne me suis pas montrée très juste ce soir-là, dit-elle.

– L'épouse n'a pas pour devoir d'être juste.

– C'est drôle, tout le monde trouvait Erich très dédaigneux. Mais en fait, il prenait les choses très à cœur.

– Le monde de la recherche n'était pas tendre dans les années quatre-vingt – impitoyable. Il fallait réunir ses données et foncer, être rapide, arrogant. Moi, je l'étais. Votre mari l'était aussi. Aujourd'hui c'est encore pire. Et d'une façon ou d'une autre, on paie pour son arrogance.

– Il est dans les Peace Corps maintenant. Il teste les médicaments sur le terrain. Il est heureux. Aussi heureux que ses nerfs le permettent. »

Elle s'aperçut qu'ils étaient restés en arrière, se sentit gênée. Elle ne lui voyait pas d'alliance au doigt, mais il faut dire qu'à l'époque on racontait que son mariage ne marchait pas très bien.

« Et ce n'est pas la dernière fois que nos chemins se sont croisés, poursuivit-il.

– Ah bon ?

– Les abat-jour Iris Biddle. J'ai cru comprendre que vous êtes passée à autre chose. Mais à un moment mon épouse – ma seconde femme – voulait absolument en avoir un et n'y est pas parvenue. On l'a mise sur liste d'attente. » Il trouvait cela amusant. « Attendre est une chose dont Jennifer était incapable. Elle le voulait, ce maudit abat-jour. On aurait dit un disque rayé. Et pendant tout ce temps, moi je me disais : Robe bleue a encore frappé. »

Iris exultait, plus qu'elle n'aurait dû, et s'efforçait de ne pas le montrer.

« Les gens n'aiment vraiment pas attendre », acquiesça-t-elle, sans vouloir donner l'air de se rengorger, puis ils se retrouvèrent tous deux envahis par des cris lointains qui n'étaient déjà plus si lointains mais fondaient droit sur eux d'en haut – une escadrille en V d'oies sauvages qui volaient bas avant d'atterrir, si bas qu'ils sentirent le souffle de leur bruyant passage. Il secouait la tête face à cette folie – s'agissait-il de Jennifer, des abat-jour, des oies ou des trois ensemble ? Iris l'ignorait. Elle rit.

« Et que devient Jennifer ? » demanda-t-elle. Elle ne put s'empêcher de poser la question, et pourquoi ne pas le faire ?

« J'ai entendu dire... » Il fit basculer la longue-vue sur son épaule. « ... qu'elle s'apprête à en épouser un autre. Qui que ce soit, je lui souhaite bonne chance. » Il haussa les sourcils. « Il va en avoir besoin.

– Bill !

– Je sais. Je n'aurais pas dû dire ça. Allons-y. »

Ils avancèrent d'environ vingt mètres jusqu'au moment où quelque chose arrêta Bill. Il planta le télescope et fit la mise au point. Elle resta calme et immobile, à contempler la flottille d'oies qui venait de s'installer au bord de la mare, puis elle sentit les doigts de Bill se refermer sur son bras, fermes à travers son pull et sa veste, et la faire glisser jusqu'à lui, vers la longue-vue, puis sa main se posa sur son dos, l'espace d'une seconde. Iris se pencha, respirant à peine, porta son œil droit contre l'objectif et vit un gros oiseau gris au front noir, au long bec et à la posture voûtée. Il avait un énorme œil rouge.

« Qu'est-ce que c'est ? demanda-t-elle, excitée par la proximité de Bill.

– Un héron de nuit à crête noire, d'âge mûr.

– Je l'*adore* ! s'écria Iris, toujours devant le télescope, il ressemble à un gros banquier en costume à jaquette gris perle. Regardez-le encore une fois ! »

Elle voulait que Bill le regarde, qu'il voie combien elle avait raison de l'adorer, mais au lieu de cela, c'est elle qu'il regardait avec cette douceur étonnée qui vient aux hommes on ne sait d'où. Une chose que vous avez dite et qui fait écho, à moins que ce ne soit la façon dont vous l'avez dite, qu'ils n'auraient jamais cru l'entendre. Comment savoir ? Ils ne s'expliquent jamais. Son cœur se mit à battre la chamade et elle recula d'un pas. Il s'approcha de la longue-vue et regarda une seconde fois.

« Vous êtes ici parce que vous connaissez Vicki ? demanda-t-elle.

– Non. Je ne connais pas l'assourdissante Vicki. Quoique, si elle est de vos amies…

– C'est une ancienne camarade d'association universitaire, précisa Iris tandis qu'il se redressait, ce qui n'est pas du tout la même chose. Mais vous disiez ?

– Un type du groupe m'a appelé hier soir. Il savait que j'avais prévu d'aller à Cape May aujourd'hui et il voulait savoir si je m'arrêterais ici en chemin. J'ai vendu mes parts de l'entreprise il y a quatre ans. Maintenant je passe mon temps dans des réserves naturelles marécageuses, pour créer de nouveaux sites protégés. Je suis souvent par ici.

– Mais ça doit être un travail extraordinaire !

– Oui. Frustrant aussi. » Ses yeux s'arrêtèrent sur un point au-dessus d'elle. « *Vite !* » Il la fit pivoter pour qu'elle aperçoive un missile brun filer dans le ciel. « Un émerillon », dit-il.

Il filait. Fascinant.

« C'est un faucon. Un oiseau au vol incroyablement rapide. Il ressemble au faucon pèlerin, en plus petit.

– Émerillon », répéta Iris. Elle essaya de le repérer avec ses jumelles, le vit l'espace d'une seconde à peu près, puis plus rien. Quand le faucon reprit son essor, ils le regardèrent à l'œil nu, le regardèrent plonger, remonter, virer sur l'aile et replonger. Puis il disparut.

Le groupe avait disparu lui aussi.

« Ils sont sur la piste Terrapin, dit Bill. Vous voulez les rejoindre ?

– Non.

– Alors rentrons ! »

Le sentier était assourdi sous le soleil pâlissant et ils avançaient côte à côte dans les vents mordants du jour. Iris se demandait où poser les yeux. Observaient-ils toujours les oiseaux ? Elle leva son regard sur Bill et vit qu'il avait les yeux baissés. Il était… plus vieux. Tu es l'homme qu'il me faut, tel que tu es aujourd'hui. C'est toi qu'il me faut.

« Combien de temps faut-il pour devenir un bon ornithologue amateur ? » demanda-t-elle.

Il mit un certain temps pour répondre.

« Au début il faut des mois, rien que pour apprendre à regarder. Ensuite il faut des années pour savoir ce qu'on cherche, et bon Dieu, on a l'impression qu'on ne finit jamais de l'apprendre ! Mais on en sait un peu plus à chaque fois. Et puis un beau jour… » Il s'interrompit, il lui faisait face. « Iris, c'est le travail d'une vie ! »

Elle effleura les jumelles sur sa poitrine : « Merci. De me les avoir prêtées. »

Il fit basculer le télescope sur ses épaules. Que faisait-il, il était si proche, allait-il encore la toucher ?

Il tendit la main et prit la sienne. Il la garda. « Je serai de retour jeudi et… si vous n'êtes pas encore occupée. Que diriez-vous d'une invitation à dîner vendredi soir ? Un rendez-vous du vendredi soir ? »

La vie peut-elle vous faire cela : le bonheur qui vient vous bousculer ? Vous apporter tout simplement un beau matin, un sentier, un homme ? Comment savoir ce qu'il en adviendrait, ce qui se passerait ou ne se passerait pas ensuite ? Iris *savait*. Elle devinait. À ce qu'elle lisait déjà, là dans les yeux bleu-vert de Bill qui essayaient de l'éviter un peu, mais qui la regardaient en ce moment, et à sa main qui ne lâchait pas la sienne. Qu'en disait-elle ? Il fallait absolument qu'elle s'arrête de sourire – mais c'était tout bonnement impossible.

« J'en dis que ce serait… » Seigneur, elle allait être redevable à Vicki ! « … merveilleux. »

Achevé d'imprimier en mai 2006
par novoprint (Barcelone)

Dépôt légal : avril 2005

imprimé en espagne